商业三性

业绩增长的超级方法

唐永明
/
著

SPM 南方传媒 | 广东经济出版社
· 广州 ·

图书在版编目（CIP）数据

商业三性：业绩增长的超级方法 / 唐永明著.
广州：广东经济出版社，2024. 11. -- ISBN 978-7-
5454-9376-4

I. F252. 5

中国国家版本馆CIP数据核字第20242BH666号

策划编辑： 冯　颖
责任编辑： 冯　颖
责任校对： 张钰晴
责任技编： 陆俊帆
封面设计： 奇文雲海 CHIVAL design

商业三性：业绩增长的超级方法
SHANGYE SAN XING: YEJI ZENGZHANG DE CHAOJI FANGFA
出 版 人： 刘卫平
出版发行： 广东经济出版社（广州市水荫路11号11～12楼）
印　　刷： 恒美印务（广州）有限公司
（广州市南沙经济技术开发区环市大道南路334号）

开　　本：	787mm×1092mm　1/16	**印　　张：**	19.75
版　　次：	2024年11月第1版	**印　　次：**	2024年11月第1次
书　　号：	ISBN 978-7-5454-9376-4	**字　　数：**	339千字
定　　价：	88. 00元		

发行电话：（020）87393830
广东经济出版社常年法律顾问：胡志海律师
如发现印装质量问题，请与本社联系，本社负责调换。

本书推荐

唐永明先生提出的商业三性理论，可比杰罗姆·麦卡锡的营销4P理论、波特的五力分析模型、特劳特与里斯的定位理论等商业史上重大的发现，是商业知识大厦的塔尖学问。过去的商业理论的发现与提出，只是为解决某一方面的商业问题，而商业三性理论是对整个商业认知大厦进行顶层设计，是一个充满抱负的理论。虽然整个理论还需不断充实、完善，但这个理论的发现与提出本身就具有里程碑意义，我们应该为这样的理论诞生于中国而喝彩。

分众传媒董事长　江南春

《商业三性》会让你事半功倍，因为此书乃作者积多年之功力，融通实战与理论、勤学与深思、博览与创新之精华而著，堪称国产商业理论的“华为时刻”！亦期待《商业三性》之后，珠联璧合的《商业人性》会问世。

营销学界泰斗、中山大学二级教授　卢泰宏

“巨变的世界，不变的宗”，巨变的商业世界亦有其不变的“宗”，唐永明的《商业三性》研究商业的共性和本质，找到底层规律，让企业能在风云变幻的商场找准“定海神针”。

洛可可创新设计集团创始人、董事长　贾伟

作为全局商业领域的专著，作者原创的《商业三性》，在全面梳理、准确诠释30个重要商业共性规律的基础上，发展了落地的配套工具——商业模型，以及30组主要行业属性，使高效、高质、系统认知和解决商业问题成为可能。

从原创性、系统性、实用性来说，此书是不可多得的商业著作。

创业黑马创始人、董事长　牛文文

以“道生万物”为哲学基石，以“道法术器用”为逻辑脉络，以商业共性规律和行业特性规律为基础，以商业模型为工具，商业三性理论打开了商业的“天眼”，为高效、准确认知和解决商业问题提供了最佳路径。随着商业三性理论被越来越多的企业熟悉、应用，其将为商业进步带来突破性影响。

海康威视三万倍回报投资人　龚虹嘉

按商业规律办事，企业才能成功。唐永明先生提出的商业三性理论，总结了商业主要规律——商业共性和行业特性，并开发了相应的实用商业模型。企业只要遵循这些规律、套用这些模型，无论环境如何变化、技术如何变革、竞争如何激烈，都能发现并解决自身存在的主要问题，实现企业破局、基业长青。

人文财经观察家、知名媒体人　秦朔

《商业三性》是作者融通20年商业实战与中西商业智慧的集大成之作，历经多年实践检验，已证实它在系统发现并解决商业问题、实现企业跃迁与业绩增长方面的高效性、实用性。商业三性理论的广泛应用，将推动中国企业全面升级。

戴永红商业连锁董事长　戴永红

为什么每个企业都需要读《商业三性》？

做生意（Business）的所有道理，其实可以简化为三条，拆解为三个层级，即

底层的商业共性（Rules of Business）；

中层的行业特性（Attributes of Industry）；

上层的企业个性（Personality of Company）。

这就是商业三性（B=RAP），也是商业的三位一体或三性合一。

商业共性，是超越具体行业和具体企业的商业共性规律，是商业底层逻辑，是商业万变不离其宗的“宗”。这就是我们经常讲的“做生意的道理其实大部分都是相通的，它与在什么行业、是什么企业、做的是什么生意，没有关系”。

行业特性，是一个行业存在的普遍特征或特殊性质，是企业必须遵循的行业规律，不同的行业属性需要不同的战略与经营管理策略。这就是我们经常讲的“做生意一定要懂行，所谓懂行就是懂行业特性，就像游泳要懂水性”。

企业个性，简单来说是企业的具体情形，是企业采取量体裁衣策略的依据，包括企业创始人及其核心团队、企业基因与发展历史、核心资源与能力等。这就是我们经常讲的“做企业不能盲目照搬别人的成功经验，也不能盲目套用任何商业理论，因为你的情况和别人的不同，任何商业理论都有其适用范围”。

商业三性提出了企业结合自身实际情况（即企业个性）、按规律办事（即商业共性规律和行业特性规律）、全面诊断并系统解决企业问题的整体思考框架。

查理·芒格说，如果掌握了100个重要的思维模型，你就能够轻松应对这个复杂的世界。把这一观点应用到商业上，那就是：**如果掌握了30个主要商业**

共性和30组主要行业属性，以及其配套的落地商业模型，并结合企业自身的实际情况，你就能够轻松应对这个复杂的商业世界，而这正是商业三性理论的核心内容。

商业三性与西方商业理论的三大根本区别：

现代商业理论起源于西方，也一直由西方主导，现在被广泛传播与使用、有影响力的商业理论几乎全部诞生于西方。然而，商业三性与已有的西方商业理论有三大根本区别：

第一，全局性商业理论VS局部性商业理论。

商业三性是全局性商业理论，而已有的西方商业理论都是局部性商业理论。之所以归为局部性商业理论，是因为在西方解构思维主导下的现代商业理论，在细分的道路上越走越远，而忘了往相反的方向——全局性商业理论发展。企业本身是一个相互作用、紧密联系的有机整体，商业三性努力让商业回归其全局本原。

第二，抽象思维框架VS具象商业理论。

过去西方的商业理论几乎都是针对某一类具体商业问题的，而商业三性提供的是思考一个企业和一门生意全局的抽象思维框架。抽象思维框架本身并不直接解决任何商业问题，而是通过其蕴含的商业共性、行业特性和企业个性，还有与其配套的落地商业模型来解决企业具体问题。

第三，商业三性整合、重构、优选西方已有商业理论。

商业理论知识发展至今，之所以日益庞杂，越来越碎片化，让人感到难以驾驭，根本原因就在于长期以来缺乏对商业知识体系的顶层设计或结构化构建。这类似于汽车制造业的发展现状：一辆汽车的零部件多达10000多个。这主要是历史路径依赖造成的。十多年前与修车师傅的一次聊天，让我意识到，如果先不考虑已有零部件供应链体系，去设计一辆全新的汽车，也许该汽车的零部件总数能够减少到目前的1/10。埃隆·马斯克正是运用这种第一性思维，抛开过去和行业的惯常做法，借助压铸工艺、简化流程等方法，成功地大幅减少汽车零部件的数量。同样的思路可以应用于商业理论。如果我们先“抛开”现有的商业理论积累，以第一性思维，从做企业、做生意本身应该怎么做，重新构建一个做企业、做生意的整体思考框架，那么现有的庞杂而混乱的商业知识体系（事实上并没有整体结构）就需要重新构建，而这样构建的**商业知识体**

系将会更结构化，更简洁，更清晰，更直接，更以目的为导向。商业三性正是这样努力的结果。

过去的商业理论，大部分是以专业细分领域划分的，涉及战略、营销、人力资源、生产管理、产品研发等各细分领域，反映在企业的组织结构上就是与之匹配的职能部门及其相应岗位，然而这种划分 “并不本质”，应该从关注“做什么”（职能、事项）进化到关注“为什么”（目的、原理），即企业或员工做什么并不重要，重要的是他们是否在按商业规律办事，是否契合商业的本原。

商业三性的宗旨是，要在纵向排列的西方已有商业理论和现实企业部门职能中间，以商业的第一性原理（即商业的规律和本原）“横切一刀”，以目的为导向，重新构建商业知识体系和企业的组织结构。

以本书提出的“商业的本质”来举例。商业的本质可以概括为八个字：创造价值，提升效率（可以简化为六个字：高效创造价值）。前者是从企业外部视角来看的（核心是顾客价值），后者是从企业内部视角来看的，它是检验企业和员工一切行为的终极标准。然而现实情况是，企业或员工至少有30%以上的行为，背离了这个商业本质。他们每天重复着惯性动作或上司安排的任务，从未考虑过，或从不关心自己的行为是否在为客户创造价值，或者是否在为创造价值提升效率。正是因为现有组织结构的弊端，商业三性理论应用到企业上，开创性提出在企业设立首席价值官（CVO，驱动企业与员工创造顾客价值并加以评估，重点是价值端）和首席效率官（CEO，非首席执行官CEO，此处“E”是效率，对企业运营效率最终负责，重点是成本端），这样的组织设计才更本质、更有效，目前已经在所服务的部分企业试点。

依照细分专业领域设计的传统职能部门，没有人对价值和效率整体负责，也没有人对决定企业成败的性价比、商业势能、商业模式、核心竞争力（ “护城河” ）、商业信任等最重要的商业共性规律负责， 因为传统企业职能部门没有这些部门职能或岗位职责。

显然，我们并不是真的要“抛开”过去的商业知识，也不是全盘否定传统组织结构设计，而是要根据商业三性的第一性原理与整体思考框架，**在吸收主要细分专业领域的商业智慧的基础上，整合重构西方商业理论，形成一套做企业、做生意的结构化的、优选的知识体系。这可理解为继承发展与创新引领的关系。**

为什么要做“优选”呢？我们真的需要学习那么多商业知识吗？

商业知识有高维与低维之分，对于绝大部分人来说，**只要掌握主要的高维商业知识（即主要商业规律），就能够应对绝大部分商业问题，所以商业三性聚焦于那些最重要的商业规律。**一般人很难掌握那么多的商业知识，而且还不容易做到知行合一，能条件反射式地运用商业知识的人更寥寥无几。一个人知道得很多，却不能做到知行合一，其结果就是“高认知穷人”。

举例来说，关于如何处理人际关系，人类已经积累了成百上千种方法，与此有关的著作数不胜数，而以我之愚见，只要掌握其中最重要的一种“换位思考”，并且能够做到知行合一（即每次与他人打交道时能够这样做），你就能超越90%以上的人。

知识过载是信息社会的普遍现象（而且绝大部分是零散的、非结构化的知识碎片），而人的时间精力是有限的（企业的资金与资源也是有限的），能把知识转化为潜意识行动的人很少，如果不做“优选”、没有结构化的导航地图，那么人会很容易迷失在知识的汪洋大海，找不到通往彼岸的最佳路径。**为了解决过载知识与有限时间之间的矛盾，**商业三性理论试图将极度复杂的商业世界精炼为极其简单的商业知识体系。苏格拉底说，不经审视的人生是不值得度过的。在知识快餐时代，深度思考是一种稀缺的竞争力。

重要的商业共性规律（或商业底层逻辑）其实很少，真正的原创商业理论更是凤毛麟角。大部分理论知识，只不过是经典理论的**解读、套壳、衍生、变种、应用，**如果抓不住经典这条主线，不能理解事物背后的本质，庞杂的知识就会干扰我们的认知，让我们徒增很多“伪新知”，这就是为什么查理·芒格会说关键是要掌握重要学科的重要理论。例如：巴菲特的复利原理、张磊的长期主义、罗振宇的“时间的朋友”，本质上讲的都是一样东西，即经济学的一个基本规律：投资回报率递增。而对于没有掌握投资回报率递增和不懂规律背后本质的人来说，这三个都是新知。

过去的商业理论纷繁复杂、浩如烟海，商业三性理论提供新的思考框架，尝试以企业或生意的全局视角，抓大放小，化繁为简，以少御多，优选、重构现有庞杂的商业知识体系，在优化、升级部分商业理论的基础上，系统整合现有商业知识体系，并让重要的商业规律能够真正落地，帮助企业解决实际问题。

商业三性是全局性商业理论。掌握了商业的共性和行业的特性，并结合企业的个性，相当于为企业打开了**商业“天眼”，看任何生意就会非常通透**，这是商业的真正奥秘所在。

商业三性对于当下的国内企业，具有更大的现实意义。

当前的环境巨变，给国内企业带来前所未有的挑战：

全球经济增速放缓，市场竞争加剧，企业利润空间被压缩。

互联网革命颠覆传统商业模式，信息透明化使竞争加剧，商业力量结构重塑。

法律法规日趋完善，企业需加强合规经营。

供需出现新的变化，市场进入存量博弈阶段，企业盈利变得更加困难。

面对内卷日益加剧、竞争日益白热化的市场环境，国内企业亟须**一场盈利方式的范式转变，一次战略和经营管理策略的范式革命，才能破局、重塑、跃迁。**

每个企业经营者都应该扪心自问：

为什么我们的产品缺乏竞争力？

为什么我们的产品卖得不好？

为什么我们赚的都是微薄的辛苦钱？

为什么我们的员工缺乏主动性、责任感？

为什么我们难以吸引风险投资？

为什么我们的企业难以做大做强？

……

这一切，只有一种解释：

你没有按商业规律办事！

本书将帮助你：

会诊企业问题：运用商业三性理论，全面诊断企业经营管理中存在的主要问题，为企业做一次全面“体检”。

制定解决方案：遵循商业共性规律和行业特性规律，结合企业自身实际情况，制定针对性的系统解决方案。

实现全面增长：重塑企业战略与经营管理策略、企业文化与制度流程，实现企业全面持续增长。

所有企业，都值得用商业三性理论来全面会诊一次，重塑一次！

按规律办事，企业永不败。

如果你的办公桌上只能放一本商业著作，期待是《商业三性》，因为**它可成为企业思考和行动指南，是商业人士必备的“商业《本草纲目》”**。

特别提示：

①本书所提出的“商业”，除非特别说明，均指广义商业（即生意），而非狭义的交易环节。

②除非特别说明，商业三性理论均以企业为视角。

唐永明

2024年6月于广州

目录

CONTENTS

引　言

01 我有一个梦想

孕育二十年

自幼有点悟性的我，读书成绩一直不错，无奈高考期间患上重感冒，在考场上昏昏欲睡的我最终只考上了普通本科。本科毕业后我在政府机关工作，因为不习惯，参加工作三个多月后便决定考研。

我本科学的是农学，考研选择了营销管理方向。我记得很清楚，那年全国统考时间是2月3—5日，留给我的时间仅有三个月。因白天要上班，我只能晚上学习，几乎每晚都自学到凌晨三点，为了节省时间每天就吃方便面。跨专业考研，完全靠自学，还要上班，仅用三个月复习就参加全国统考，周围没有一个人相信我能一次考上中山大学全日制研究生，连我自己都不敢相信。

读研期间，我有幸遇到了自己的导师——中国营销学界泰斗、博士生导师卢泰宏教授，是他把我带进了营销与商业的世界。硕士毕业后，我进入了知名国际4A公司奥美（Ogilvy），后来担任了该公司的研究企划总监（Research & Planning Director），负责市场研究和企划工作。正是这段工作经历，开启了我的人生梦想。

在奥美工作期间，常常需要同时研究很多不同行业、不同客户，这让我和团队有些力不从心。虽然当时只是局限于营销和传播领域，但冥冥之中我感觉到，在不同行业、不同企业之间存在很多共性。我在想，如果我能找到那些共性，就能够在服务客户时节约大量的时间，极大地提高工作效率。也就是在那时，我开始总结一些普适的商业底层规律，这是商业共性的最初萌芽；同时，我也开始总结一些行业属性，这是行业特性模型的最初萌芽。

在奥美工作期间，我慢慢发现对于整个商业来说，广告行业的涉及面太窄，它无法让我了解整个商业，很难让我的梦想实现，所以我决定要进入实体企业。离开奥美后，我先后在广州长隆集团有限公司（简称长隆）、大连万达集团股份有限公司（简称万达）等行业头部企业担任高管（其中还有一段四年多的旅游地产创业经历，后来该公司被一家大型企业集团并购了）。所以，本书中长隆和万达这两个案例都是我的亲身经历。

在这期间，我有三个方面的定向努力，让商业三性的内容越来越丰满，逻辑、结构、体系逐渐开始清晰：①在商业实践中不断总结和思考；②阅读了上千本与商业相关的著作，吸收了前人在主要商业细分领域的商业智慧；③把前两者结合起来形成了商业三性的内容雏形，然后再把这些内容一是用于指导当下工作，二是用于兼职商业咨询（在这期间我利用非工作时间兼职做过几家企业的长期商业咨询顾问，其中两家小企业后来成长为知名品牌）。

无论是创业期间，还是做职业经理人期间，我从未忘记自己的梦想，一直在为梦想持续地积累实战经验和做理论储备。然而我深知，要做一件迄今为止前人未做过的，而且还是规模宏大的，同时还要被广泛认可并经得起商业实践检验的事情，谈何容易！

湘西悟道

四年前，我决定放弃丰厚的年薪，全身心去实现十多年来不变的梦想。我开始转行做独立商业咨询，这样就有大量的自由时间系统、深入地研究商业三性理论，我知道只有这样商业三性理论才有可能最终成型。虽然过去十多年我做了大量的积累，但商业三性理论涉及面广、结构复杂，需要深度思考。要真正让其成为一套出色的商业知识体系，之前积累的还只能称得上是素材、初加工品、框架雏形。这时候，我甚至还没有想到“商业共性”这个词语，一直用的是“商业底层规律或商业底层逻辑”，更没有想到“商业三性”这个词语，只是一直在研究商业底层规律、行业的特性这两方面，“企业个性”最初用的是“企业的具体情形”。

在从事独立商业咨询的第一年，我决定不接任何客户，全心研究商业三性理论，这段时间我住进了湘西的深山老林，几乎不与外界接触，手机长期设置飞行模式。

说来你可能不信，**商业三性的最终悟道，来自一场惊梦之雷。**在湘西深山老林独居的时间里，我满脑子都是商业底层规律、行业属性、企业个性。记得那是四月的一个深夜，三声巨大的雷声把我从半梦中惊醒，我猛然坐起，“商业三性”这个词在脑海中骤然闪现，并瞬间贯通了“三性”之间的深层关系。后来每当讲到这个故事时，身边的人总会笑话说我的“商业三性是雷劈出来的”。

顿悟让我兴奋不已。那一刻，我仿佛感受到王阳明“龙场悟道”的震撼。

我想这大概就是“日有所思，夜有所梦”“心心念念，必有回响”，也验证了稻盛和夫那句名言“心想事成是宇宙的法则”。

在构建商业三性理论和写作本书的漫长过程中，我经过了无数次这样的顿悟，包括发现行业特性模型、生意的支点、“一切个性都是共性的积木”、商业模型法、世界的本质、极简商业原理……以我自身的经历看来，这些顿悟是**对极致专注的回报**。

史蒂夫·乔布斯每次遇到困惑时，都会去印度禅修，然后获得巨大的启发，就像《盗火》（*Stealing Fire*）一书中写到的：人只要进入“出神”状态，就会忘记自己、忘记时间，就会拥有无限的想象力和创造力，就像普罗米修斯盗取火种一样，人一旦拥有这样的力量，人与人之间的竞争就不再公平。

过去十多年关于商业底层规律、行业属性、企业个性等方面的积累，如果没有深山悟道，多少有些“支离破碎”，也很难成为“商业三性”这种易传播的显性知识。当然，如果没有那么多年的积累，也许就不会有这次“惊雷悟道”。

始于梦想，忠于使命

一年之后，商业三性理论框架越来越清晰，内容也越来越成熟，实用性的工具、模型也越来越丰富，“商业三性1.0”版本终于诞生了！

然而，我并没有急于把商业三性理论推向市场。接下来的三年，我以相对成熟的商业三性理论为核心工具，服务于商业咨询客户。在服务客户的实践中，商业三性理论又不断优化。直到今天，我才敢把商业三性的整套理论以专著形式公之于众，虽然它还有很多不足，但毕竟已成体系，且已帮助众多企业系统性地提升战略决策水平，解决了经营管理问题，实现了业绩的持续增长。

我的毕生使命：**心无旁骛，用商业三性理论，以利他之心，让千万家企业和数亿商业从业者从中受益，让中国原创商业理论走向世界。**

感恩智者

建立这套全新的商业理论，我受到了无数前人的启发，其中对我影响比较大的有老子、查理·芒格、埃隆·马斯克、史蒂夫·乔布斯、王健林、苏志刚、德内拉·梅多斯、彼得·圣吉等。

老子的“道生一，一生二，二生三，三生万物”，让我悟到极简的商业底层原理。

正因为查理·芒格说的如果掌握了100个重要的思维模型，你就能够轻松应对这个复杂的世界，才让我想到了如果掌握了30个重要商业共性和30组主要行业属性……你就能够轻松应对这个复杂的商业世界；由他推广开来的名言“手上只有锤子，看什么都像钉子”，让我深刻意识到多元思维模型的重要性；他的“如果你不知道知识的适用边界，你就不配拥有这个知识”，让我认识到知识与理论的局限性；由他开创的人类误判心理学，让我避开了大量的思维陷阱……

埃隆·马斯克合理利用第一性原理的行为，让我养成了看任何事物都深挖本质的习惯，这点从我提出的重要商业共性规律（如商业的本质、生意的支点、产品的本质、企业的本质）中就不难看出。埃隆·马斯克的“用新的思维模型做到10倍好，并不比用旧的思维模型提升10%更难”，激发了我深入研究商业模型（商业模型是思维模型在商业中的应用）。除此之外，他改变世界的伟大梦想，也一直激励着我改变商业世界的梦想。

史蒂夫·乔布斯和王健林先生对我的影响也很大。我一直试图找到一套简单的方法来解决复杂商业世界的问题，实现以少御多、化繁为简。乔布斯的极简主义和王健林先生的大道至简，给了我关于商业三性理论重大启发：商业三性理论本质上就是希望通过更精简的商业共性规律，解决更多的复杂商业问题。我提出的“生意的支点”，主要来自我在万达的工作经历。史蒂夫·乔布斯将科技与艺术融合，成就了全球市值第一的苹果，其让我深刻意识到掌控这个世界的，并不只有理性、逻辑、事实、意识、自然科学，还有感性、非逻辑、认知、潜意识、人文科学。尤其当我了解到美国20世纪60年代末至70年代初兴起的“社会感性价值”理论，该理论把一直以来只活在理性与逻辑世界的我，带入了一个全新的感性与认知世界。这让我深刻意识到，“学好数理化，走遍天下都不怕”的传统观念和我长期以来深受西方科学与解构思维影响的巨大局限性，同时我也发现国内企业家普遍理性有余而感性不足，商业理性能够挖掘的空间越来越有限，而商业感性却是一个待开发的巨大宝藏，国内企业需要一次感性价值的集体觉醒。

长隆的苏志刚先生，让我深刻体会到理解行业属性的重要性，行业特性模型的成熟，一半归功于我在长隆的工作经验。

本书最重要的思维方法之一——系统论，要特别感谢系统理论大师德内拉·梅多斯（《系统之美：决策者的系统思考》和《增长的极限》的作者），还有他的学生彼得·圣吉（《第五项修炼：学习型组织的艺术实践》的作者），是他们把我带入了“系统论的世界”。

除了以上八位在思维与认知层面给了我巨大启发，还有很多个人与组织的商业智慧使我写完本书，包括但不限于B. J. 福格、迈克尔·波特、菲利普·科特勒、彼得·德鲁克、戴维·艾克、杰克·特劳特、艾·里斯、丹尼尔·卡尼曼、詹姆斯·马奇、加里·克莱因、彼得·蒂尔、丹尼斯·J. 哈普特利、斯科特·佩奇、温伯格、凯文·凯利、J. 斯莱沃斯基、芭芭拉·明托、乔治·莱考夫、克里斯坦森、蒙洛迪诺、亨利·明茨伯格、亚当·斯密、凯恩斯、哈耶克、段永平、沈南鹏、钟睒睒、李善友，以及奥美整合传播、麦肯锡咨询、波士顿咨询、哈佛商业评论等。

除此之外，东西方的很多著名哲学家、心理学家对我的影响也很大，包括西方的苏格拉底、柏拉图、亚里士多德、毕达哥拉斯、黑格尔、康德、荣格、马斯洛、弗洛伊德、叔本华等，以及国学先贤老子、庄子、王阳明等。此外，稻盛和夫和麦克·罗奇格西对我也有不小的影响。

02 商业的中国智慧：中学为体，西学为用

一种哲学、一种文化如果在某一方面特别强，那么在其对立面的表现就会弱。

几个世纪以来，西方凭借科技革命引领着全球发展，商业理论以其数据化、模型化、解构性的特点著称。然而，正如西医治标易、治本难，这种专注于局部优化的思维模式，难以解决企业经营中系统性、全局性问题。

在西方解构思维主导下的商业理论，在细分道路上越走越远，越来越专业化、精细化，这本身没有什么不对。但在相反的全局思考方向，西方商业理论却乏善可陈。然而，企业是一个紧密关联、相互影响的有机系统，如果缺乏全

局观、系统观，企业就很难通过抓住主要矛盾做到抓大放小，按轻重缓急解决问题，从而确保目标、策略以及行动之间的内部协调一致。

从这个角度来说，需要一种全局性商业理论来整合重构，这是商业理论进步的必然，更是企业实践的现实呼唤。

中国智慧，例如中医理论，强调整体观和系统观，主张天人合一、阴阳平衡，追求标本兼治，提供了一种全新的商业思考视角。

商业三性理论正是中西智慧融合的成果，既吸收了西方商业理论的精髓，又融入中国哲学的全局思维，为企业提供一套全面诊断企业运营情况、系统解决问题的商业方法论。

商业三性理论的中国智慧体现在：

全局观与系统观：将企业视为一个有机整体，而非孤立的部门或环节，从全局出发抓主要矛盾，从根源解决问题，避免“只见树木不见森林”“头疼医头，脚疼医脚”“按下葫芦浮起瓢”。

“道法术器势”的层次结构：以中国哲学的独特视角，构建起清晰的商业逻辑层次框架，实现从抽象到具象、从理论到实践的统一。西方商业领域中没有像“势”（即商业势能）这样的概念。

辩证思维与平衡之道：关注企业内外部各种因素的相互作用，在矛盾与冲突中寻求平衡、解决问题，实现可持续发展。

中学为体，西学为用。

现代商业发源于西方，过去几乎所有重大商业理论都诞生于西方。西方的商业理论有其数据化、模型化的优势，在解决具体商业问题时有较高的实用价值，但因其解构思维缺乏全局观、系统观，有不少的缺陷。商业三性理论中的整体思考框架，是思考一门生意、一个企业的“纲”“体”，是结构化的顶层设计。我认为，西学商业应借鉴中学商业三性理论的全局思考框架，这样才能更好地发挥作用，否则容易出现以下两个问题：

一是非全局思维难以找到全局关键矛盾，非系统思维往往治标不治本。

二是仅聚焦于局部，实现了局部最优，而非全局最优。

没有“道”的指引，“术”就是一只“无头苍蝇”。“术”很容易被错用，从这个角度来说，西学更接近于“术”，中学更接近于“道”。商业三性理论以“道法术器”为逻辑层次脉络，融合了西学的“术”和中学的“道”，中西结合，优势互补。

西学商业更强调“做什么”和“怎么做”，往往容易忘记目标，而商业三性理论更强调从“为什么”出发，以目的为导向，如本书所举的商业的本质、行业特性模型等例子。

秉承“中学为体，西学为用”的理念，在“为用”的层面，商业三性理论对西学商业做了重构、优化、升级，推出一系列更为实用的落地工具（商业模型）。

商业三性理论力图为全球商业理论贡献中国智慧，展现中华民族的文化自信。

第1章

企业困局与商业范式革命

基于环境的巨变、竞争的加剧，靠运气、短期红利赚钱的时代已经过去，靠提升认知、提升竞争力、以真本事赚钱的时代已经到来，国内企业急需“补课”，实现企业认知的系统升级。

01 国内企业为何普遍“短命”？

中国企业平均“寿命”仅有3.7年，中小企业平均“寿命”为2.5年，远低于美国、日本等发达国家，这已成为不争的事实。相比之下，美国中小企业的平均“寿命”是7.5年，欧洲的是12.5年，日本的是12年；美国大型企业平均“寿命”32年，日本所有企业的平均“寿命”为23.3年。是什么原因导致中国企业如此“短命”？

表面原因是国内竞争激烈，而深层原因则在于：

商业认知不足，缺乏对商业规律的全面理解。西方现代商业发展了数百年，中国相较而言时间短，国内企业管理者普遍缺乏扎实的商业理论基础，经营管理多凭感觉和经验。

缺乏系统性经营理念，过度依赖短期红利。寄希望于爆款产品、流量红利等一时的机会，而忽视了构建可持续发展的能力，例如品牌建设、人才培养、企业文化打造等。

急功近利，缺乏长远眼光。普遍追求短期利益和快速回报，不愿意在核心竞争力上投入时间和精力，最终陷入同质化竞争的泥潭。

普遍的商人思维，缺乏真正的企业家精神。缺乏责任感、使命感，普遍不愿意、不善于创造价值，而擅长短期的价值套利，企业“短命”是必然。

抄袭成风，缺乏创新能力和差异化竞争策略。投资心理不足而投机心理有余，盲目模仿成功案例，缺乏自主创新能力和差异化竞争策略，最终只能在价格战中苦苦挣扎。

国内企业要想摆脱“短命”魔咒，打造基业长青的百年企业，必须从根本上转变观念，提升商业认知，构建核心竞争力。

02　企业盈利方式的范式革命

旧的盈利方式不再奏效

商业环境瞬息万变，旧的盈利方式逐渐失效，企业唯有顺应时代潮流，才能立于不败之地。

过去，不少企业依赖以下三种方式盈利：

信息差：利用信息不对称，低买高卖商品，赚取差价。

时间差：抓住市场机遇，快速反应，赚取短暂红利。

灰色地带：游走于法律边缘，甚至以违规手段获取利润。

然而，这些机会主义导向的盈利模式已经越来越难以为继，因为：

互联网时代到来，信息透明化，信息差逐渐消失；

市场竞争激烈，产品和商业模式快速迭代，时间窗口越来越短；

法律法规日益完善，监管力度加大，灰色地带消失。

新商业环境，盈利方式的范式变革

面对新的商业环境，企业必须进行**盈利方式的范式革命**：

从“灰色”经营走向合规发展：企业要将社会责任和商业道德融入发展战略，才能赢得尊重，行稳致远。

从机会主义导向走向价值创造：企业要为用户创造真正的价值，才能赢得市场，实现可持续发展。

从短期逐利走向长期盈利：企业要着眼长远，构建核心竞争优势，才能抵御风险，基业长青。

企业经营管理的“真本事”，在于**按商业规律办事**，打造核心竞争力，为用户创造价值。

未来，唯有真正践行价值创造的企业，才能在激烈的市场竞争中获胜。

03　如何摆脱“内卷”？从“内耗”到“进化”

“内卷”已成为中国企业面临的普遍困境，各行各业都在经历着增长放缓、利润摊薄、竞争加剧的阵痛。企业如何才能跳出“内卷”怪圈，实现真正的“进化”？

认清“内卷”根源，寻找突围方向

中国企业“内卷”现象，是多种因素共同作用的结果：

红利消退：人口红利、经济高速增长红利、大规模基建与房地产红利、流量红利等逐渐减少，由增量经济转向存量经济，企业发展面临更大挑战。

同质化竞争：各行各业普遍存在供过于求，企业缺乏核心技术和创新能力，产品和服务同质化严重，只能依靠营销战抢占市场。

互联网平台效应：几大互联网平台几乎垄断了国内流量，企业的营销成本越来越高，产业链的大部分利润都流向了大型互联网平台。而数据资源集中于极少数互联网平台，导致几乎每个企业都在互联网平台上与所有同行竞争，信息极度透明。不幸的是，大部分企业的成本、效率、产品力、“护城河”等前端问题没有解决，完全寄希望于流量这根“救命稻草”。

资源分配不均：头部企业优势明显，中小企业发展空间受限，被迫卷入低水平竞争。

社会文化因素：国内企业不善于竞合，不懂得博弈，行业普遍陷入“囚徒困境”。行业中只要有国内企业进入国际市场，都会把产品卖成“白菜价”，从摩托车、盾构机，再到碳纤维、光伏设备，无一例外。

告别“内卷”，实现“进化”的两大路径

赢得“内卷”：在现有竞争规则下，通过提升生产效率、降低成本，获得相对优势。这是一种短期策略，可以缓解生存压力，但无法从根本上改变“内卷”局面。

摆脱“内卷”：跳出原有竞争维度，重构企业的商业模式，创造新的价值曲线，实现差异化竞争。

打破“内卷”困局的四大关键举措

聚焦价值创造：深耕细分市场，打造差异化产品和服务，以独特的价值主张赢得用户。

拥抱创新：加大研发投入，掌握核心技术，探索新商业模式，开拓新增长曲线。

优化内部管理：提升组织效能，打造学习型组织，构建利益共同体，提升结构效率，为企业发展注入持续动力。

寻求外部合作：加强产业链上下游企业的合作，跨界融合创新，整合外部资源，构建共赢生态。

摆脱“内卷”是一场持久战，需要企业经营者拥有长远眼光、战略思维和创新精神。唯有不断进化，才能在激烈的市场竞争中立于不败之地。

04　企业困局：从迷茫到破局

中国企业普遍面临的困境

中国企业，特别是中小企业，常常陷入以下困境：

业绩增长乏力，营销手段单一，找不到突破口；

成本居高不下，利润空间被压缩，深陷价格战泥潭；

招聘人才困难，团队缺乏活力，执行力低下；

缺乏核心竞争力，经营模式容易被复制，发展后劲不足；

战略规划缺失，发展方向不明确，难以实现升级与跃迁；

管理混乱低效，问题层出不穷，疲于应对。

陷入困境的深层原因

中国企业陷入困境，并非偶然，而是多重原因导致：

缺乏系统性商业认知：对商业规律缺乏深刻理解，经营管理缺乏方法论指导，常常陷入“经验主义”的误区。

缺乏全局思维和系统思考能力：难以跳出局部思维，无法从整体上把握企业发展方向，导致问题反复出现，难以根治。

盲目照搬经验，缺乏独立思考能力：忽视自身实际情况，盲目复制成功案例，最终导致“水土不服”。

缺乏对商业本质的深刻理解：过于追求短期利益和期待快速见效，忽视企业的价值创造和长期发展。

破局之道：以“商业三性”为指引

企业要想摆脱困境，实现突破性发展，关键在于**掌握商业规律，按规律办事**。

“商业三性”为企业指明破局之道：

掌握商业共性规律：只有透彻理解商业的本质和规律，才能制定出正确的战略。

构建系统性商业知识体系：告别碎片化学习，构建完整的商业认知框架，做出精准判断。

掌握适合且有效的商业模型：掌握并正确运用经过验证的商业模型，可以有效提升决策效率和准确性。

抓住本质，找到根源性解决方案：只有深刻理解问题本质，才能找到标本兼治的解决方案。

聚焦重点，以“少即是多”的智慧实现突破：集中资源和精力，专注做符合商业规律、能够创造长期价值的事情。

国内企业亟须一场以“商业三性”为核心的范式革命

在新的形势下，中国企业正站在发展的十字路口，无论是普遍存在的“短命”现象、层出不穷的经营困境，还是日益加剧的“内卷”竞争，都迫切需要一场企业增长的范式革命。

而这场商业范式革命的核心，正是**回归商业本质，按规律办事**。

商业三性理论为中国企业提供了一套系统、完整、可操作的**破局方法论**。它不仅揭示了商业运作的底层逻辑，更指明了企业实现可持续发展的必经之路。

中国企业亟须一场以“商业三性”为核心的商业基础教育活动，一次商业

认知的系统升级。通过学习和应用商业三性理论，企业经营和管理者能够达成以下目标：

洞悉商业本质，掌握发展规律。告别“拍脑袋决策”，跳出经验主义陷阱，在纷繁复杂的商业世界中找到正确方向。

构建系统思维，提升决策水平。跳出局部思维，从全局出发，制定更科学、更有效的战略规划。

全面诊断企业，系统解决问题。全面诊断企业，判断企业是否按规律（商业共性规律和行业特性规律）办事，系统解决企业存在的问题。

抓住主要矛盾，实现企业破局。在纷繁复杂的问题中，抓住主要矛盾，以商业模式创新、战略重构等为主要“抓手”，实现企业破局。

打造核心竞争力，实现持续增长。不再依赖短期红利，以创造价值为核心，构建基业长青的百年企业。

链接新质生产力：从宏观经济指引，到微观经济落地

新形势下，国内微观经济（企业层面）遇到的增长问题，是宏观经济层面增长问题的缩影。过去四十多年，中国的经济增长主要依赖人口、资本（货币供应）、土地等生产要素的投入，是改革开放制度与政策、融入全球经济等红利的结果。而当前，人口红利逐渐消失，货币供应难以继续驱动经济增长，资源枯竭与环境代价导致资源消耗型增长难以为继，外部环境逆全球化苗头出现。

经济增长模式需要转变，由过去粗放型增长转变为以高科技、高效能为核心的内生性高质量发展。新质生产力是适应这一转变的理论和实践创新。而中华优秀传统文化对新质生产力的形成和发展提供重要支撑。中华优秀传统文化（特别是哲学）蕴含全局思维（即整体性、系统性的思维），对新质生产力的落地具有方法论意义。商业三性以结合企业自身实际情况、按规律办事为核心思想，指导企业在新形势下实现增长范式转变，是中华优秀传统文化全局思维（不同于西方的解构思维）在企业实践中的具体运用。在新的经济形势下，以商业三性理论赋能企业增长，可看作是对新质生产力这一指导宏观经济增长新理论的继承和发扬，是链接新质生产力在微观经济（企业层面）的落地理论。

让我感到欣慰的是，在本书即将出版之时，企业界、咨询界、学术界正在逐步形成一种共识。在经历了短视频流量“狂潮”之后，相当一部分企业开始反思：免费流量越来越难获取，付费流量越来越贵，IP打造更是难上加难，企业前端的战略、商业模式、产品、成本与效率、核心竞争力等主要问题没有解决，仅靠后端的流量这根“救命稻草”是挽救不了企业的。典型的情况是流量的成交转化率低，产品力弱、性价比低导致退货率高，流量越多、卖得越多，反而亏得越多。企业越来越意识到，还是要回归商业的本质：价值与效率、产品力、性价比、核心竞争力、商业势能、商业模式等，按商业的底层规律办事。

要时刻谨记，**企业今天结出的果，都是昨天种下的因。**你能轻易做到的，别人也能轻易做到。寄希望于人尽皆知的“一招鲜”来做好企业是不现实的。

第2章

商业三性的底层逻辑

01 一切个性都是共性的积木

洞察物质世界的共性基础

为什么川菜、湘菜在全国餐饮市场占有率位居前二？为什么卤味前四强——绝味鸭脖、周黑鸭、煌上煌、紫燕百味鸡都来自喜吃辣的省份——湖南、湖北、江西、四川？

因为它们都有一个共性：“辣”。辣形成上瘾性产品，如同香烟、白酒、可乐。这是巴菲特几十年长期投资并持有可口可乐股票的重要商业逻辑之一。

为什么农夫山泉这样一个卖水的公司市值如此高，一度使钟睒睒能够超越一众房地产和科技巨头，成为中国首富？为什么比尔·盖茨能够独霸全球首富13年，微软公司在PC（个人计算机）没落后市值又重回全球第一？为什么亚马逊持续亏损13年股价却能持续上涨？

因为一个共同的商业底层逻辑：核心竞争力（或“护城河”）。

为什么偏居一隅的胖东来能够成为各大零售巨头争相学习的标杆？为什么海底捞能够从简阳的一家小店发展成为中国餐饮行业领导者？为什么任正非仅持有华为1.4%的股份，却能带领华为打败一众通信巨头成为全球第一？为什么戴永红能把一个小作坊发展为湖南零食连锁巨头？

因为他们有一个共同的企业经营理念：利益共同体。

你能想到，巴菲特的复利原理、张磊的长期主义、罗振宇的“时间的朋友”，本质上都是一个投资回报率递增的经济学规律吗？

管理是通过别人拿结果，营销是通过满足他人的需求达成交易的目的，那你能想到管理和营销这两个不同的概念本质其实是一样的吗？它们的本质都是人际关系的普适规范“价值交换”，即中国古话所讲的“欲取之先予之”。

生物学上的达尔文进化论和经济学上亚当·斯密的市场“看不见的手”，本质上讲的都是一个道理，那就是非人为干预的“演化”：优胜劣汰，适者生存。

以上不同的例子都指向了同一方向：**共性，即不同事物的相同之处**。

能全部洞察以上六个共性的人，也许百里挑一，这是为什么呢？

主要原因在于这些知识和信息在人的头脑中是浅层的、表象的、零散的、孤立的、缺乏结构的，而究其根源是人们难以洞察事物的本质，没有将个性的事物看作诸多共性元素的组合，无法从更深层次找到不同事物之间的共性，并将它们从底层关联，从而形成结构化的知识体系，反之只是掌握了一大堆零散的“术”，这样是无法真正通达商业的。这就是很多人学习了很多商业知识、掌握了大量的信息，却无法做到快速认知和正确决策的根本原因。

越底层的共性，就越本质，越普适，越能跨领域、跨专业、跨行业迁移使用，就是越深刻的道。大道至简，因为**事物的本质是简单的，其复杂性是衍生的**，故有：道生一，一生二，二生三，三生万物。

原子、元素、万有引力、能量、优胜劣汰、基因、人性、需求、价值交换、信任……都是这个世界极为底层的共性。

然而在绝大部分人眼里，世间万物都是独立的个体，他们找不到事物之间的共性与普遍关联，洞察不到事物的本质，所以才会觉得这个世界复杂到难以认知、无法通透，而只有零散而杂乱的个体、个性、知识、信息、现象，人们不知道：

道生万物；一切个性都是共性的积木；物质世界的本质只不过是基本粒子的相互连接、排列组合、分类分层。这三个理念是理解世间万物的哲学基石，也是理解商业世界的哲学基石，更是商业三性的哲学灵感来源 。

对事物的理解越底层、越本质，你就越会发现很多看似毫不相干的事物，它们其实是相同的、相通的。事实上，**个性很大程度上是个伪命题 ，或者说，从宏观上看的个性，从微观上看都是共性，然而人们往往放大了个性，而忽略了共性，**这就导致认知事物的效率较低，也很难洞察事物的本质。

以物质世界为例来解释以上三个哲学基石。

如果我们把物质世界理解或拆解到原子层次，我们就能够对地球万物有共通性认识，这就是对“道生万物”的简单形象理解。看似不同的地球万物（个性），都是由原子（共性）构成的，这就是“一切个性都是共性的积木”。如果我们从化学元素层面理解，那么地球万物不过是118种化学元素的排列组合；如果我们从生物这个层面理解，那么所有生物只不过是分类分层而成的界门纲目科属种；如果我们从森林这个层面理解，那么世界就是一个相互关联的生态系统。所以，物质世界的本质只不过是原子的排列组合、分类分层、相互关联。

商业世界中的共性、特性与个性

商业世界亦然。

“一切个性都是共性的积木，一切共性都是个性的统一”，是我在研究行业属性时，突然领悟到的。我们经常听人说，“你不了解我们这个行业，我们这个行业有特殊性”。其实仔细想一想，所谓的行业特殊性，就是由一系列（共性的）行业属性排列组合而成的。

拿旅游景区行业（类似迪士尼、长隆、欢乐谷的大型游乐园）来说，它的主要行业属性的组合大概是：“高投入重资产+人力密集型+高固定成本+低频购买+范围生意（类似于实体店的基于物理范围的生意）+非刚需行业+行业集中度低（自由竞争行业）+进入壁垒和退出壁垒都很高+……”，组合中的每一个行业属性，其实是很多其他行业的共同属性，也就是说，高投入重资产并不是旅游景区行业独有的属性，很多行业都有这种属性，如民航业、移动通信业、电力行业、新能源汽车行业等。人力密集型行业和其他行业的行业属性也是这个道理，这些行业属性本质上是一种共性。这个例子也是商业排列组合的例子。

下面我们再举一个例子。

相对于其他产品来说，汽车是个性产品，然而这一个性产品，组成它的基本物质却是共性的，因为这些基本物质并不只是用于汽车，还用于很多其他产品。因此，不同产品（个性）的本质，其实是基本物质（共性）的不同组合。埃隆·马斯克用第一性原理，实现了电池的商业化革命，其本质上就是对共性进行不同排列组合。

事实上，商业三性理论就是最好的例子。将生意拆分为底层的商业共性、中层的行业特性、上层的企业个性，就是运用分类分层的方法。企业要按规律（商业共性规律和行业特性规律）办事，要针对自身的具体情况制定量体裁衣的战略与经营管理策略，这就是商业的相互关联。与此同时，企业本身是一个相互关联的有机系统，制定战略与经营管理策略时，一定要有相互关联的系统思维，否则就会陷入“头疼医头，脚疼医脚”“按下葫芦浮起瓢”的管理困境。**一个成功的企业，要将商业共性、行业特性、企业个性像搭积木一样进行有机适配。**

本书主要探索的，正是商业的共性，即商业共性规律和行业特性规律。而开篇提到的如核心竞争力、性价比、商业信任，都属于非常重要的商业共性规律。

02 巨变的世界，不变的“宗”

商业世界的变与不变

柏拉图说，变化的现象世界，都来自不变的理念世界的投射。

叔本华说，世界是我的表象。

这些幻象、表象都是不断流变的，而控制这个世界运行的，都是表象背后的不变规律。所以，不变，才是这个世界的底色。

例如，流量获取方式无论怎么变化，它本质上都是营销获客效率的问题，这一本质从未改变。

本书因遵循“道法术器用”的逻辑脉络，所以会上升到哲学层面去分析问题，目的是希望读者能够深度思考、融会贯通，而不只是学点手段、技能等。

就以品牌来说，只有理解了品牌背后的哲学，才是真正理解了品牌。品牌是一切与产品相关的消费者认知的总和，所以品牌只是个体的认知，并不等于事实。从营销上讲，认知大于事实，“消费者认为是什么”比“事实是什么”重要得多。这背后的哲学与康德的“个体感官映射”、叔本华的“世界是我的表象”是一样的，本质是哲学的重要命题：存在与意识的关系。

一切流变的，都是“术”；一切不变的，才是“道”。

连驱动人类进步、经济发展的关键力量科技，也是“术”，因为它也是不断流变的。

贝索斯说，我从未被变化困扰，因为我知道无论互联网与电商如何变化，消费者要的永远都是更低的价格、更多的选择、更快的物流配送。更低的价格、更多的选择、更快的物流配送，就是电商的“道”，至于如何去实现这个“道”，那就是“术”的问题，但无论“术”怎么变化，都是为“道”服务的，都不能脱离“道”。

任正非说，不确定的时代里，我们要有确定性的抓手。

那么，于商业而言，什么才是“确定性的抓手”？

那就是商业的规律。

近二十年来商业大环境的飞速巨变，催生了一波又一波的新生事物，从互联网、移动互联网、电商、大数据、云计算、区块链、共享经济、O2O、粉丝经济、商业智能、物联网（IoT），再到微商、私域流量、社区团购、产业互联网、人工智能（AI）、短视频、ChatGPT（人工智能技术驱动的自然语言处理工具），应接不暇的新技术及其应用让很多企业经营者陷入高度焦虑，在不断追逐新概念中迷失了方向，也迷失了自我。究其根源就是绝大部分企业经营者缺乏认知商业规律的基本功，他们不明白虽然这些新概念、新事物都很重要，但始终只是“术”。

没有“道”的指引，“术”就是一只“无头苍蝇”

在这个信息大爆炸、新概念与新知识层出不穷的时代，人们在变化的事物上花的时间越来越多，而在不变的事物上花的时间越来越少；人们在小问题上知道得越来越多，而在大问题上知道得越来越少；碎片化的快餐知识越来越多，结构化的系统知识越来越少。

缺乏深度与系统思考，是这个网络时代下人们的通病。

那么，“术”是不是就不重要了呢？掌握了不变的底层规律是不是就不用关注变化了呢？

当然不是。

任何事物都要抓住两类：不变的和变化的。于企业而言，**就是抓住不变的商业共性规律和变化的环境趋势。**对于变化的环境趋势，绝大部分企业能够意识得到，只是时间的早晚问题，应对措施的优劣问题。而对于不变的商业共性规律，绝大部分企业却存在很多盲区，尤其是缺乏系统性的认知。

有术无道，止于术；有道无术，术可求。在这个商业世界中，懂“术”的人很多，但真正懂“道”的人却很少，**“道”才是最稀缺的，才是企业经营者最应有的核心能力。**

现在的绝大部分企业，普遍只热衷于“术”，掌握了一大堆零散的“术”，而忽视了对“道”的掌握。它们需要明白，没有“道”的指引，“术”就成了

“无头苍蝇”，结果往往是顾此失彼、迷失方向、失去优势。没有“道”的指引，“术”就如同无源之水，难以发挥真正的价值。只有将“术”建立在“道”的基础上，才能真正掌握商业的本质，找到通往成功的路径。

03 企业的“道法术器用”

如何理解企业的“道法术器”

“道法术器”是思考与解决问题的逻辑层次脉络，企业的“道法术器”是指企业在经营过程中用到的指导原则、战略、技术技巧和工具设备。

道（Principles/Philosophies）：是宇宙的根本法则、万物运行的本质规律。在商业世界，它包括商业的整体规律，也包括具体企业的核心理念和文化，是企业的灵魂和指导思想，例如企业的使命、愿景和核心价值观。这些原则决定了企业的战略方向和长远目标，塑造了企业的品牌形象，也影响着企业对内对外的行为。企业战略属于“道”，是核心理念的具体体现，是实现愿景与使命的长期计划和方针。

法（Systems/Rules）：代表企业的管理制度和规则体系，包括组织结构、运营流程、规章制度等。这些规则和体系指导企业日常运作，确保企业活动的有序性、合规性和效率性。

术（Skills/Techniques）：指企业在经营过程中应用的技巧和管理方法，如市场营销策略、销售技巧、生产管理方式、财务分析方法、谈判手段等。这些技能和技术直接影响企业在市场竞争中的实际执行力和核心竞争力。

器（Tools/Equipments）：指企业为完成各项工作所使用的具体工具和设备，如办公软硬件、生产机械、信息技术系统、物流车辆等。

“道法术器”的关系

从指导到实现：道—法—术—器，是从抽象到具体，从理论到实践的过程。“道”设定了方向和目标，“法”建立了规则和体系以支持目标，“术”涉及达成目标的具体技巧和策略，“器”是实际执行中使用的工具和设备。

相互依赖：“道”需要“法”来实现其指导原则，“法”需要“术”来具体实施，“术”则需要“器”作为执行的手段。每一环都依赖于后一个环节，整个系统相互作用，相互支持。

层层递进：它们构成了一个层层深入、逐步具体化的体系，从根本的战略思想到日常的操作工具，每一层都是上一层的展现和落实。

综上所述，“道法术器”构成了一个企业从理念到实践的完整框架，它们是相互联系、不可分割的，共同指导和影响着企业的经营活动和长期发展。

对于商业中的“道法术器”，我还有几点自己的理解供读者参考：

（1）“器”不同于传统的理解之处

第一，“器”就是资源，包括企业内部的资源和企业可以利用的外部资源，它既包括有形的资源，也包括无形的资源。

第二，“器”也是思维模型，在商业上是商业模型，商业模型是快速解决商业问题的工具，只不过这个工具是经抽象概括得出的。

传统对“器”的理解是有形的工具，而不是广泛的资源和思维模型，这种理解是不够透彻的、不实用的。

（2）“术”与“器”的关系

“器”是模型化的“术”，或者说“器”是有确定性共识的“术”。

如果人类能够把一切“术”都模型化、“器化”，那么这个世界就不再需要“术”了（只不过这是一种理想状态），人类知识、理论、科学、技术的进步，很大程度上都是将“术”变成“器”（模型化）的过程。牛顿发现万有引力是“道”，是物质世界普适的规律，由此提出来的万有引力公式$F = G\frac{Mm}{r^2}$是“器”、模型，人类利用它才能发明出人造卫星、宇宙飞船等。

例如，杰罗姆·麦卡锡在1960年提出营销4P理论，在此之前，很多企业在做营销策划时，可能也会考虑产品（Product）、价格（Price）、渠道（Place）、推广（Promotion）这些要素，但并没有形成商业模型，使其成为显性的系统性认知，企业在进行营销策划时缺乏统一的思维框架（即商业模型）。那时的营销策划因人而异，企业都还处在用“术”解决营销问题的阶段，直到杰罗姆·麦卡锡提出营销4P理论并且该理论成为营销的确定性共识，营销策划才从混沌的、因人而异的“术”变成了“器”（营销4P模型）。

书中大量的商业模型，如行业特性模型、性价比系统模型、五级竞争力模型、购买三角模型、麦肯锡·唐信任公式等，**把人们从混沌的、因人而异的“术”中解脱出来，用“器”（商业模型）来高效、准确地解决商业问题。**这些都是落地性强的实用商业模型（器）。

（3）“道法术器”不可教条化

在实际工作时，人们并非总是按照“道—法—术—器”严格的时间先后或逻辑顺序做事，因此使用时切忌教条化。大部分创业企业，在初创阶段既没有愿景、使命、价值观，也没有战略，但有了一些规章制度、作业流程；很多企业或员工，认知或解决问题从来都是采用“一事一方法”的“术”，却从未形成使用思维模型（商业模型）的习惯。关于“道法术器”在实际中如何使用，本书第4、5章会结合商业三性的应用案例详细说明。

（4）“道法术器用”

在“道法术器”之后，我加上了“用”，形成了“道法术器用”，而“用”就是结合具体情况（例如企业个性），套用商业模型，形成问题的解决方案或决策，因为“决策=模型+信息”。

把“术”变为“器”的过程，很像哲学演化出具体科学的过程。

哲学家罗素说，当一门学科有了确定性，它就会被踢出哲学，而成为一门独立的学科。在人类发展的早期历史中，物理、数学等都属于哲学范畴，牛顿的名作《自然哲学的数学原理》是哲学与科学的分水岭，因为牛顿用数学这种最具确定性的语言来表达物理，让具体的科学与抽象的哲学从此分道扬镳。同理，当“术”变成一种具体的、通用的共识后，它就被踢出了“术”，而发展成为一种“器”（工具、模型）。

“术”与“器”，是解决问题的两种不同方法，下面举例说明。

假如企业要解决的问题是如何提高利润，人力资源部可能会想到如何降低人力成本，财务部可能会想到如何降低财务成本，营销部可能会想到如何提高收入，产品研发部可能会想到如何开发出更受市场欢迎的产品……这些行为都是在用“术”思考如何解决问题。而习惯用模型（“器”）解决问题的人，想到的提高利润的方法与它们就都不同，他会直接套用“利润=收入−成本”，然后继续套用“收入=销量×价格”，再找到一系列提高销量和价格的方法。

使用用模型解决问题的方法，思考问题全面、系统、准确，不会像单纯用

"术"思考和解决问题那样，想到什么方法就用什么方法，以致遗漏大量的解决问题的可能性。这是用"术"和用"器"思考和解决问题的明显区别，所以能够用模型解决的问题，我们就用模型解决，因为它是人类确定性的共识，而不是个人随意、片面的想法。

04 商业模型法

用商业模型认知、分析和解决商业问题

思维模型就是认知、解决某类商业问题的思维框架，**而商业模型法就是用商业模型认知、分析和解决商业问题的方法，它是思维模型在商业中的应用。**商业模型法是快速、准确解决商业问题的最好方法。

商业模型法源于下棋给我的启示。我从小就喜欢下象棋，通过下棋有一个发现：一流业余棋手，通常下不过三流职业选手（其实其他领域也都一样）。根本原因是两者采用了不同的方法：业余棋手采用的是"一事一方法"（或一次一计划），每一步棋都是根据自己的经验、知识、直觉和当下的分析走的；而职业棋手下棋时基本都是直接套用棋谱，棋谱就是下棋的定式（或称模型），是从前人下棋的历史经验总结出来的"最好走法"。

对于没有掌握棋谱定式的业余选手来说，在那么多可选的棋法中，他能够在短时间内找到"最好走法"的可能性是极低的。而职业棋手因为掌握并直接套用棋谱定式（模型），不但下得快，而且下得准。这就是掌握模型的人，能够战胜未掌握模型的人的根本原因，换句话讲，做每件事情都有"套路"（好的模型），掌握"套路"的人自然能够轻松战胜不懂"套路"的人。

其实解决商业问题和下棋是一个道理，商业模型就像是棋谱定式，是分析和解决某类商业问题的思维框架，优秀的商业模型是迄今为止人们认知、分析或解决某类商业问题的"最好选择"。**正确使用商业模型，就是站在巨人的肩膀上，与商业智慧为伍。**

为此，在吸收、借鉴前人在主要商业领域的商业知识与智慧精华之后，我用了十多年去整合、总结、优化、研创了商业主要领域的很多商业模型（商业

模型基本上是与商业共性规律配套的），掌握了这些商业模型，我们就能够轻松应对常见商业问题。

快速、准确认知、分析、解决商业问题的工具

商业模型法是快速、准确地认知、分析、解决商业问题的最好工具。商业模型法之所以能快速解决问题，是因为“**商业决策=商业模型+信息**”，先套用优秀的商业模型，再输入正确的信息，自然就能很快认知和解决商业问题；商业模型法之所以可以准确解决问题，就是因为它用到了商业领域内迄今为止最有价值的知识与智慧，就像棋谱定式一样。

在商业的每一个主要细分领域，针对每一类商业问题，都有优秀的商业模型，例如：

要提高性价比，提高商品的竞争力，让更多客户购买该商品，目前较好的商业模型可能是我开发的性价比系统模型，即“性价比=顾客总价值体系/顾客总成本体系”。

建立客户信任，较好的商业模型可能是我调整后的麦肯锡·唐信任公式及其配套的有形证据体系。

行业研究，目前最好的商业模型可能是我开发的行业特性模型。

…………

事实上，商业模型法并没有成为一种广为人知的方法，而普通人要想快速成为商业高手，掌握商业共性规律和主流商业模型应该是最短的路径。

本书着重提出商业模型法和开发那么多商业模型，就是为了提醒商业从业者要将商业模型法作为解决商业问题的核心方法论，并且不断学习和积累主要优秀商业模型，使解决商业问题的效率和准确性不断提高。**因为如果只懂“道”，而缺乏将“道”落地的“器”（模型），那么这种“道”也没有任何实用价值。**

05 打开商业“天眼”，参透生意奥秘

根据道生万物、“一切个性都是共性的积木”、“物质世界的本质只不过是基本粒子的相互连接、排列组合、分类分层”这三个哲学基石，任何生意都可以把它拆解为三个层级，都脱离不了商业三性。

由此，可以用一个简单的公式表达复杂的商业：B=RAP，其中B为Business（商业），R为Rules of Business（商业共性），A为行业特性（Attributes of Industry），P为Personality of Company（企业个性）。

商业共性

商业共性是超越具体行业与具体企业的商业共性规律，是控制商业世界运转的基本原理，是不可违背的商业基本规律，是商业万变不离其宗的“宗”。商业共性又称商业共性规律、商业底层逻辑，是商业的底层原理和商业底层操作系统。

商业的本质、性价比、需求（人性）、核心竞争力、生意的支点、产品的本质、（商业）信任……这些都是极为重要的商业共性。本书一共梳理了30个重要的商业共性规律。

我们了解了商业共性规律并不能直接解决商业问题，只有掌握了在对商业共性规律的准确、深刻理解的基础上开发出的能够解决商业实际问题的工具（商业模型），才能解决具体的商业问题。为此本书开发了与商业共性规律配套的主要商业模型，如针对核心竞争力开发的五级竞争力模型，针对性价比开发的性价比系统模型，针对生意的支点开发的生意支点模型，针对商业信任开发的麦肯锡·唐信任公式，针对商业势能开发的商业势能公式，等等。

行业特性

正如本书开篇所言，一切个性都是共性的组合，某个行业的个性就是很多行业属性（共性）的组合而已。例如，饮料行业的特性就是由“高频购买+品牌驱动+低价值低风险购买+感性产品+中高集中度+中高壁垒+同质化……”等

行业属性组合而成，其中高频购买、品牌驱动等是很多不同行业的共同属性。

由于行业属性可以指标化、模型化，经过多年研究，我梳理总结了30组行业属性，组成了行业特性模型，做行业研究时只需直接套用。

行业属性是企业制定战略与经营管理方法的主要依据，是企业资源配置和经营管理活动的指南针，不同的行业属性需要完全不同的企业战略与经营管理方法。例如：适合高频购买行业的私域流量打法，就不适合低频购买行业；高价值、高风险、高试错成本、长期使用的产品购买［如CRM（客户关系管理）与ERP（企业资源计划）管理软件、大型设备、医疗等］行业，就要把建立客户信任当成系统工程，上升到战略高度，而在低价值、低风险、一次性使用的产品购买行业，消费者信任的重要性就远不及前者。

相比传统行业研究方法，采用行业特性模型研究行业效率更高，研究更全面、更准确，目的性与实用性也更强，是行业研究的一次范式转变。

企业个性

企业个性指的是企业创始人及其核心团队、企业基因与发展历史、核心资源与能力等，它是我们在使用商业共性规律及其配套的商业模型和行业特性模型时，需要输入的主要信息来源，是企业针对自身情况制定策略的依据。“商业决策（或方案）=商业模型+信息”，有了优秀的商业模型，只要向模型输入准确的信息，就可以轻松解决商业问题。

旗帜鲜明地提出企业个性，具有重要的意义：**提醒企业经营者在使用任何商业理论、借鉴其他企业的商业做法时，要从企业的实际情况出发，考虑理论和做法与企业的适配性。**

不少企业经营者容易犯的一个错误就是盲目借鉴他人做法、盲目套用商业理论，而不考虑企业的实际情况（包括企业个性、行业特性），导致决策失误。例如：老板明明没有做个人IP的潜质，却被“流量贩子”以“每个老板都应该打造自己的个人IP”忽悠，而把大量的时间花在制作短视频上，导致错过了对自己来说更有价值的很多事情；企业明明属于低频购买产品行业，却盲目跟风私域流量打法……

商业三性之间的关系及其用法，简单来说就是，**企业要按照商业共性规律和行业特性规律办事，针对企业的实际情况（即企业个性）制定战略与经营管**

理策略。在这个过程中，企业就能够全面诊断、发现和解决自身存在的主要问题，从而实现破局、跃迁，达到全面增长的目的。

如果已经掌握了商业共性规律和行业特性规律，剩下的就只需要结合企业的实际情况去认知、分析和解决商业问题了，又怎么会不既快又准呢？

很多咨询客户都问过我同样一个问题：为什么你面对一个从来都没有接触过的行业和企业，能很快地看懂这个行业，看出在这个行业的企业存在的主要问题，并且能够很快地拿出系统性的解决方案、帮助企业破局？

在我眼里，所有企业、所有生意其实都是差不多的，它们都脱离不了商业的本质、性价比、产品的本质、核心竞争力、商业模式、商业势能等商业共性，也脱离不了行业特性。只要提前掌握了这些商业共性和行业特性，看任何生意都会很通透，只需把企业个性与商业共性和行业特性进行适配，自然就能够快速发现企业一系列不符合商业共性规律和行业特性规律的错误做法，找到很多企业优化与增长的机会，从而拿出有效的解决方案。

商业三性理论的重要意义在于：

其一，商业三性理论有助于打开商业“天眼”，是参透商业奥妙的关键所在。将生意分为三个层次后，只要把下层的商业共性规律和中层的行业特性规律模型化、研究清楚，看任何生意就通透，能更快、更准、更全面、更彻底地认知和解决商业问题，这就是通过掌握较少的商业共性规律认知却可以解决很多商业问题的“以少御多”。

其二，商业三性理论以商业全局视角，统合过去的商业知识，为商业认知大厦做顶层设计。过去我们总觉得商业特别复杂，那是因为学习的商业理论和知识都是独立的、散乱的，缺乏系统、全面的梳理，又没有进行分类分层。而商业三性理论把商业知识进行了系统梳理、逻辑分层，让我们知道，哪些是不变的“道”，哪些是流变的“术”，哪些是商业模型，哪些是理论流派，过去混沌的商业知识世界现在瞬间变得清晰有序。

其三，真正掌握了商业三性理论，看任何生意都通透，我们就不会只懂做一种生意，只会经营一家企业，只能做一个行业。就像埃隆·马斯克一样，他用第一性原理，做成了特斯拉、SpaceX、Starlink、SolarCity、PayPal等属于不同行业的公司，而且每个公司都是世界级的，这对于绝大多数的企业经营者来说，都是不可想象的。

第3章

商业共性：30个重要商业共性规律

商业共性分为两部分。本章先简要说明30个重要商业共性规律，下一章重点运用案例阐述其中10个最重要的商业共性规律。

本书谈到的30个重要商业共性规律，并不是新词，是每位商业人士都听说过的，我为什么还要下功夫专门整理和阐述呢?

主要是因为:

还没有一本书能够把重要的商业共性规律全面梳理出来，让商业人士能够对照这些商业共性规律全面检视自己的企业。

绝大部分人对这些耳熟能详的商业共性规律并未真正深刻、全面理解，普遍存在理解肤浅、模糊、错误的问题，而正确理解这些商业共性规律，是成就一切商业的前提。

如果对商业共性规律理解不正确，那么就无法在其基础上发展出商业模型，而目前很多商业共性规律并没有发展出配套的落地工具——商业模型。

以上三点，正是本章要解决的问题。

那么，什么样的商业规律才能入选为商业共性规律呢?

普适性: 共性的、通用的，与具体的行业和企业无关。

本质性: 深入底层的。

重要性: 对企业或生意产生重大影响的。

按照标准，本章梳理出30个重要的商业共性规律（对此种梳理人们可能没有完全一致的意见），并把它们分为三大类。接下来将对30个商业共性规律（或概念）逐一简述[1]。

1 鉴于本书篇幅有限，不可能一次性对 30 个商业共性规律都进行深入阐述。

01 核心商业共性

商业的本质

我对商业本质的定义：**创造价值，提升效率**。它是一切企业行为和一切员工动作的终极评价标准，是所有企业存在的价值与意义。价值与效率，是企业经营管理的两大关键抓手、两个核心关键词。

企业只有能够为社会（以客户为核心的相关利益群体）创造价值，并能以较高的效率去创造这种价值，才有存在的理由，社会才会给予其相应回报。

效率是成本优势的来源，效率包括单项效率与结构效率。在单项效率中，规模效率是一种极为重要的独特存在形式。因此，规模效应是企业发展的原动力，是企业成本优势与商业势能的主要来源之一。

性价比

消费者的一切购买行为皆因性价比，性价比包括绝对性价比（通常意义上的）和相对性价比（有溢价的）。性价比的“性”，不是指产品性能，而是指企业提供给顾客的总价值体系或总效用；性价比的“价”，不是指顾客支付的货币成本，而是指顾客为购买付出的总成本体系，这就是**“性价比系统论”**。这样理解性价比，你就能够找到更多的办法来创造客户价值、降低顾客成本，而不只是将目光聚焦于产品和价格。而提高性价比，可以提高企业竞争力，有助于企业打败对手，获取客户资源。

自从提出性价比系统论之后，我很少单独谈论产品，也很少单独谈论价格，因为这样太狭隘，并非客户思考与行动的真实情形。

生意的支点

生意的支点就是对生意影响最大的关键着力点，有点类似《增长黑客》中的北极星指标或唯一关键指标。生意的支点是企业经营管理必须遵守的核心原则，是企业资源配置与行动的指南针。

在给企业做商业咨询时，我通常会问企业家一个问题：您认为您做的这门生意的支点是什么？或者您认为您从事的生意的本质是什么？绝大部分企业家从未考虑过这个问题，即使他在一个行业摸爬滚打了很多年，还是无法正确回答。

迄今为止，生意的支点还不是一个显性知识，被谈及的次数也很少，被重视的程度还远不够，但它又是如此的重要。

产品的本质

顾客要的不是产品，而是帮助其填补某种缺失感、完成某项待办任务的工具。产品只不过是解决客户需求的可选工具之一，它并非其真实需求或核心需求。**绝大部分情况下，物质需求只是表象，精神、情感等心理需求才是本质，这点很反常识。**

空谈产品的本质没有意义，一定要联系顾客的购买行为，而把两者结合起来的就是**"购买三角模型：B=MMAP"**。

购买是动机（因缺失感产生的待办任务）、商品（帮助完成待办任务的目标物）、能力（采取购买行动的能力）、场景（购买的提示）的四位一体。即购买（Buy）=动机（Motivation）+商品（Merchandise）+能力（Ability）+场景（或提示，Prompt）。"购买三角模型：B=MMAP"是我在福格行为模型（B=MAP）基础上提出的，是福格行为模型在商业上的应用。

企业的本质

企业的本质不是盈利，而是构建一个由内、外部组成的利益共同体（主要包括股东、员工、渠道商、最终用户、供应商、战略合作伙伴、政府、媒体以及其他社会群体或机构），来解决价值创造与分配问题。解决了价值创造问题，价值分配就有了基础；解决了价值（利益）分配问题，企业就解决了内、外部长期合作的动力问题。

商业势能

势能之于商业，就像能量之于世界，其重要性不言而喻。理论上来说，企业的一切行为都可以理解为构建商业势能，企业的一切增长本质上都来源于商业势能，若将这种商业势能转化为商业动能，则生意无往而不胜，即**商业成功=商业势能×商业动能**。商业势能指的是企业自身的优势和在环境中所处的位置优势（包括时间和空间），而商业动能指的是企业将自身"势能"转化为实际行动并产生预期结果的能力，是推动企业发展变化的动力和执行力。商业势能与商业动能可以相互转化，这种转化同样遵守能量守恒定律。强大的商业势能，犹如“于万仞之上推千钧之石”，势不可挡。从商业势能来源的量级来说，时势的势能是万位的，赛道的势能是千位的，战略的势能是百位的，经营的势能是十位的，管理的势能是个位的。

商业势能含义广泛。大众既有认知、舆论是势能，趋势与风口是势能，名人、名企、权威媒体报道是势能，外部可利用的资金、渠道、客户、人才等都是势能。对于企业来说，就是要把资源聚焦于那些辐射面广的高势能载体，达到四两拨千斤的效果。

商业势能模型可以简化为一个公式，即**商业势能=企业自身能量×（趋势能量+杠杆能量）**。

借势与造势

提高商业势能的方式只有两种，要么造势，要么借势。构建商业势能就像滚雪球一样，以企业自身能量为内核，利用趋势和外部资源（即杠杆），按逻辑进行步骤和路径设计，让商业势能越滚越大，这就是商业势能的**滚雪球效应**。

理论上来说，势能与动能可以解释一切商业成功，正像万物就是能量（爱因斯坦的质能方程$E=mc^2$）、运动产生动能一样。借势应该成为企业的核心思维，企业应该尽一切可能借势，借势应该渗透企业的战略与顶层设计、经营管理的每一个方面、每一个环节。

杠杆

杠杆是企业能够撬动的一切外部资源，是企业资源与能力的放大器与加速器。任何企业（或个人）仅以自己有限的资源与能力都难以快速做大，尤其在当今资本快速扩张、深入渗透行业的时代，对手不会给企业太多机会去滚动式发展。一般人理解的杠杆只是财务（或资金）杠杆，实际上一切资源、能力、资产都能成为杠杆。杠杆的支点是内部“我有的”，而杠杆需要撬动的是外部“我需要的”。

商业人性

需求即人性，需求体现人性，人性反映需求，二者一体两面。人性是商业最底层的“道”，它涉及企业与客户、员工、竞争者、供应商、媒体、公众等的关系。人的需求是一切生意的起点和终点。掌握了人性、洞察了需求，就找到了商业的终极密码，因为商业一切都来自人的需求，由人来决策并实施，并最终服务于人。

商业模式

商业模式就是企业盈利的整体商业逻辑，这是我对商业模式的独特理解。

关于商业模式的要素组成，理论流派非常多，流行的有九因素的商业模式画布、六因素的魏朱商业模式等，无论哪个流派，都脱离不了以下三个问题：

顾客为何以及如何购买你的产品？（关键业务、市场细分、价值主张、销售渠道、客户关系。）为什么是你？（关键资源与能力、外部合作。）你如何盈利？（盈利模式，主要包括收入来源结构、成本结构。）

商业模式的重点在于创新，以系统思维重构商业模式，主要包括三个环节：一是价值创造环节，二是价值传递环节，三是价值分配环节。**商业模式策划包括三个步骤：**增加或减少利益相关方；（充分）挖掘利益相关方未被挖掘的潜在利用价值；重构利益相关方的交易、合作与治理结构。

商业模式创新的前提是必须创造全局增量价值，并且在全局增量价值的分配中，参与方都能从新的商业模式中受益。

时势

时势指的是时机与趋势。对于商业来说，抓住时机、踩准节奏往往非常重要，即在正确的时间做正确的事。因为存在经济周期、行业周期、赛道红利、发展趋势，如果错过行业战略机遇窗口期，企业要再想进入就很难。对于周期性行业来说，踩准节奏就是关键。即使是进入餐饮行业这类处于成熟期的存量市场，也存在时机选择问题。

把握发展趋势是每个企业经营者应该思考的重要问题，预测趋势是企业战略的重要前提工作，趋势是红利的主要来源。趋势分为硬趋势和软趋势。硬趋势是一定会发生的事情，而软趋势是可能发生的事情。企业应该将主要资源投入硬趋势，这也是《反脆弱：从不确定性中获益》的核心思想。

风险控制

风险控制是商业的核心概念之一，对于乐观型人格来说，尤其要警惕风险、注意风控。关于风控，有一句话很经典：做生意的底线是保本，万一不能保本，也不能伤筋动骨，因为不是每个人、每个企业都能东山再起的。

做企业之所以要风控，就是因为任何事情能够成功都是有概率的，而风控就是要以更小的风险、更低的投入、更大的概率获得更大的回报。对于成功率超过95%的事情，我们可以all-in（放手一搏），但对于成功率只有30%的事情，all-in（全力押注）可能就是灭顶之灾。

企业风控是一个很大的课题，包括但不限于财务（尤其是现金流、负债率）、法律风险、重大投资评估、重要合同管理、决策机制、审批流程、预警机制等。

02　经济学共性

供求关系

供求关系作为最基本的经济学概念，是亚当·斯密在《国富论》中所说的"看不见的手"的基础，主导着商业世界的运行规律，它不仅决定着商品的价格和产量，更深刻影响着企业的经营策略、市场竞争力、盈利水平。

供求关系是判断一个行业是否具有吸引力、是否值得进入以及进入时机的重要依据。虽然国内绝大部分行业存在供过于求，但不同行业之间的供求关系仍有巨大差异。

供求关系是动态的，而且绝大部分是周期性的，这是供求关系的精髓，也是企业经营者应该注意的点。当一个行业被媒体集中关注、有大量资本投入时，这个行业往往处于过热状态，未来的供应会快速扩大，此时企业经营者跟风进入这个行业所面临的风险就很高，正如现在的智能电动汽车行业、储能行业、光伏行业。

供求关系给我们思考商业问题提供了两个不同的方向：从供给侧发力或是

从需求侧发力，这是两种完全不同的思维，侧重供给侧的企业往往更看重产品供应，而重视需求侧的企业往往更看重客户需求。

对于供求关系，**人们往往只关注需求，而忽视了供给。**当人们谈论一个行业是否值得进入、一个生意是否值得投资时，往往只谈论需求的高低，而忘了决定一个行业或生意的吸引力的，是供求关系。那些需求很高，目前被普遍看好的行业或生意，反而是失败率最高的行业或生意，就是因为那些行业或生意虽然需求增长很快，但供给的增长更快，在这样的行业，最后能够成功的往往只有极具竞争力的头部玩家，其他大部分玩家都会成为“炮灰”，如新能源汽车行业。

资源配置

资源配置是经济学研究的核心内容之一，然而很多企业却忽略这个重点。之所以资源配置极为重要，是因为几乎所有资源都是稀缺的、有代价和机会成本的，企业经营的核心目的就是通过更少的资源投入获得更多的投资回报。

理论上来说，资源的配置有无数种组合或结构，每一种组合的投资回报率都是不同的，但是很少有企业认真地、量化地思考这个问题。

企业把既定的总资金量分别投放到人力资源、研发、土地与厂房建筑、生产设备购买、原材料采购、营销、售后网络、信息化建设等方面，在营销总预算中又有多少资金分别投放到不同的渠道，使用不同的硬性广告、不同的新媒体等，都有无数种组合，每一种组合的投入和产出都是完全不同的，企业的这些投入组合应该整体结构合理、相互适配，从而取得整体最优。然而现实情况是，很多企业经营者可能并没有考虑过这个问题，完全是凭感觉进行资源配置的。为此我提出了**“结构或组合效率”**，以提醒企业经营者注意资源的配置效率（当然结构或组合效率不只用于资源配置）。

资源配置是复杂的学问，其中有一组概念是我们经常遇到的，我将其统称为木板理论，包括经常提到的短板理论（或木桶理论）和长板理论（或优势理论）这两个完全相反的理论。关于短板理论和长板理论如何使用，很少有人认真研究过，大部分人都陷入“易得性效应”，即想到哪个就用哪个。实际上，短板理论与长板理论的本质是投入产出比，当不同木板（即投入要素）的产出之间有替代效应时（实际上大部分都是这种情况），到底是“补短板”还是

“加长板”，关键依据就是看哪个的投入产出比更高。

与资源配置高度关联的一个策略是**聚焦**。聚焦就是抓大放小。鉴于每个企业的资源都是有限的，所以要聚焦，也就是把主要资源投入具有长期累积战略性价值、高回报的业务或经营活动，这是每个企业的必然选择。即使是采取多元化战略的企业，也需要相当程度的聚焦，例如同心多元化战略，聚焦企业的核心竞争力，而非广泛分散企业的有限资源。

聚焦是一个人人都懂的道理，但实际上真正能够做到聚焦的企业并不多，贪大求全、贪图短期利益等会让人难以聚焦，此外，缺乏战略规划与战略执行力也是原因。

价值交换

理解了价值交换，你就理解了人类关系的2/3。

理解了价值交换，你就理解了商业和财富的3/4。

商业很大程度上是价值交换，那为什么不是全部呢？

在我看来，控制人类关系有四大规范：**交易规范（价值交换）、情感规范、权力规范、法律与道德规范**，而商业渗透了以上四种规范。这四大规范，可以解释人与人、组织与组织之间的关系与现象，包括企业利润和个人财富的获取。

以吃饭为例来说明这四大规范。你付费去餐厅吃饭，这属于交易规范；你去亲戚家吃饭不用付费，这属于情感规范；你去餐厅吃“霸王餐”，这属于法律规范；朋友总是请你吃饭，而你从不请朋友吃饭，这属于道德规范；握有权力的人，去一些地方吃饭可不花钱，这属于权力规范。

投入产出比

投入产出比作为商业的核心概念之一，与效率和资源配置高度相关。人效指的是人员投入与销售收入产出的比，坪效指的是商业空间投入与营业收入产出的比，营销的费效比指的是营销费用投入与销售额产出的比。投入产出比是检验资源配置效率的试金石。

企业的一切资源投入或商业行为，都应该以投入产出比为核心原则。投入产出比又叫投资回报率，通常以ROI（Return on Investment）表示，例如对于投流来说，只要ROI＞1，理论上就可以无上限地投入。除了ROI，还有一些其他的投入产出指标，如ROE（净资产收益率）、ROA（总资产回报率）。

成本

成本是经济学和经营管理学最重要的概念之一。**成本的本质是用货币衡量的资源牺牲价值。**按照不同标准，成本可以分为很多类型：

按照参与到产品或服务的直接性分类，可分为直接成本（可直接归因于产品或服务的成本）和间接成本（不能直接归因于产品或服务的成本）。

按照与产量变动相关性分类，可分为固定成本（不随产量变动而变化的成本）、可变成本/变动成本（随产量变动而变化的成本）、半变动成本/半固定成本（部分固定，部分随产量变动而变化的成本）。

按照业务功能分类，可分为生产成本、销售成本、管理成本、财务成本。

除此之外，有很多其他特殊成本类型，例如：

沉没成本：已经发生且不可回收的成本。

机会成本：选择某一方案时所放弃的另一个选择的潜在收益。

交易成本：在经济交易过程中除了实际支付给卖方的价格以外，买卖双方为了完成交易而必须承担的所有其他成本。

外部成本（或社会成本）：产业活动对社会和环境造成的成本，通常由社会承担，而非企业本身。

额外成本（边际成本）：增加一单位产量增加的总成本。

以上都是显性成本，还有隐性成本。

交易成本

每个类型的成本都值得企业深入研究，这里不做深入阐述，只以非常重要但又容易被企业忽略的交易成本为例简述。

交易成本是由科斯最早提出的，科斯因此获得诺贝尔经济学奖。 交易成本指的是为达成交易所付出的全部成本，包括货币、时间、精力等成本。

交易成本分为购买前成本、购买中成本和购买后成本。购买前成本主要包括搜寻、调查、对比、评估商品及其相关信息的成本；购买中成本主要包括谈判成本、货款成本；购买后成本包括运输、保险、售后等成本。实际上，还有很多隐性的交易成本，科斯并没有将其列举出来，例如：产品的使用成本（如打印机的耗材、汽车的燃油），产品的配套投入成本（旅游景区的门票其实并非游客考虑的主要成本，需要配套投入的交通、住宿、时间成本，才是游客主要考量的成本）。关于顾客视角的系统化交易成本，详见本书“顾客总成本体系”。

商业（狭义上）的进步，核心就是降低总体交易成本，只有降低了交易成本，顾客才能以更少的付出获得商品，企业才能赢得价格优势并获得利润。

交易成本主要来源于四个方面：一是双方信息不对称，二是双方不信任，三是双方空间不在一起，四是商品使用不单一（有配套或附加成本）。商业的进步绝大部分都是围绕这四个方面展开的，尤其是前两者：电商因为评价体系极大地解决了交易双方的信息不对称问题，从而相对于传统商业具有竞争优势；品牌因为解决了买卖双方的信任问题，从而成了每个企业的关键努力方向。

交易成本与管理成本的对比，决定了企业的边界。企业是自己设立企划部还是将企划功能主要委外，是自己生产零部件还是从外部采购，这些涉及企业的边界，并产生不同的交易成本。

03 战略与经营管理共性

战略与顶层设计

企业战略与顶层设计的重要性无论怎么强调都不过分，它决定了企业发展的方向与路径，就像企业前进的导航图。相比经营与管理的提升，战略正确带来的回报是十倍、百倍级的。

战略与顶层设计有十个关键词：需求、目标、取势（趋势和外部资源）、找“魂”（企业基因与优势）、定位、聚焦、资源配置、“护城河”、“路线图”、长期主义。抓住这十个关键词，战略与顶层设计就不会偏离方向。

顶层设计的源头是需求，然后是使命与愿景，接下来是战略，再接下来是战略指导下的经营与管理，而经营与管理的目标又是为了满足需求。从需求开始，最后又回到了需求，这就是“企业顶层设计闭环”。

核心竞争力

一切长期稳定高额利润均来自核心竞争力。培育核心竞争力，是任何致力持续经营与盈利、做大做强的企业的唯一方法。核心竞争力又叫“护城河”或竞争壁垒，核心竞争力是因，“护城河”或竞争壁垒是果。

关于企业核心竞争力，在总结前人智慧的基础上，我提出了“五级竞争力模型”（企业的核心竞争力由高到低依次是制定标准、控制价值链、强势品牌、领先技术、成本优势）和“5+2竞争力扩展模型”（除上述业务模块的5个核心竞争力，加上管理模块的创始人及核心团队、企业文化与制度流程）。

商业信任

有了信任，商业至少成功了一半。

信任之所以如此重要，是因为它能降低顾客购买风险，促进顾客购买；能大幅降低双方交易成本；能增强企业的抗风险能力；能获得客户忠诚和品牌溢价。

赢得信任需要长期努力，而失去信任只需要一次灾难性事件。

有很多行业对信任的依赖度特别高，我们把这类行业的生意叫作信任型生意。这些行业对于如何建立商业信任缺乏广为人知的商业模型，而我在麦肯锡信任公式基础上优化而成的麦肯锡·唐信任公式“信任=可信度×专业度×亲密度/自私度”，就是建立商业信任的系统性方法，其中还包括了有形证据体系商业模型。

（七位一体的）定位

定位的含义广，于企业而言，有战略定位和战术定位（实际上两者并非泾渭分明）。我们通常把战略定位描述为企业做什么与不做什么或战略聚焦，战术定位包括目标客群、需求与价值、产品、品牌、场景、价格、渠道七位一体的定位，特劳特与里斯提出的定位理论包含在品牌定位之中。之所以需要定位，一是因为你的产品不能满足所有的客户，你需要聚焦于那部分最认可你、最有价值的客户；二是因为你会面临竞争，通过定位可以区隔竞争对手，赢得竞争优势；三是因为定位能为企业指引战略方向，企业可以围绕定位配置资源，构建“护城河”。总之，定位是为了最大的长期回报。

从广告宣传的视角（而非产品策划的视角），在七位一体定位下，我还开发了非常实用的“8+8广告语模型”（类似这样的实用模型开发了很多，只是这些并非本书重点，所以不一一列举），见表3-1。

表3-1 8+8广告语模型

编号	市场指标	创意指标
1	抓住顾客痛点	极简
2	突出品牌优势	易懂
3	获得受众认同	易记
4	体现消费场景	借势（或意外）
5	满足市场空间	具象
6	促进顾客行动	共情
7	解决关键问题	张力
8	实现市场兼容	品牌

战略联盟与合作

战略联盟是两个或多个组织之间为了实现共同的战略目标而建立的合作伙伴关系。这些组织在保持各自独立性的同时，通过分享资源、技术、知识和市场等方面的优势，增强彼此的竞争力和提升彼此的市场地位。战略联盟通常涉及签订长期合作协议，旨在长期带来互利共赢的结果。

战略联盟的形式多样，包括但不限于：合资企业、资源共享、技术交换和许可协议、市场或销售联盟、供应链合作。战略联盟与合作的重要性还未被企业充分认知，尤其是中小企业。

战略联盟带来的主要优势包括但不限于成本与风险共享、快速获得关键资源和技术、进入新市场和领域、提高竞争地位。

战略联盟的例子：雷诺-日产战略联盟，通过资本共享、技术合作和资源整合，雷诺和日产在车型开发、生产、采购和销售等方面进行了深度合作，提高了双方的市场竞争力和经营效率。

品牌与价值认知

品牌是一切与产品有关的顾客体验与认知总和，是绝大部分企业都在追求的终极目标。从消费者角度来看，企业所做的一切最终都汇聚在品牌上。产品是事实，而品牌是认知，认知远大于事实。“消费者认为是什么”远比“事实是什么”重要得多，人们总是根据认知而非事实进行决策，就像消费者是根据品牌而非产品进行购买决策一样。

打造品牌的核心在于积累品牌资产，品牌资产主要包括知名度、忠诚度、感知质量、品牌联想和其他专有资产。

规划与打造品牌通常分为以下五步：①战略品牌分析；②品牌识别系统构建；③品牌的价值主张梳理；④品牌定位；⑤落地实施与追踪。

在新的技术、媒体、营销等商业环境下，品牌的打造方法与过去也有很大的不同。在传统的“货架有限、媒体集中、触点有限”的环境下，打造品牌主要是通过在主流媒体大规模投放广告、大规模铺货，这种打法通常只适合大品类消费品，尤其是快消品。在新的“无限货架、媒体分散、触点无限”的环境下，虽然很难出现如脑白金、王老吉、喜之郎这样的超级品牌，但却让很多中小品类有了崛起的机会，例如三顿半、Lululemon、内外、蕉内、喜茶、白小T、戴森、徕芬等。

关于价值认知，一个普遍错误认知是，顾客主要是根据产品来判断和认知价值的。事实上，绝大部分顾客难以客观判断、量化产品的价值，尤其是对于高度同质化的产品（更难判断整体综合价值），顾客对产品本身产生差异化价值认知的影响比我们想象的要小得多，它通常排在价格、品牌、包装、终端之后，因为人们难以从产品本身判断不同产品的价值差异，他们往往只能从产品之外的因素（如价格、品牌、包装等）判断产品的价值，但却误认为这是产品本身的价值（功效、效用等），这就是我提出的“衍生误判”理论，顾客的这种价值认知阶梯，就是价值认知金字塔。

差异化

同质化必然带来激烈的直接竞争、“内卷”与价格战，除非企业有明显的成本优势，否则差异化是企业的主要战略与经营管理策略。

差异化战略（或策略）是企业为了在市场竞争中脱颖而出，通过创建独特的产品或服务、质量、品牌形象等与竞争对手区别开来的方法。其目的是占领一定的目标市场，使得目标客户群体认为该企业提供的产品或服务在某些重要特性上优于竞争对手，使客户愿意为此支付更高的价格或给予更高的忠诚度。

差异化战略的关键在于明确企业的核心竞争力，并将其转化为明显的市场优势，从而为消费者提供独一无二的价值。

差异化战略的实现方式多种多样，顾客视角的差异化主要包括产品差异化、服务差异化和形象差异化等。产品差异化可以通过工作质量、产品特色、产品设计等方面实现；服务差异化则体现在订货、交货、安装、维修、客户服务、客户咨询等多种服务上；形象差异化则是通过塑造独特的品牌形象实现。企业视角的差异化主要是指企业的战略与经营管理的差异化，例如营销和销售方式、绩效考核与员工持股、战略联盟等。

成功的差异化战略或策略可以带来以下好处：

①提高客户忠诚度。独特的产品或服务属性使得客户难以找到替代品，从而提高客户的忠诚度。

②较大的利润空间。企业的产品或服务具有独特性，企业因此可以设置更高的价格，从而获得更高的利润率。

③减少价格竞争。差异化产品的独特价值使企业不必通过降低价格争夺市场份额，从而避免恶性的价格竞争。

④更强的市场地位。成功的差异化策略可以帮助企业建立其在目标市场中的地位，抵抗竞争对手的攻击。

实施差异化战略可能面临的挑战包括差异化特性难以持续、管理成本增加，难以及时调整产品或服务以满足不同市场或客户群体的需求。因此，企业在实施差异化战略时需要进行仔细的市场研究，了解目标客户的具体需求，并持续创新，以确保其差异化优势能够持续地为企业带来竞争优势。

需要提醒采取差异化策略的企业的是，差异化只是经营手段而不是目的，经营目的是创造有竞争优势的客户价值。

购买链

购买链就是顾客购买的整个链条。只要把购买链拆得够细，研究得够清楚，总能找到购买链的断裂之处，总能找到顾客流失的原因，从而找到顾客增长的方法。购买链有以下四种模型：

模型一：AIDA模型

顾客购买通常会经历四个阶段：第一个A为引起注意（Attention），I为诱发兴趣（Interest），D为刺激欲望（Desire），最后一个A为促成购买（Action）。AIDA模型关注的是单次成交，经营的是产品。AIDA模型如图3-1所示。

图3-1　AIDA模型

模型二：用户增长漏斗模型AARRR

用户增长会经历五个环节：用户获取（Acquisition）、用户激活（Activation）、用户留存（Retention）、商业变现（Revenue）、用户推荐（Referral）。AARRR模型关注的是长期交易，经营的是用户，适合互联网相关业务。用户增长漏斗模型AARRR如图3-2所示。

图3-2　用户增长漏斗模型AARRR

模型三：购买链十环模型

购买链还可以进一步细分顾客购买环节，以更小的颗粒度检视顾客流失的原因。顾客不购买该产品（流失）一定是因为整个购买链条中有断裂环节或顾客有购买障碍，找到这些断裂环节或购买障碍，接上断裂环节或消除购买障碍，交易自然就达成。相比前两个模型，购买链十环模型更细致，更能直接指导或启发企业的营销行为。购买链十环模型如图3-3所示。

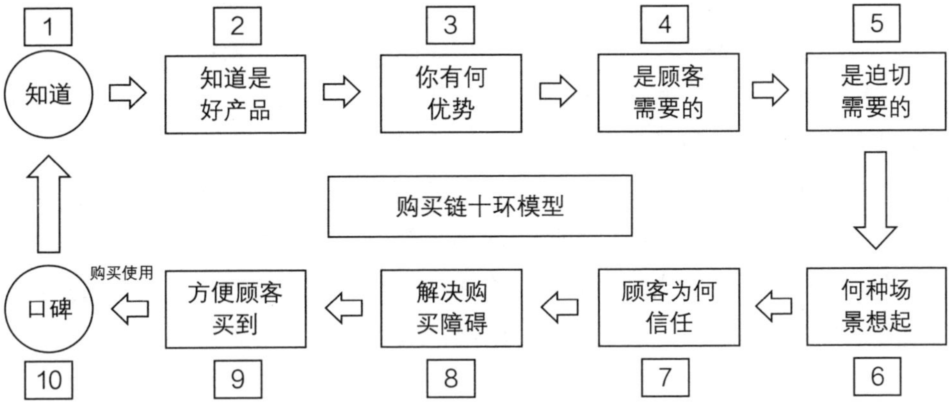

图3-3　购买链十环模型

模型四：决策与购买的全链路模型

该模型更侧重顾客行为视角，阐明在顾客决策购买的每一个环节，企业可以用到的相关理论或应关注的重点事项，见图3-4。

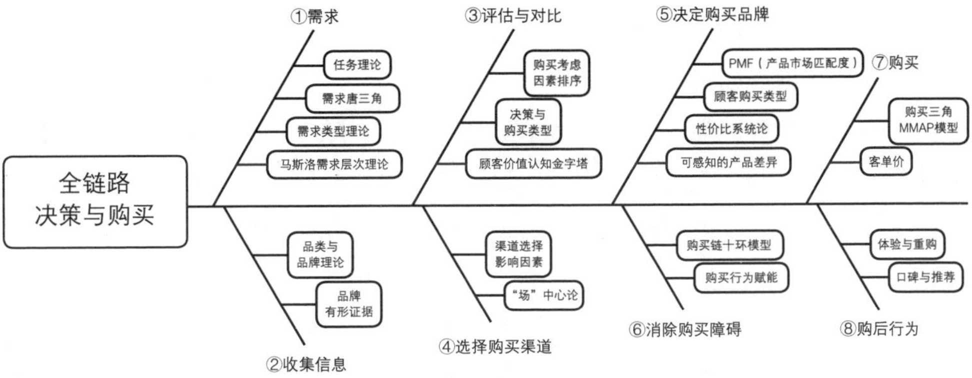

图3-4　决策与购买的全链路模型

流量与转化

管理大师德鲁克认为，企业有两项基本职能：营销和创新。营销有4P，即产品（Product）、价格（Price）、渠道（Place）和推广（Promotion），在互联网营销环境下，流量占渠道（Place）和推广（Promotion），实现了品效合一，可见流量有多重要，尤其是在各行各业严重供过于求、产品高度同质化的今天。

流量就是接触点、注意力、人流、需求，流量的本质是触达。

在新的传播与渠道环境下，企业不但越来越重视线上流量，而且线下流量也通过与线上流量融合有了新的变化。从企业流量获取来说，其核心就是流量获取成本，本质上是营销的效率。从这点来说，它与传统营销并没有本质的区别，过去是通过电视、报纸等主流媒体的新闻公关、事件营销等获取流量，现在是通过抖音、头条、腾讯、百度等线上平台以内容获取流量，只是前者的媒体资源更稀缺、门槛更高，后者是每个企业、每个人都能参与；过去通过传统线下销售渠道销售产品，而现在还可以通过线上电商平台销售产品。

流量背后是内容，要获得流量，内容是关键。

在传统媒体环境下，内容虽然也很重要，但由于传统主流媒体资源稀缺（获得稀缺的媒体资源往往比内容更重要），其重要性远不及今天“人人都是媒体”的自媒体时代。如今是“内容为王”的时代，很多企业都设置了新的重要岗位CCO（首席内容官）和新媒体运营部门，内容生产能力已经成为当今企业的一种必备能力。

对绝大部分企业来说，流量虽然重要，但现在的市场环境中，流量的价值又被过度高估了，毕竟流量本身只是营销中的获客效率问题，除此之外，企业还有很多同样重要的事情，例如产品力与品牌力，成本优势与效率等。如果没有扎实的经营获得产品、成本、技术等竞争优势，给企业再多的流量也转化不了或者转化率很低，流量的投入产出比很低，企业最终还是要回归到商业的本质：性价比、创造价值和提升效率，这是一系列的战略与经营管理行为，而不仅仅是流量问题。

现在大部分企业之所以过分重视流量，是因为在各行各业严重供过于求的环境下，**企业前端的战略、产品、成本、效率等没做好，企业完全寄希望于流量这根最后的“救命稻草”**，效果自然不会好。

产业力量与竞合

关于产业力量，目前最好的商业模型是波特的五力模型，波特将产业力量分为五种：行业竞争者、潜在进入者、替代品、供方、买方，企业与这五种力量的对比强弱，就决定了企业的溢价能力与盈利能力的高低，它深刻地影响着企业的成本、价格和利润。洞悉产业力量，需要企业有全产业链的纵向思维，熟悉产业链的所有环节、每个环节创造的价值与利润空间、各个环节的重要性与话语权、各个环节的竞争格局与商业模式等。产业力量分析能够给企业带来纵向与横向整合、外包、战略合作与联盟等更大视野的战略启发。

产业主流力量

波特在《竞争优势》中认为，五力并非同等重要，最核心的是构建市场进入壁垒。除此之外，我认为企业抓住主要商业势能也很重要。对于企业而言，搞清楚整个产业链上的主流力量在哪里是十分重要的，因为产业链上的主流力量对产业链具有很强的控制力、影响力，抓住了主流力量企业就能事半功倍，否则企业永远只能在边沿徘徊，进不了“主流圈”，赚的永远都是辛苦钱。

竞争与博弈

与企业商品有替代关系的行业竞争者、潜在进入者、替代品，它们之间的主要关系是竞争；而与企业有互补关系的供方、买方，它们之间的主要关系是博弈。

竞争与博弈有异同，国内企业普遍重视竞争但忽视博弈，例如国内企业普遍热衷于价格战，结果就是多方受伤，伤害整个行业。博弈中包含着竞争、合作与默契，而国内有竞合思维的企业并不多。

竞争的最高境界

竞争的最高境界，不是人们普遍认为的“以自己的优势，攻击对方的劣势”（这种方法只适合敌弱我强的情况，因为比你强大的竞争对手一旦反击你，你就很可能输掉竞争），而是直接打击竞争对手的优势的另一面劣势（任何事物都有正反两面），这样竞争对手就无法反击，因为它反击就等于要丢掉它原有的优势。这些优势包括对手的重资产、客户、品牌定位、核心顾客价值等。我指导的一家餐饮企业，就是采用这样的策略，在较短的时间内打败了强大的竞争对手而成为餐饮连锁知名品牌。

创新与适应性

创新对企业的重要性无论怎么强调都不过分，因为它能够帮助企业赢得竞争、满足消费者需求、提高市场份额、提高效率和降低成本、提高品牌价值和声誉、适应环境与市场变化、实现可持续增长。没有创新，拼的就是谁更努力，谁更精细化管理。企业创新的内容包括产品、技术、商业模式、组织与管理、营销等。

创新理论之父熊彼特认为，创新是超额利润的主要来源，然而创新的风险也极大。创新分为改良式创新和革命性创新，高投入高风险创新和低投入低风险创新。企业既要鼓励创新，又要学习借鉴。对于大部分企业来说，段永平提出的**"敢为天下后，后中争先"**是值得学习的（华为和很多伟大的企业在发展早期都是这么做的）。对于低投入低风险的改良式创新，企业大可以放心地去做，但是对于高投入高风险的创新，还是交给愿意冒险的企业家去做，企业对此的最好策略是在需求与模式被创新者验证后，在模仿创新者的基础上，再进行优化或二次创新。这样做风险较低，成功率较高。段永平不但用这种理念做成小霸王、步步高，而且他的四大"得意门徒"——拼多多创始人黄峥、极兔速递创始人李杰、OPPO掌门人陈明永、VIVO董事长沈炜，都是用这个理念取得了巨大成功。

企业与自然界的生物一样，是适应环境的产物，适者生存是宇宙的普遍法则。因此，企业应该密切关注环境和自身的变化，调整优化战略与经营管理策略，并通过创新适应新的环境。

企业文化与制度

企业文化主要包括企业的使命、愿景、价值观。企业文化之所以重要，是因为企业文化决定企业存在的终极意义、企业的价值选择、企业成员的思维和行为方式。很多企业并不重视企业文化，认为企业文化很虚，没有什么作用。事实上如果企业确立了正确的企业文化，并将之落实到位，企业文化能够发挥巨大的威力。它解决的核心问题是"人心"和导向。段永平说过，他投资一家企业，主要看其商业模式、企业文化和目标企业的价格。

企业文化涵盖精神、物质、制度等多个层面，相对来说，物质与制度属于企业硬文化，而精神属于企业软文化。企业文化侧重激发人性的光辉，而企业制度侧重抑制人性的阴暗。

经营分析

经营分析如同企业的即期“经营体检报告”，能帮助管理者透过纷繁复杂的表象，洞察企业的真实经营状况，从而使管理者对症下药，优化企业经营。经营分析不是一次性的“体检”，而是持续进行的日常功课。只有建立科学的指标体系，定期进行数据分析和解读，才能帮助企业及时发现问题，调整方向，最终实现健康、可持续的发展。

不懂基本财务与经营指标的人，不太可能真正懂得商业。一个企业若不懂在财务与经营指标基础上进行经营分析，很难做大做强。然而不幸的是，国内的企业尤其是中小企业，会做经营分析的少之又少，一是因为缺乏财务与经营数据，二是因为不懂得如何做经营分析。绝大部分中小微创企业，不知道钱是怎么赚的，也不知道钱是怎么亏的，其生意就是一本糊涂账。

经营分析来自两方面：一是三大财务报表，即资产负债表、损益表、现金流量表，其中重要的财务指标有现金流（包括经营、投融资等）、3R［ROE（净资产收益率）、ROA（总资产收益率）、ROI（投入产出比）］、权益乘数（财务杠杆率）、（资金、资产、库存等的）周转率、收入结构（分产品、区域、渠道、客群等）、成本结构［营业成本、“三费”（销售费用、管理费用、财务费用）、税费等］、毛利率、净利率等；二是主要经营指标，包括市场占有率、渗透率、转化率、流失率、重购率、转介绍率、客单价、人效、坪效、产能利用率、产品合格率、交货周期、顾客满意度等。一个懂得经营分析的人，即使对企业的具体业务运作一无所知，但只要看主要的财务和经营数据，也能够看出企业战略与经营管理的大部分问题。

财务与经营数据是“把脉”和“诊断”企业的核心依据，而经营分析是优化经营的主要依据。有些给企业做商业咨询的顾问，不懂财务和经营数据，不会做经营分析，就给企业开“药方”，这是很不负责的。[1]

1 经营分析是商业三性理论运用到商业咨询中的企业全面“诊断”和“体检”的一部分，经营分析通常是从财务与经营数据开始，而商业三性理论通常是从商业规律开始，经营分析侧重于短期经营，而商业三性理论则更全面，包括战略与经营管理、企业文化与制度流程，涵盖短中长期。

增长逻辑闭环

根据系统动力学，任何系统如果能够找到正（或负）反馈循环，那么就找到了解决问题的根本性方法。

企业的业务增长逻辑闭环，就是在纷繁复杂的业务环节中，找到业务增长的原动力（核心引擎），以此为起点梳理出一条逻辑环环相扣的业务主线，并使之形成自动加速的、螺旋式上升的业务逻辑闭环。找到业务增长逻辑闭环（正反馈循环），就等于找到支持企业持续增长的永动机，只要没有大的外部阻力（负反馈循环）介入，良性循环就不会停止。

吉姆·柯林斯把业务增长逻辑闭环称为飞轮效应，绝大部分能够做大做强的企业，都有一个自动螺旋式上升的业务增长逻辑闭环。企业如果没有这个闭环，就很难做大做强。

人才与知识管理

人才的重要性毋庸置疑。人才管理包括选人、育人、用人、激励人、淘汰人等主要环节，主要管理员工思维、员工能力、员工治理，回答想不想干、会不会干、让不让干三个问题。

从本质上来说，管理员工与管理顾客大同小异，都是围绕他们的需求进行管理，而这些需求离不开马斯洛需求层次理论。员工的需求包括底层的物质需求（体现为薪酬福利）、安全感需求（包括控制感、自主性、确定性、稳定性等）、受尊重需求（包括参与感、工作成果认同等）、成长需求（包括培训、进步等）、自我价值实现需求（包括能力与挑战的匹配、于己于人的价值）、超越自我需求（包括企业使命的利他性等）等。

现在越来越多的小微创企业更倾向于以合伙制代替传统的雇佣制，实现企业与员工的价值共创、共享，风险共担，这种制度降低了企业员工管理的难度。

企业知识管理是指企业在组织内部系统地收集、组织、分享和分析其知识资产的过程，以达成组织的目标和提高其竞争力，这些知识资产包括组织中的文档、程序、技能、经验，以及员工的隐性知识和显性知识。

知识管理的核心目标是使组织能够有效地利用自身拥有的全部知识资源，以提高效率、促进创新、增强决策能力和维持竞争优势，它涉及知识的识别、获取、开发、分发、使用和维护等多个方面。

实施知识管理可以帮助组织减少重复工作，加快问题解决速度，提升服务客户水平，增加产品和服务的创新性，以及提高员工的满意度和工作能力。有效的知识管理需要组织层面的支持、明确的策略、适当的技术工具和强有力的组织文化，以促进知识的流动和利用。

总结与建议

对于很多人来说，要真正掌握以上30个商业共性规律，可能太难了。其实只要真正掌握其中10个商业共性规律且能够将其落实到位，就能解决企业相当一部分主要问题。在此基础上，可再逐步掌握其他商业共性规律。

商业共性规律之间存在千丝万缕的联系，只有搞清楚了这些联系，我们才能从底层把商业打通，不被眼花缭乱的概念迷惑，才算是真正掌握了商业的底层操作系统，而这是最难的。本书做了大量的这类关联，并一直强调其重要性，如商业的本质与性价比、企业的本质与商业模式、产品的本质与购买三角模型、战略与核心竞争力（“护城河”）等。尽管如此，因这种联系千丝万缕，不是一本书能够讲清楚的。我们还应不断地积累、深入思考，以及具有系统的思维。

鉴于篇幅限制，本书接下来只重点阐述其中10个商业共性规律，余下的20个将在后续专著中另做深入阐述。

第4章

深度解读10个最重要的商业共性规律

本章将对10个商业共性规律进行重点阐述，包括商业共性规律的含义、配套的商业模型、应用案例三个部分。

01 商业的本质：企业一切行为的终极指南

企业至少有1/3的行为，背离了商业的本质，这是企业失败的根本原因。

——作者

商业的本质无疑是最重要的商业底层逻辑之一，因为它是检验企业一切行为的终极标准，是企业一切行为的指南针。任何生意或企业，如果脱离了商业的本质，就不会成功。

价值与效率是企业经营管理的两大核心抓手。千万不要以为深刻理解并坚持商业的本质是一件很容易的事情。绝大部分企业不知不觉就会脱离或忘掉商业的本质而误入歧途。刘强东曾在京东管理培训大会上提到一个核心主题，回归到商业本质的五个要素：产品、服务、价格、成本、效率，实际上前三者就是顾客价值，后两者就是运营效率。

深刻理解商业的本质，就是为了确保企业、员工的每一个行为，都在真实地为顾客创造价值（实际情况远非如此，企业或员工的大量行为并没有创造顾客价值，也没有为此提供后续支持，或者创造的是“伪价值”），**并且确保找到创造价值的高效方法**（投入产出比最高，无论是资源的投入，还是时间的投入）。

关于商业的本质，我的定义是**创造价值，提升效率。**

具体推导如下：

①商业的本质是交易、买卖、价值交换。

②一切购买皆因性价比[1]。

③性价比中的“性”从何而来？“价”从何而来？“性”来自以顾客价值

1 此处性价比包括绝对性价比和相对性价比。

为核心的价值创造，“价”来自成本优势，而一切低成本都来自效率提升。

所以，商业的本质是创造价值，提升效率。

企业只有为顾客（或其他利益相关者）创造了价值，顾客才有可能购买（其他利益相关者才有可能与企业交易或合作），这种价值可能是独特的，也可能与竞争对手是相似的。至于利益相关者是否会与企业交易，还要看企业提供的价值需要利益相关方付出多大的成本，这就与企业提供商品的价格相关。企业既要让自己的商品具有价格竞争力，又要能够盈利，就必须要有成本优势，而一切成本优势又都来自效率提升。

这是从狭义角度的商业推导商业的本质，实际上广义角度的商业也是一样的，因为企业与供应商、员工、战略合作伙伴、政府部门等本质上也是一种交易关系，这种价值交换和企业与顾客的交易关系，没有本质区别。

从商业的本质推导过程不难看出，以交易的视角来看，商业的本质在某种程度上就是性价比。性价比通常用于产业链上下游的交易。实际上员工与企业的交易，双方考虑的也是综合性价比。当然，企业与其他利益相关方的交易也是如此。性价比是最重要的商业共性规律之一，因为一切购买皆因性价比（这里的性价比既包括我们通常讲的像小米那样的绝对性价比，也包括像苹果那样的相对性价比）。

顺便说一点，由商业的本质与性价比的关系不难看出，很多表面看似无关的商业概念，只要你对它们的理解够深入底层、够接近本质，你就会发现它们都是相通的、普遍关联的，而这是打通整个商业系统最难做到的，如果你做到了，你会发现，看似复杂的商业其实可以实现“极简”（就像下象棋一样，不会下象棋的人或普通象棋爱好者，看着棋盘上那么多的棋子，不知道它们之间是什么关系，当前是一种什么样的局面，有多少种走法，而真正的象棋高手，很快就能理清这些关系，走出最好的那一步）。本书会结合具体内容，不厌其烦地阐述这种观点，目的是让读者深入思考每个看似简单的商业概念或规律，建立商业概念或规律之间的普遍连接，当这种量的积累达到一定程度时，读者就能够一眼看透复杂的生意。

创造价值是从企业外部来说的，广义上，所创造的价值除了顾客价值外，还包括员工、渠道商、供应商、战略合作伙伴、政府、社会等利益相关者的价值，只不过创造的这些价值主要是为创造顾客价值服务的、围绕顾客价值展开的。因为如果没有顾客价值，其他价值就成了无源之水。**提升效率主要是从企业内部来说的，**以更低的人力物力等投入或更少的时间创造价值。因此，“创造价值，提升效率”可以表述为“高效创造价值”。需要说明的是，企业为顾客提升效率，也属于创造价值的一种。

商业的本质模型

商业的本质=价值×效率

这里为什么用乘法而不是加法呢？因为两者：

相辅相成，而非简单叠加。价值创造和效率提升并非独立存在，而是相互依存，相互促进。高价值的产品或服务更容易获得市场认可，从而带来规模效应，进而提升效率；而高效率的运营又能降低成本，为进一步提升产品价值提供空间。两者并非“1+1=2”的简单叠加，而是相乘带来的指数级增长。

缺一不可。正如模型所示，如仅仅关注其中一个方面，就会限制商业价值的提升：仅有高价值创造，缺乏效率，会导致成本高昂，难以规模化，最终限制发展；仅有高效率提升，缺乏价值创造，产品或服务将缺乏竞争力，只能陷入低价竞争的红海，难以持续发展。

乘法更能体现协同效应。乘法更能体现出价值创造和效率提升之间的协同效应。当两者都处于较高水平时，产生的商业价值将远远大于两者简单相加的结果。

举例说明：

两家公司中，A公司专注于高价值创造，但效率低下；B公司两者都表现出色。假设A公司创造的价值是10，效率是0.5，B公司创造的价值是8，效率是1.2，那么两公司的商业价值如下：

A公司：10（价值）×0.5（效率）= 5（商业价值）

B公司：8（价值）×1.2（效率）= 9.6（商业价值）

可以看出，即使A公司创造的价值更高，但由于其效率低下，最终的商业价值反而低于B公司。

对商业的本质的不同理解

对于商业的本质，众说纷纭，暂还缺乏统一的共识。西方商业领域的代表性观点主要有：

以亚当·斯密为代表的交易学派：认为商业的本质是自愿交换，通过满足供需双方需求，实现价值流动。以彼得·德鲁克为代表的价值学派：认为商业的本质是创造价值，为顾客提供有价值的产品和服务，并从中获取利润。以迈克尔·波特为代表的资源整合学派：认为商业的本质是整合资源，将各种生产要素（人力、资本、技术等）有效地组织起来，创造出更大的价值。

国内代表性的观点有：

阿里巴巴集团前CEO卫哲的效率派：商业的本质是效率。《爆品战略：39个超级爆品案例的故事、逻辑与方法》作者金错刀的流量派：一切商业的本质都是流量。刘润的交易派：商业的本质是交易。

卫哲的效率派观点只说了商业本质的一半“效率”，而没有说另一半“价值”。卫哲会有这样的观点，可能与其职业背景有关。从百安居CEO到阿里CEO，卫哲从事的主要是零售业，对零售业来说，效率就是一切。零售业内企业并不像产品型企业一样创造顾客的核心价值，它更多扮演的是价值传递者角色。

如果简单地理解，效率似乎就是商业的本质，因为效率本身包含了价值（产出）和投入，那么为什么要把价值单独拿出来说呢？因为价值分为两种：一种是同质价值，另一种是异质价值。所谓同质价值，就是提供的价值是一样的，只有量的大小区别；而异质价值提供的价值本身是不同的。企业如果只关注效率，那么就会忽略为顾客或利益相关者创造独特的价值。

以顾客的视角（而非企业视角）来看，很多商品在顾客眼里是高度同质的，此时顾客只关注价格，而企业要以低价赢得顾客，就必须提升效率来降低成本。对于员工来说，不同企业提供的薪酬是同质的，都表现为货币，但不同企业提供的其他价值有很大区别，比如成就感、自主性、参与感、学习成长的机会、企业潜力与自身晋升潜力等，这些是异质的。如果提供的价值一样，那么企业比拼的就是谁的效率更高，谁的成本更低，就像零售业更多的是比拼效率和价格（其实零售业也能够为顾客提供很多异质价值，就像胖东来一样），而如果提供的价值不同，企业则需要同时比拼价值和效率。

金错刀的流量派观点，多少有点“屁股决定脑袋”（因为《爆品战略：39个超级爆品案例的故事、逻辑与方法》的核心之一就是流量），给人以“追热门概念”的感觉，缺乏对商业的本质的深刻理解。当然这好理解，正像前文所说，理论倡导者总是倾向于有意无意地放大其理论的高度、价值与适用范围。

为什么这么说呢？

因为流量仅仅是营销的一部分，解决的只是获客问题，本质上只是营销的效率问题而已，包含在“提升效率”之中，把营销效率中的流量问题上升到商业的本质的高度，显然是狭隘的、以偏概全的。如果没有“顾客价值”这个1，那么再多的流量也是0，也转化不了。

昙花一现的网红品牌

很多网红企业之所以昙花一现，以极端的流量思维办事是主因：过度依赖流量，把心思都放在炒作上，而忽略了经营企业是一个扎实的系统工程，必须按照商业的本质、性价比、核心竞争力、行业特性等商业规律办事。

网红蛋糕“熊猫不走”，虽然创造了独特的顾客价值，但是运营过度、成本太高，而顾客并不会为此支付太多溢价，导致企业无法盈利。加上盲目扩张，导致服务跟不上、顾客体验不佳和资金链断裂。“熊猫不走”的失败，归根结底是因为其无法满足顾客（相对性价比或绝对性价比）性价比需求，没有利润空间，本质是因为效率太低。

抖音和微博的粉丝量累计高达1.3亿的某知名演员创办的网红火锅店，经历短暂辉煌之后倒闭了，如此大的流量也摆脱不了经营失败的厄运，归根结底还是因为其过度依赖流量，而不是扎扎实实做经营管理。产品体验不好，性价比不高，在经历一波流量“尝鲜”之后，无法使消费者复购，更无法拥有口碑。另如雪山艺术小镇、潮牌DSP等不少由带有超级流量的影视演员投资或推出的品牌，最终也失败了，是因为他们过度迷信流量，忽略做企业除了需要获取流量之外，还要将之视为一个必须按商业规律办事的系统工程。

在我看来，刘润有一种超越常人的能力，那就是把难懂的事情用他的方式讲得易懂，把大家以为懂的东西讲得“原来还可以这样理解”，这源于刘润拥有一种稀缺的本质思维。刘润用这种能力为中国的商业通识普及做出重要贡献。秉承这一本质思维，刘润的交易派观点，从狭义商业（仅指交易环节）而非广义商业（包括价值创造和价值交换环节）理解商业的本质，是完全正确的，与亚当·斯密交易学派一脉相承。刘润对商业的本质的定义，与我的定义只是范围不同，一个狭义，一个广义（正如本书开篇说明，本书提到的商业，除非特别说明，均指广义商业）。我只不过是在刘润定义的狭义商业的基础上，从广义商业的角度进一步推导，让商业的本质更落地，更有抓手。

“创造价值，提升效率”，这样定义商业的本质，显得全面、普适、实用多了。有了“创造价值，提升效率”的商业的本质的定义，就有了两个商业经营的核心抓手：价值、效率。企业经营管理的一切目的都是为客户创造价值，而且是“高效”地创造价值，所以，企业经营管理的本质，可以简单概括为“高效创造价值”。

在懂得商业的本质的定义后，大家最关心的应该是：

这个商业共性规律如何落地？有什么工具可以直接套用来解决实际商业问题？

先讲提升效率，即成本优势的唯一来源（提示：效率是企业视角的成本，顾客视角的成本将在“性价比”中的“顾客总成本体系”做重点阐述）。然后，将在“性价比”中重点阐述顾客价值。员工、供应商等其他利益相关方的价值，本书不做赘述，因为只要把员工、供应商等当成顾客，就能得到利益相关者的价值，逻辑框架完全一样。

“效率”是商业底层逻辑之一，只是因为将其归于商业的本质之中，所以没有单独列出来讲，但这丝毫不影响其重要性。

所谓提升效率，是以更低的投入、更低的成本、更快的速度、更短的时间创造更大的价值。效率的本质是资源的利用效率，用公式表达：效率=效用/投入，此处效用通常可用产出、价值等表达，投入包括时间。

效率是单位时间的产出，这是很多人对效率的理解，但实际上，要提升效率，对资源的利用远超时间条件。企业可以利用的所有资源，可以概括为七类：人、资金、有形资产、无形资产、时间、空间、外部资源，其中有形资产指的是一切可见的实物资产，包括厂房、设备、土地等，无形资产主要包括技术与专利、数据与信息、品牌、特许权与行业准入、潜在客户资源（流量）等。企业可以利用的所有资源既包括企业拥有的，也包括企业可以利用的，如时间、某些公共空间（如餐厅的外摆餐桌、土地的上下空间等）、企业可以合作的外部资源等。不幸的是，太多的企业只是把眼光盯在自己拥有的资源上。

效率本质上是投入产出比（ROI）［或净资产收益率（ROE）、总资产收益率（ROA）等］，是最终指标投资回报率的落地拆分指标，是企业提高投资回报率的实现抓手。[1]

提高效率的主要抓手

提高效率可以分为提高单项效率（指标）和提高结构效率。

（1）单项效率（指标）

凡是效率，必有指标，必有公式。企业经营管理的主要效率指标是提高效率的主要抓手，也是效率的主要衡量指标。主要包括：

生产效率：衡量单位时间内生产的商品或服务量。常用的生产效率指标包括单位产品成本、产出率、设备效率等。

员工效率：关注员工工作表现和生产力，包括每小时产出、员工绩效评分、任务完成率、员工销售额等。

人效是评价企业员工效率的终极指标，它可以用人均创造收入衡量（更常见），也可以用人均创造利润衡量。如果按人均创造收入衡量，那么“人效=营业收入/员工总数”。当然，人效还可以用于企业的某个部门、某个职能岗位评价上。人效反映的是一家企业的人力资源的管理水平，但人力资源管理并非只是人力资源部门的事，而是由人力资源部门牵头驱动。

利用率：考察资源被利用的程度，尤其是固定资产与固定成本的利用率，如实体店的坪效、工厂的设备利用率与产能利用率、影院的上座率、酒店的入住率、航空公司的客座率等。

周转率：衡量资产、库存或其他资源的运转速度，例如存货周转率、应收

1 投入产出比是另一个重要的商业共性规律，与商业的本质高度关联。除此之外，商业的本质与企业的本质是高度关联的。以本书的观点，企业的本质就是通过整合利用相关方去共同创造并合理分配价值；商业的本质与商业模式也是高度关联的，按照魏朱商业模式，商业模式就是利益相关者的交易结构，而根据我提出的商业模式定义，商业模式就是企业盈利的整体商业逻辑。由此不难看出，各种商业概念或规律之间，存在关联与共性，只是视角、侧重点不同而已，就像“一切个性都是共性的积木”中所说的“巴菲特的复利原理、罗振宇的‘时间的朋友’、张磊的长期主义，本质上都是一个投资回报率递增的经济学规律”。这就告诉我们，如果你真正理解了商业的本质，你就真正建立了商业概念之间的关联，实际上真正底层的商业概念、商业规律很少，很多新概念只是在换个角度、换个说法描述基础的、经典的概念而已，而这正是本书一再提醒读者注意的，也是商业三性理论正在做的。

账款周转率、资产周转率等。

质量率：考量生产过程的质量，指标大致包括产品合格率、返工率、顾客投诉率等。

成本效率：衡量成本控制和优化的水平，包括单位成本、运营成本、单位劳动成本、单位原材料成本等。

能效：衡量单位产品能量消耗程度，通常体现为单位产品能耗、温室气体排放量等。

响应速度和交付时间：考察企业对客户需求的响应速度和订单交付时间，包括从订货至交付的周期、响应客户的时间、服务时间等。

顾客满意度和忠诚度：通过顾客满意度、重复购买率、客户保留率等衡量服务效率和效果。

净推荐值：用于评估顾客愿意推荐公司产品或服务的可能性，间接反映公司服务和产品的市场表现。

流程效率：度量企业内部流程的效率，如流程完成时间、流程成本、流程错误率等。

技术效率：指企业如何有效地使用技术资源，可以通过软件与硬件的使用效率、IT支持响应时间等衡量。

财务效率：衡量财务管理的效率，其中主要有：

①净资产收益率（ROE）=净利润/净资产，即企业利用净资产（股东权益）的效率。

②毛利率=（营业收入－营业成本）/营业收入，它很大程度上反映了产品力与品牌力，包括研发与生产、品牌、采购与制造成本等方面的能力与效率。

③销售净利率=［毛利－“三费”（销售费用+管理费用+财务费用）］/销售收入。从销售毛利率与销售净利率的差距，能够看出一家企业经营管理的效率。

④权益乘数=总资产/净资产，也叫财务杠杆或资金杠杆，即企业利用了多少外部资金来经营。

营销效率：通常以费效比（营销费用占营业收入的比例）衡量，在营销下面还有很多细分效率指标，如获取流量的效率、流量的转换效率（如投流的ROI）等。

规模效率：规模效率是效率的一种特殊形式，这是一个普遍适用于企业经营管理的各个主要环节的效率指标，包括研发、生产、品牌与营销、渠道、售后等，是一个极其重要的效率指标，因为它是一切企业做大的原动力。规模效率还是一个相对特别的效率指标，在本节的后续有重点介绍。

供应链效率：指在各个环节——从原材料采购，到产品制造，再到最终将产品交付给客户中实现资源（包括物质、时间和资金）的最优配置和利用。简而言之，供应链效率衡量的是供应链各环节如何高效协同工作，以最低的总成本完成产品从原点到终点的转移。所以，供应链效率是一系列效率的组合。提高供应链效率的关键做法包括：

①成本控制：实现供应链各环节的成本最小化，包括采购成本、生产成本、存储成本、运输成本和管理成本等。

②时间管理：减少供应链中的延误和非生产时间，如订单处理时间、生产周期时间、运输时间、库存周转时间等。

③库存管理：有效管理库存水平以满足需求，同时降低持有成本，防止过剩或缺货。

④协同合作：各供应链环节之间（包括供应商、生产商、分销商和零售商）的有效协同可以带来更高的效率。

⑤流程简化：简化复杂和冗余的供应链流程，减少不必要的步骤和检查点，提高直通率。

⑥信息技术的应用：利用先进的信息技术，如供应链管理（SCM）软件、企业资源计划系统，以及互联网、物联网技术，提高可视性和响应速度。

⑦灵活性和适应性：供应链必须能够迅速适应市场变化、客户需求和外部风险，如天气变化、政策变动等。

⑧质量控制：在保证产品质量的前提下实现效率提升，避免由于返工、退货等引发额外成本。

高效的供应链可以为企业带来诸多好处，包括节约成本、缩短交货时间、提高客户满意度、加快市场响应等，从而提高企业的整体竞争力。

企业可根据自身运营特点和管理需求，选择最合适的效率指标来评估并改进自身的运营效率，通过持续监控这些指标，企业能够识别瓶颈、挖掘潜力、提升效率。

每个企业都应该认真梳理自己的效率指标体系，按照成本占比大小排序，以决定应该在哪些效率指标上采取一系列经营管理行动，去提高企业的运营效率，降低企业总成本。

（2）结构效率

相对于单项效率，结构效率往往被企业忽略，但其影响程度往往比单项效率更大。如果把单项效率看作是“努力”，把结构效率看作是“选择”，那么“选择”显然大于“努力”。与单项效率不同，结构效率是通过改变结构提升效率、提高产出。结构效率的本质是另外一个经济学的重要概念，叫作资源配置。

例如，创业者拿100万元来创业，实际上极少有创业者会认真思考100万元究竟要如何使用，在产品开发、营销、团队等方面分别使用多少才能实现最大的产出、实现最高的创业成功率。理论上来说，100万元有无数种资金使用结构，而每一种资金使用结构的产出肯定是不同的。虽然创业者很难准确评估每一种资金使用结构的产出与成功率，但至少应该根据现有条件，通盘、深入地思考哪种资金使用结构更好。不幸的是，绝大部分创业者都是凭直觉来决定资金使用结构的。

再如，企业有100万元的营销预算，这些预算在购买流量、创建新媒体团队、招募销售团队、渠道补贴等方面分别使用多少，往往也缺乏通盘的深入分析。

对于结构效率来说，最重要的是要树立结构效率意识，把资源配置作为一项重要工作来做。

提升效率的主要方法

有了效率衡量标准，企业还需要掌握提高效率的方法，以下是提升效率的主要方法：

精益管理：采用精益生产的原则，去除生产过程中的浪费，如多余的步骤、过度加工、等待时间、过剩库存等。

业务流程再造：彻底审查和重新设计关键业务流程，以提高效率和响应速度。

自动化：引入自动化技术来提升生产效率，减少人为失误。比如，使用机器人、自动化装配线和信息技术系统。

信息技术：利用信息技术系统，如企业资源规划系统，客户关系管理系统和供应链管理系统，以整合和优化内部流程。

通信和协作工具：使用现代通信和协作工具，如项目管理软件、即时通讯和协作平台，以提高团队工作效率。

数据驱动决策：构建数据分析能力，利用数据驱动决策制定过程，以提高效率和效果。

营造效率文化：把效率作为企业核心经营理念或价值观，指导和评价企业经营管理和员工的一切行为，创始人及核心团队成员做好榜样。

持续改进：鼓励员工参与持续改进活动，通过持续小幅优化提高效率。

培训和发展：对员工提供持续培训和专业发展机会，以确保员工的技能能够与公司的技术和流程同步。

任务管理：设置清晰的目标和关键绩效指标，对任务进行跟踪和管理，以确保效率和目标一致。

计划与执行：首先是制订合理的计划，然后是严格执行计划，这是提升效率、保证按时完成复杂项目的关键。

时间管理：优化任务安排和员工时间管理，减少无效和低效的工作。

管理层的支持：确保管理层能够理解并支持效率提升计划，为其提供必要的资源和授权。

优化供应链：优化供应链管理，通过更好地预测需求、减少库存成本和改进物流来提高效率。

质量管理：实施严格的质量管理流程，避免返工和浪费，并确保产品质量。

外包：将非核心的活动外包给专门的供应商，以便企业能够集中精力在其核心竞争力上。

精简和整合：通过合并部门或职能，减少重叠的工作或不必要的层级。

通过单独实施或组合应用上述方法，企业可以提高生产力、降低成本、加快交付速度，最终提升整体运营效率。

案例：电商VS传统线下零售

为了更直观理解商业的本质，以下从创造价值与提升效率两个方面，将电商与传统线下零售进行比较（表4-1）。

表4-1　电商与传统线下零售商业的本质的比较

商业的本质	主体	指标	电商	传统线下零售
创造价值	消费者	商品价格	低	高
		多选商品	多	少
		搜寻商品	方便	不方便
		比较/评估商品	容易（有评价体系）	难
		购买风险	很低（7天无理由退换）	高
		可获得性	送货上门但需等待	即时获得但费时
	商家	获客成本	低	高
		获客量	多	少
		开店投入	小	大
		库存资金占用	少	多
		投资与经营风险	很低	很高
		人效	高	低
		资金效率	高	低
		坪效	高	低
		物流效率	高	低
提升效率	电商平台	卖场投资	极小	很大
		人效	高	低
		资金效率	高	低
		商业空间	无限（边际成本几乎为0）	有限（边际成本高）
		ROE	很高	低
		毛利率	很高	低

从表中不难看出，除了不能看到商品实物、不能马上获得商品等极少数劣势，电商平台对传统线下零售的综合优势是“碾压式”的。无论是对用户来说，还是对商家来说，电商平台创造了传统线下零售无法比拟的一系列价值，

所以越来越多的消费者和商家选择电商平台。电商平台战胜传统线下零售是必然的。

电商平台的商业效率是传统线下零售无法比拟的，这从电商平台的主要财务与经营指标ROE、毛利率、总利润、人效、钱效、现金流中不难看出。电商平台在这些指标上具有明显的优势，传统线下零售无法企及。

当然，这并非说明传统线下零售就没有价值，会被电商完全取代。“反者道之动”，看任何事物都要用发展的眼光，传统线下零售除了有即时可获得、体验价值外，随着电商流量由当初价格便宜到现在越来越贵，传统线下零售的流量价值（租金由贵到便宜）开始显现，最终电商的流量成本与传统线下零售的流量成本会达到一个均衡状态，而在此之前，都将是电商的红利。当电商平台企业的流量增长见顶、业绩见顶，平台商家的红利见顶，说明（传统）电商的红利开始慢慢消失。

有人可能会说，这是“事后诸葛亮”。我给很多创业企业做过创业导师，也是用商业的本质分析创业项目的，分析创业项目相对于竞争对手、被替代产品，究竟是不是为顾客创造了更多、更好、更独特的价值，或者是不是创造了同样的价值但是其效率更高、成本更低，从这些就能判断该项目是否具有竞争优势和生命力。作为新进入者的创业企业，要么是从竞争对手那里抢来顾客，要么是创造全新的顾客（需求或价值）。没有创造有竞争力的价值，没有提升效率，企业是不可能取得成功的。

创造价值，提升效率，是企业存在的价值与意义，也是检验一切生意的终极标准。

生意的类型

商业的本质是创造价值，提升效率，而提升效率的本质是降低成本。如果从商业的本质角度，以价值和成本（价格、效率）两个维度进行组合，**可以将生意分成四种类型：价值（Value）型生意、价格（Price）型生意、兼顾（And）型生意、垃圾（Garbage）型生意。不同的生意类型，对企业的核心能力要求不同，也决定了企业发力的不同主要方向。**生意类型矩阵见图4-1。

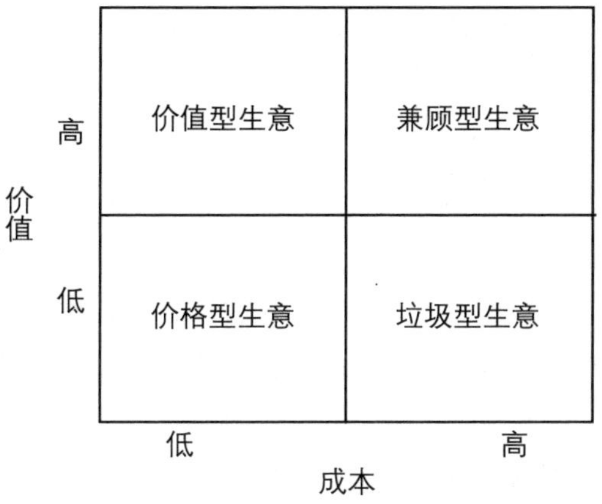

图4-1 生意类型矩阵

（1）价值型生意

所谓价值型生意，是顾客感知价值很高但实际生产成本很低的生意，也称相对性价比生意。价值型生意的核心目标是塑造高感知价值，企业的核心能力是塑造高感知价值的能力，由于高感知价值能提高价格，能够带来高毛利率，所以生产成本就不是决策的主要考虑因素。所有的奢侈品、高溢价商品都属于价值型生意。

就像路易威登（Louis Vuitton），该品牌一个价格为5万元的包，其成本不到500元，即使成本增加100%才1000元，对于5万元的售价来说，成本的增加几乎可以忽略不计（而对于绝大部分行业来说，别说增加100%的成本，增加10%的成本，很多企业就变得无利可图），所以路易威登的核心能力是能够塑造出“让消费者愿意花5万元购买这个包”的超高价值。

主要策略

价值型生意的客户对价值要求很高，但对价格相对不敏感，企业的核心能力就是塑造产品的高价值或独特价值，价值型生意的主要策略有：

差异化：通过提供独特的产品或服务，满足特定顾客群体的需求和偏好，从而创造竞争优势。差异化可以基于设计、品质、创新功能、技术、客户服务或任何能让企业脱颖而出的特质。

强化品牌：建设和强化品牌形象，使其成为质量、信任、奢华、专业或其他与目标市场共鸣的价值的代名词。品牌识别度和忠诚度可以成为企业保持高价位的关键。除此之外，价值观营销也是打造高价值品牌的重要方法。

提升客户体验：通过优化购买流程、提供卓越的客户服务、提供定制化服务或产品等，确保顾客拥有非凡的体验。良好的客户体验可以提升客户的满意度和忠诚度。

持续创新：不论是在产品设计、技术运用，还是在服务方式上，都能保持企业的市场领先地位，吸引对新鲜事物有高度需求的消费者。

专注品质：在非价格敏感型市场，顾客更加注重产品或服务的品质和性能。确保高标准的质量控制，持续改进质量控制措施，这对于维护品牌声誉至关重要。

高级定制和个性化服务：提供高级定制服务或个性化选项，以满足顾客对独特性和个性化的需求。

专注细分市场：通过细分市场，企业可以更精确地识别和满足目标客户群体的特定需求，从而在竞争中占据有利位置。

建筑社区和忠诚度：通过社群营销、忠诚度计划、品牌大使项目等手段，建立并维护与顾客的长期关系。这种关系可以促使顾客对价格变动不那么敏感。利用社交媒体和内容营销建立品牌故事，运用情感营销，可以提高品牌的吸引力和顾客的忠诚度。

环境与社会责任：展示企业的社会责任和环境保护意识。越来越多的消费者倾向于购买那些显示出对社会和环境有正面影响的品牌的产品。

增加附加值服务：在产品或服务之外，提供额外的价值，如会员特权、免费维护、教育资源等，也是使顾客对价格不那么敏感的有效策略。

理论上来说，大部分行业都存在高价值型生意机会，因为每个行业都有高、中、低档品牌。以下产品和服务所在的行业就属于高价值行业：奢侈品、高端电子和技术产品、特殊化医疗服务、专业咨询服务、特许经营和专利技术、航空和海运特殊服务、特殊情况下的急需产品、艺术品和收藏品、高端房地产、特定商务产品服务等。

（2）价格型生意

所谓价格型生意，就是顾客感知价值低、成本也低的生意，也称绝对性价比生意。其核心目标不是创造高价值或独特价值（通常这种生意的顾客要求不高，不愿意或没能力支付高溢价，例如大众快餐），而是创造（相同）价值的效率更高，其核心能力是控制成本，而不是塑造高价值。大部分行业中的大部分企业都难以创造独特的价值，或者即使能够创造独特的价值也很容易被竞争对手快速模仿，所以企业的竞争力主要表现为以效率为核心的成本节约能力（即使像ZARA这种快时尚品牌公司，开发新款周期由传统的60天压缩到15天，其业务生意也是典型的以效率和成本为核心的价格型生意）。当然价格型生意与企业的目标客群选择与定位也高度相关，如拼多多上的商家生意，大部分属于价格型生意。

对于绝大部分低端产品来说，消费者购买只是为了用低成本来满足其需求，他们对于价格非常敏感，这个时候如企业把太多成本花在如高档装修、原生态食材这些“创造更高价值”方面，则是不明智的，也与定位不匹配，因为消费者并不太在意或不愿意为这些“高价值”买单，相比高价值他们更关心的是以低成本满足其需求。

主要策略

价格型生意的客户对价值独特要求不高，但对价格非常敏感，从事价格型生意的企业的主要策略有：

成本领先：通过提高运营效率、降低生产成本、采用经济适用的原材料、节省人力成本等方法，实现成本优势，从而使产品能在保持低价的同时仍然产生利润。

价值“瘦身”：重新设计产品和服务，确保满足消费者的基本需求，同时减去不增加显著价值的产品和服务部分，以降低成本。

规模经济：提高生产规模，分摊固定成本，即实现规模经济来降低单位产品的成本。

供应链管理：优化供应链，减少库存成本和物流成本，提高供应链的效率和响应能力。

产品差异化：即使在价格敏感的市场中，企业也可以通过产品创新和微小的差异化吸引消费者（虽然这一策略并不能提高销售价格），例如改善设计、增加附加功能、强化使用体验等。

服务优化：提供更好的客户服务，包括售后服务、定制化服务等，提高客户忠诚度，使客户认为付出的价格“物有所值”。

动态定价：根据市场数据和竞争对手价格动态，灵活调整产品价格以吸引客户。

销售和促销活动：精心策划打折促销、限时优惠和捆绑销售，吸引对价格敏感的消费者。

目标成本：首先确定消费者愿意支付的价格，然后逆向控制，以在该价格以下生产产品。

利用技术：采用自动化、人工智能、大数据分析等技术提高效率和生产力，降低成本。

分销策略：优化分销渠道，比如采用直销或者线上销售平台来减少中间环节，降低分销成本。

市场细分：识别并专注于那些对价格最为敏感的市场细分群体，提供针对性的产品和服务。

品牌知名度：在保持价格优势的同时，努力提升品牌形象，使消费者在考虑其他竞品时也愿意选择自家品牌。

在价格型生意中，客户对价格极为敏感。做这类生意的行业通常具有以下特征：市场竞争激烈、产品或服务的同质化程度高、替代品容易获得、客户非常注重对购买决策的成本–效益分析等。以下是一些典型的进行价格型生意的行业，其中客户对价格特别敏感的有：零售业尤其是快速消费品（FMCG）行业、低端餐饮业、航空业、电信和互联网服务行业、家电和电子产品行业、旅游和酒店业、在线零售和电子商务行业、基本食品和日用品行业、大宗原材料行业。

（3）兼顾型生意

所谓兼顾型生意，就是价值高、成本也高的生意。如果说价值型生意是价值创造的一个极端，价格型生意是效率提升（成本控制）的一个极端，那么兼顾型生意就是介于这两者之间，它既要注重创造价值，又要注重降低成本。一个行业的主流“玩家”通常都属于这种类型，例如美的、可口可乐、华帝等。相比于价格型生意，兼顾型生意的商品价值提升幅度（即顾客愿意付费的额度）要高于成本提升的幅度，只有这样，兼顾型生意才有更大的利润空间。可口可乐之所以能够长期占据主导地位，并且防止全球其他可乐品牌进入该行业（除早期的百事可乐以外），其主要原因就是可口可乐创造了强势品牌（多年持续位居全球品牌价值前十）这种核心价值，又通过规模效应、罐装模式形成了成本优势。虽然可口可乐的毛利率并不高，但利润率却相当可观。

（4）垃圾型生意

所谓垃圾型生意，就是顾客感知价值低，但企业的成本却很高的生意。企业做垃圾型生意，表现为在一个行业里持续亏损，在生死线边沿挣扎或者已经倒闭。

做价值型生意去死抠成本与做价格型生意去塑造无法变现的高价值一样，都是无效的。

虽然在不同行业，这四种类型的生意（或企业）所占的比例不同，但通常情况下，在一个行业里，这四种类型的生意（或企业）都同时存在。

例如，在白酒行业里，茅台属于典型的做价值型生意的企业（泸州老窖、水井坊也算是，茅台的毛利率超过92%，泸州老窖和水井坊的也都超过85%，它们的产品成本占比很低），老白干、金徽、伊力特、古井、郎酒、沱牌、杜康等做的生意属于兼顾型生意，绝大部分地方白酒品牌和知名度低的白酒品牌企业做的生意属于价格型生意，而那些持续亏损、濒临倒闭的白酒品牌企业做的生意属于垃圾型生意。在汽车行业里，布加迪、兰博基尼、劳斯莱斯等做的生意属于价值型生意，BBA、特斯拉等做的生意属于兼顾型生意，奇瑞、五菱、长城、吉利、飞度、卡罗拉等做的生意属于价格型生意，海马、青年和倒闭的新能源汽车等所做的生意属于垃圾型生意。

每个企业必须明白自己在做哪种类型的生意，因为它很大程度上决定了公司的战略定位或努力的方向。企业做的生意在行业里属于哪种类型的生意，往往在企业产品第一次上市时就决定了，但这并不绝对。某些生意当下看上去像是垃圾型生意，未来也可以转化为价格型生意或兼顾型生意；价格型生意升级到兼顾型生意的也很多，例如比亚迪就是通过新能源电动汽车由做价格型生意慢慢升级到做兼顾型生意的，新推出的仰望U8、U9，已经是典型的价值型生意；兼顾型生意也可以升级为价值型生意，华为手机生意就是由兼顾型生意慢慢升级到价值型生意的。所以，企业做的生意属于哪种生意，虽然有一定的先天性，但也不是一成不变的，需要用发展的眼光去看待，只有这样企业的生意才有可能不断地突破、跃迁。

需要说明的是，除垃圾型生意外，价值型生意、价格型生意、兼顾型生意本身并没有优劣之分。价值型生意虽然毛利率高，但客群基数通常较小，就像绝大部分奢侈品、豪华汽车一样，像苹果、茅台这样覆盖群体大、毛利率又很高的生意，是非常少见的；价格型生意虽然毛利率不高，但客群基础大，也能做成很大的企业，就像可口可乐、ZARA、拼多多、小米一样；兼顾型生意毛利率中等、客群基数通常也较大，各个行业的头部企业大多属于这种生意，就像淘宝、美的、比亚迪、BBA、西门子一样。

生意类型矩阵描述的是价值与成本的排列组合关系，事物之间除了可以产生排列组合关系之外，还存在内在关系，价值与成本之间就存在这样的内在关系。**生意的核心在于顾客认可的价值大于企业创造该价值的成本，这是提升性价比竞争力与商品利润的关键。**

一般我们认为价值越高，需要投入的成本就越高，即价值与成本是正相关关系。只要价值大于成本，这种生意就能做，或者只要价值的增幅大于成本的增幅，对企业来说就是有利可图的。以广告宣传和渠道分销来说，很多企业会进行类似的操作：将原价10元的商品提价至13元，其中1元用于广告宣传，一是为了提高顾客感知价值，二是为了促进渠道商合作（招商）；1元用于扩大渠道商利润空间；剩下的1元是企业增加的利润。

然而，提高价值与降低成本并非总是矛盾的。要提高顾客感知价值，并非一定要提高成本，有时提高价值和降低成本这两个看似矛盾的“鱼”和“熊掌”也可以兼得，“要and，不要or”的突破传统惯性思维的思路往往会带来创新的机会，这实际上是蓝海战略的核心思想。太阳马戏团在这方面就是典型代表。

掌握商业的本质到底有什么用?

掌握了商业的本质，能系统梳理企业提供给客户的总价值体系，并与竞争对手进行比较，从而以更大视野挖掘客户的潜在价值，获得客户价值优势（详见商业共性规律“性价比”）。

此外，能系统梳理企业经营管理全流程或把握各个环节的效率，并与同行业进行横向比较，从而找到提升效率的环节，获得效率与成本优势。有了价值优势和效率优势，就有了最核心的性价比优势。

同样，掌握了商业的本质，还能在与除顾客之外的利益相关方合作时，赢得更大的优势，获得更大的回报。

组织变革的范式革命

商业三性理论将重构企业战略与经营管理的思考框架，并将带来一场组织

变革。以商业的本质为例进行说明。

我服务的部分客户正在进行以商业三性理论为基础的组织变革实践，已经取得初步成效。

我指导某些客户，设立**“顾客价值主管”**岗位。顾客价值主管作为公司的核心岗位，直接向首席执行官（CEO）汇报，以创造顾客价值为核心职能，以整合、协同企业的研发、生产、营销、售后服务、财务等业务经营部门为主（不要以为创造顾客价值只是产品与营销部门的事情），并把这一理念导入后勤支持体系部门。这是真正的全流程、全触点的顾客价值视角的组织安排。

不少企业管理者、部门主管、员工，只是为了工作而工作，从来不去思考这些工作是否能真正为顾客创造价值，或为顾客价值提供后勤支持。企业做什么不重要，重要的是能否创造顾客价值。而设立专职的顾客价值主管岗位，就是要从商业的本质出发，以顾客价值系统为抓手，以高效创造顾客价值为终极目标和唯一检验标准，来评判、改善企业管理者、部门主管和员工的每一个经营行为。

同时，我也指导某些客户，设立**“效率主管”**岗位，与顾客价值主管一样，这是一个横向跨部门驱动岗位。效率主管为常设专职岗位，领导一个跨部门的效率小组，效率小组成员主要是来自研发、生产、营销、财务、人力等部门的主管。效率主管和效率小组的核心职能是全员导入效率文化，以人效、资金效率、坪效、资产（产能）利用率、规模效率等为量化考核指标，以企业商业要素和业务流程为抓手，驱动、规划、督促、落实、检查、考核企业运营效率，全面提升公司的运营效率。这个岗位（今后可能会扩大为部门）与万达的计划部很类似，万达的计划部就是一个横向工作的部门，与各部门协作，共同制订、落实、监督、评估计划。万达计划部是万达保证每一个项目如期开业的最重要的组织保障。

创造性地设立顾客价值主管和效率主管，正是基于商业的本质“创造价值，提升效率”，同时兼顾外部视角（创造价值）和内部视角（提升效率），而不是像传统的组织设计一样，都是基于企业的内部视角“我要做什么”。

基于商业三性理论，企业的战略制定部门应该至少增加两项明确的职能：一是规划并驱动构建企业核心竞争力（“护城河”），因为核心竞争力才是企业战略的关键目标，企业核心竞争力是最重要的商业共性规律之一（详见本章

第4节）；二是分析行业特性，洞察生意本质，因为行业特性很大程度上决定了制定企业战略必须遵守的基本原则。生意的支点是最重要的商业共性规律之一（详见本章第3节），而行业特性是商业三性之一（详见第5章）。

我相信，随着商业三性理论对企业管理变革影响的研究不断深入，基于商业三性理论的组织变革、制度与流程变革、文化变革等将会越来越多，涉及面会越来越广。在商业三性理论将带来的组织变革与管理变革方面，本书只是以举例的方式给读者以启发，不做更深入的阐述。

规模效应

之所以把规模效应列出来做重点阐述，是因为规模效应是极为重要的商业底层逻辑，是提升效率的核心方法之一，是企业成本优势的主要来源，是企业做大的主要原动力。规模效应几乎体现在企业经营的每一个环节，包括研发、生产、宣传推广、品牌、渠道、物流配送、供应链体系、售后服务等。

要深刻理解规模效应，就要理解固定成本和变动成本，规模效应主要体现在固定成本上，其次才是变动成本。在固定成本方面，规模越大（如生产、销售等环节），单位产出在相应的环节上摊销的固定成本就越低，这就让拥有更大规模的企业拥有更低的成本优势，这是规模效应的核心。

在变动成本方面，要么没有规模效应，要么规模效应的门槛很低。前者如生产线的人工成本、理发店的人工成本，并不会因为生产或客户的规模大而降低，如果完全按照计件工资，成本就与规模没有多大关系，如果人力成本部分是固定工资，就只与人力资源的利用率有关。只要人力是满负荷运行或同等利用率，成本就与规模没有任何关系。后者如原材料或零配件采购，对于绝大部分行业来说，在达到一定采购规模门槛后，采购成本能够降低的幅度就非常有限。

对于研发投入成本占比很高的企业来说，例如软件开发行业企业（如微软）、创新制药行业企业（如辉瑞制药）、产品迭代速度很快的行业企业（如从事手机业务的华为），研发的规模效应特别明显。因为研发成本是固定成本，而且占比很高，产品卖得越多，在每个产品上摊销的研发成本就越低。

对于生产环节来说，规模效应主要看生产环节的成本构成，对于固定资产投入大、固定成本高的行业来说，规模效应特别明显，因为更大的生产（或销售）规模能够以更大幅度摊薄单位产出占比很高的固定投入与固定成本，如工业自动化行业、酒店行业、旅游景区行业等。对于固定投入小、固定成本占比低的行业来说，规模效应不明显，如手工行业、律师行业、商业咨询行业等。

宣传推广或品牌投资环节也存在明显的规模效应。举个例子，同样投入1亿元宣传推广品牌费用，如果产品销量能够有5亿元，那么单位产品摊销的营销成本是20%，而如果销量有10亿元，那么单位产品摊销的营销成本就只有10%。这对于高度依赖广告投入的快速消费品行业十分重要，宝洁（P&G）为什么要求新开发的SKU预测销售规模一定要在10亿美元以上，原因就在这里。

在渠道与物流配送环节，规模效应更为明显。渠道终端增加，不但总部开拓和管理终端的销售人员及其相关成本会大幅下降，更为重要的是，物流配送会因为终端网点密集产生巨大的网络效应，单位产品摊销的物流配送固定成本（如驾驶员、车辆、仓储等基础设施成本）会出现大幅度的下降。

售后服务网络也会因为销售规模的扩大、客户密度的提高，而大幅降低单位产品的售后服务成本。

规模效应除了摊薄单位固定成本外，还有其他溢出效应，如协同聚合势能（如品牌、企业形象方面），高效撬动更多、更好的外部资源，有利于专业化分工与提升经验曲线效应。

关于规模效应，有特别重要的四点需要指出：

第一，规模效应的核心不在于企业的绝对规模，而在于与竞争对手的相对规模。

规模效应的核心是，更大规模的企业能把固定成本分摊到比竞争对手更多的产品上，从而形成成本优势。因此企业与竞争对手的相对规模差距是关键，而不是企业的绝对规模。举例来说，如果企业有40%的市场份额，但竞争对手也有35%的市场份额，此时的规模效应，远不及企业只拥有20%的市场份额，但竞争对手只有5%的市场份额。尽管第一种情况下企业的绝对市场份额高达40%，第二种情况下只有20%，但第一种情况下两者的差距只有5%，而第二种情况下却高达15%。相比第一种情况，第二种情况的领先者比竞争对手具有更大的规模效应。

第二，市场容量越大，市场增速越快，领先企业的规模效应（优势）反而会越来越小。这点会反直觉。

造成这种现象的根本原因在于，当市场规模不断扩大时，规模效应的核心基础“固定成本摊销”，会让固定成本占总成本的比例越来越低，变动成本占总成本的比例越来越高，直到变动成本占比远超固定成本，而在变动成本方面的规模效应，正如前面所说，要么不存在，要么门槛很低。这时候，在市场份额不变的前提下，相对于竞争对手，领先者的规模效应会越来越小，即只要跨过了固定成本分摊的某个“产量”门槛，固定成本分摊的规模优势就会越来越不明显。

例如，企业研发和生产手机的前期最低固定投入成本为10亿元，如果只能销售100万部，那么每部手机摊销的固定成本就是1000元（此处忽略折旧与摊销的具体会计原则），如果每部手机的综合出厂成本是2000元（即变动成本也是1000元），那么一部手机摊销的固定成本占总成本的比例高达50%。

如果销售1000万部，那么每部手机摊销的固定成本就只有100元，假设单位变动成本1000元不变，出厂总成本变成1100元，这时候固定成本占比就只有9.1%。

假设竞争对手的前期最低固定投入成本也是10亿元，在企业销售100万部的时候，竞争对手只销售了10万部，竞争对手每部手机摊销的固定成本为1万元，单位变动成本一样是1000元，竞争对手每部手机的总出厂成本就高达1.1万元，固定成本占比高达91%。此时，相对于竞争对手，企业具有绝对的成本优势，差距为9000元（2000元、1.1万元）。

而当竞争对手与企业增速一样时，即销量都变为原来的10倍，在企业销售1000万部时，竞争对手的销量为100万部，竞争对手每部手机摊销的固定成本就只有1000元，此时总出厂成本是2000元，竞争对手的固定成本占比从91%下降到50%。此时，相对于竞争对手，企业的成本优势从之前的差距9000元迅速下降到900元（2000元、1100元）。

当市场容量继续增长，在两者都同比例增长（即市场份额保持不变）的情况下，两者的成本差距会越来越小，直到竞争对手跨过固定成本要求的某个门槛时，领先企业的规模效应就不再明显和重要了。这就是为什么随着市场的增长，领先企业的规模效应会越来越小。

可以从另外一个角度来理解这个道理。当产量增加时，总的固定成本是不变的，而总的变动成本却随着产量的增加而不断增加，因此随着产量不断增加，总固定成本占总成本的比例就越来越低，而总变动成本占总成本的比例越来越高，导致单位产品摊销的固定成本对单位产品的总成本影响越来越小，规模优势就越来越弱。

这告诉我们一个道理：**规模效应是有极限的。**

第三，规模效应先天不强的行业，如何提高规模效应？

分散型行业（如餐饮业）、边际交付时间成本高的行业（如理发行业，因为理发不会因为理发店的规模大而节约时间形成规模效应）的规模效应天生就不强，这类行业通常需要通过连锁的方式（包括加盟或直营）提高总部的规模效应，至少在标准作业程序（SOP。总部只要做一次SOP，更多的分店使用并不会增加总部的工作量）、标准店面设计方案、分店品牌联动（当一个区域有多家连锁店时，就很容易让顾客认为这是一个流行的大品牌）、设施设备采购、会员制客户资源共享等方面能够形成规模优势。

第四，将变动成本变成固定成本，通常能提高规模效应，但也容易丧失经营的灵活性。

例如，将人工生产变成自动化设备生产，能够形成规模效应和成本优势，但自动化设备会让产品定型，如果产品设计变了，就需要增加新的生产线或新的设备，这无疑降低了经营的灵活性或增加了新的投资。这就是规模效应优势的另一面劣势——个性化和灵活性不足。

除了以上四点，还有更重要的一点，那就是局部规模优势。之所以把它单独拿出来强调，就是因为这点极为重要但又被普遍误解。

局部规模优势

绝大部分人有一个误解：认为整体规模大的企业，一定比规模小的企业拥有更多规模优势或成本优势。这往往是一种“假象”。因为在大部分情况下，规模优势都是建立在局部而非整体之上的。这点反常识，可能颠覆大部分人的既有认知。

局部规模优势体现在区域市场上，如全国性品牌在某区域常常竞争不过整体规模比它小得多的区域“地头蛇”。

在河南许昌，无论是沃尔玛，还是大润发、华润，这些国内外零售巨头，都竞争不过当地“地头蛇”——胖东来；

在湖南尤其是株洲市及其周边，无论是全国性连锁企业，还是上市公司，如良品铺子、零食很忙……都竞争不过株洲零食连锁“地头蛇”——戴永红零食；

在福建南平，无论是伊利、蒙牛，还是娃哈哈、养乐多，都竞争不过南平“地头蛇”——长富牛奶；

……

相比全国性品牌，“地头蛇”的局部规模优势主要体现在：

（1）品牌优势

“地头蛇”在当地的品牌影响力，往往比全国性品牌更强。

①对品牌的信任感。“地头蛇”通常在当地有很多流传的品牌故事，有些是关于产品的，有些是关于创始人的，这些品牌故事提高了当地消费者对品牌的熟悉度和信任度。

②品牌的亲近感。当地人对当地品牌有一种天然的情感，尤其当这个品牌在当地非常流行时，品牌给消费者带来的情感和心理价值，是全国性品牌无法比拟的。

③品牌的知名度。很多当地人可能并不知道或不熟悉一些全国性品牌，但他们一定知道“地头蛇”品牌，在当地人眼里，“地头蛇”品牌比全国性品牌更强大。

④以更少的品牌投入获得更多的品牌回报。基于以上三个原因，以及“地头蛇”在当地远超全国性品牌的市场渗透率、高市场份额、高密度的门店布局，让“地头蛇”的品牌投资效率极高，甚至不需做品牌投资就能成为当地第一品牌。而全国性品牌在当地的品牌投资效率，显然没法和“地头蛇”相比：由于在当地的市场规模比“地头蛇”小，全国性品牌在当地的品牌投资效率通常都没有“地头蛇”高。

因此，绝大部分人认为全国性品牌在每个区域市场具有的品牌规模优势，只不过是一种“假象”。

（2）销售渠道、物流与售后、周转优势

①销售渠道的开发与管理优势。相比全国性品牌，“地头蛇”在渠道开发、渠道管理上，都有全国性品牌无法相比的规模优势。由于门店密集和本地化就近管理，“地头蛇”对门店的管理、支持力度、执行到位情况，是全国性品牌达不到的，这不但会为“地头蛇”带来渠道终端管理的优势，也会为其带

来终端管理成本的节约，提升其终端管理的效率和效益。

②物流配送优势。由于“地头蛇”的零售点布局通常比全国性品牌的零售点布局密度更高，渗透力更强，这为“地头蛇”带来了物流配送成本优势。

③售后服务优势。基于总部周边的就近售后服务优势，是全国性品牌不能相比的。

④库存与资金周转等优势。更短的物流配送路径、更敏捷的进销存反馈，会给“地头蛇”在库存、资金周转等方面带来优势。

（3）更及时的优势

由于“地头蛇”本地化采购比例高，能更快地将产品送达终端门店，这对于酸奶、生鲜、食品等商品至关重要，而且消费者容易形成“‘地头蛇’的产品更新鲜”的品牌认知（尤其当“地头蛇”这样宣传时）。

（4）本地化采购与本地化销售的优势

全国性品牌的采购规模优势也是一种“假象”：现在的价格越来越透明，供应商的利润都很微薄，只要达到了最低采购量规模，即使采购量再大，供应商也没有什么让利空间，而“地头蛇”显然都能够达到这个最低采购量规模，所以全国性品牌并没有多少采购成本优势。

不仅如此，很多“地头蛇”的产品都是基于本地化采购、本地化销售（其实全国性品牌也能这么做，但很多受到了总部统一行动的限制），这让“地头蛇”拥有采购物流成本低、及时补货、与供应商更深入地合作等优势。

（5）生产规模优势的“假象”

正如前面分析的，“地头蛇”只要跨过了生产的规模门槛，与全国性品牌相比，就没有多大的规模劣势了。生产成本由固定成本与变动成本构成，在以原材料、人力成本为主的变动成本方面，只要跨过了规模门槛，大企业没有任何优势；而在固定成本与固定费用摊销方面，只要跨过了规模门槛，中型企业与大型企业的摊销占总成本的比值就会变得非常低，低到两者的差距可以忽略不计。

（6）灵活经营与快速响应的优势

全国性品牌是“全国一盘棋”，主要的经营策略通常是全国统一的，一般来说其不会针对某个“地头蛇”而采取单独的针对性策略，即使采取针对性策略，层级化的管理体系也会导致决策速度慢，错过时机，要赢得竞争代价也极大，毕竟全国性品牌的核心目标是“谋全局”而非“谋一域”，而“地头蛇”可以采取灵活、快速变化的经营策略，赢得市场竞争的主动。

以上提到的这些“地头蛇”的优势，都是局部优势，其中大部分都是局部规模优势。

“不能成为第一，那就缩小范围，直到成为第一”，这是我给中小创企业的建议，也是给全国性品牌的区域市场建议，这一主张的底层逻辑就是局部规模优势。

如今能够看到的成功企业，像绝味、沃尔玛、星巴克等一直都遵循“地头蛇”理论，只要到一个地方，进入一个细分领域，就要成为“地头蛇”，因此局部规模优势并非只适用于区域“地头蛇”，同样适用于全国或全球连锁品牌。为什么这些企业的门店很少关闭？因为它们懂得局部规模优势理论，在新开的每个区域市场都尽量拥有局部规模优势，而不像国内的很多连锁企业，常常陷入虚幻的整体规模优势“假象陷阱”。

其实，局部规模优势理论不只适用于区域市场，同样适用于细分市场。例如，尽管达利园的整体销售收入比桃李面包多得多，但在面包细分市场上，桃李面包拥有绝对的局部规模优势，将达利园远远甩在身后。这是聚焦于细分市场的“玩家”能够战胜全面市场覆盖或多元业务“玩家”的主要底层逻辑之一。

02 性价比：一切购买皆因性价比

谁都知道性价比，但很少人真正理解它，更不知道如何将它落地。

——作者

一切购买皆因性价比，性价比是最重要的商业底层逻辑之一。

消费者不会购买他认为没有性价比的产品，只是这里的性价比包括（通常意义讲的）**绝对性价比**和（有溢价的）**相对性价比。**

消费者购买小米手机，属于绝对性价比购买，几乎没有品牌或技术等溢价，企业的毛利率很低。消费者购买iPhone，属于相对性价比购买，iPhone有较高的品牌和技术溢价。

虽然性价比极其重要，但是真正能够全面、深刻理解性价比的人或企业，万里挑一。绝大部分人或企业，对于性价比的理解是狭隘的、肤浅的、模糊的。

只要系统、全面、深入理解性价比，企业就能够找到并提供给客户更多的“性”，降低顾客更多的“价”，从而提高商品的性价比竞争力。

商业模型：性价比系统模型

根据性价比系统论，**“性”并不仅仅是指性能，而是指企业提供给客户的总价值体系；“价”并不仅仅是指价格，而是指顾客为购买付出的总成本体系。**性价比的商业模型为：

性价比=客户总价值体系/客户总成本体系

客户总价值体系

客户总价值体系主要包括理性价值体系和感性价值体系，其中感性价值体系往往被人忽略。

（1）理性价值体系

理性价值体系主要包括：

性能、功效、耐用性、易用性、成分与材料、工艺、款式、外观、设计、包装等。

服务体系，包括退换货条件、质保期、维修及时性、售后服务网络、客户金融服务、服务态度与服务质量等，以及服务的便捷程度、可靠程度、个性化水平、及时响应和客户体验。

时间价值，即提供给客户节约时间或合理安排时间的价值，如快速配送、高效的服务处理流程等。

经济/金融价值，即产品或服务给客户带来的经济效益，带来更好的投资回报。

以上是大部分人通常理解的性价比的“性”，实际上顾客的理性价值体系远不止如此，还包括：

来源国与产地价值。

方便性价值，即客户在购买和使用过程中感受到方便和省力，比如便捷的购物位置、一站式购物、易于使用的产品设计等，降低顾客搜寻、比较、决策的时间、精力成本。

降低顾客配套投入成本，包括降低产品使用、存储与处置成本，如超大型旅游目的地与航空公司合作，给予游客机票补贴，就属于降低顾客配套投入成本。

降低顾客的运输、保险等购买附加成本，以及安装与部署成本。

降低顾客的维修、保养成本。

安全性价值，既包括降低顾客购买和使用风险，也包括商品本身的安全性价值。对于购买高价值、高风险、高试错成本、产品长期使用、产品使用易出错类的产品，企业提供这类价值极为重要。

产品或服务的即时可获得性等价值，这是线下社区零售店提供的核心价值之一。

价格的价值，即价格本身就是一种顾客价值，而且是最重要的顾客价值之一。假设一个路易威登的品牌包的价格从5万元降到500元，其价值也就随之消失。昂贵本身就是一种价值，对所有高溢价商品、奢侈品而言都是如此。

销售终端价值，如同一产品在不同档次的终端销售，顾客感受的价值可能有天壤之别。

虽然已经列出这么多的顾客理性价值，但还没有列举完。现实当中大部分企业缺乏对顾客理性价值的系统认知，只盯着产品本身，实际上能够创造顾客理性价值的维度非常多，只要掌握了性价比系统论就能找到。

此外，各行各业的企业总是抱怨产品高度同质化，殊不知以上这些顾客理性价值，都是创造顾客理性价值差异化的手段，这还不包括下面将要讲到的“感性价值体系”。

（2）感性价值体系

感性价值体系主要包括：

自我表达价值。自我表达价值包括炫耀、优越感、自豪感、群体归属感、自我满足感等。很多时候，消费者购买商品是为了表达我是谁，我想成为谁，我希望别人认为我是谁。

社交价值。产品或服务带给客户的社交效益，比如能够提升其在社交圈中的地位或满足其社交需求。

情感与情绪价值。一个不能激发消费者情感或情绪的产品（品牌），不是优秀的产品（品牌）。

精神与文化。奢侈品品牌、高端品牌等，提供的核心价值就是精神与文化价值。为什么全球奢侈品品牌几乎都来自欧美国家？这可以用我提出的“国家文化相对优越感”理论解释，意思是品牌出身国的国家文化相对优越感，决定了这个品牌的溢价天花板。在过去的数百年，欧美国家主导了全球主流文化，成为全球强势文化，这是欧美奢侈品高溢价的根本文化原因。

价值观认同。耐克（Nike）的广告语“just do it”，苹果公司的“think different”，方太的“因爱伟大”，都属于提供给消费者的价值观认同。

环境价值。环境友好和可持续性给客户带来的价值，比如使用环保产品或支持绿色企业带来的满足感。

从物质与精神角度来说，**顾客总价值=理性价值+感性价值。**

从价值来源角度来说，**顾客总价值=商品价值+衍生价值。**

绝大部分情况下，企业主要聚焦于商品本身的价值，实际上这是远远不够的，也不符合顾客购买的真实情形。因为在商品价值之外，存在一些衍生价值，而这些衍生价值对顾客购买产生重大影响。以上谈到的降低顾客购买风险、价格的价值、品牌的价值等都属于衍生价值，之所以企业通常聚焦于商品价值，主要是因为人类对有形事物的认知（与重视程度）远超对无形事物的认知（与重视程度）。绝大部分企业主要聚焦于商品价值本身，但要在商品价值本身创造独特的价值并不容易，而被同行普遍忽略的衍生价值却能够为企业提供独特的竞争优势，企业应重视衍生价值。

客户总成本体系

客户总成本体系主要包括购买商品支付的直接金钱成本。这是企业视角的成本，然而，成本远不止这些，还包括顾客视角的成本：

为购买付出的时间、精力等决策和行动成本；

购买的风险成本；

部署与安装成本；

产品需要的配套投资成本；

为使用新产品付出的学习和培训成本；

使用产品的成本，如耗材、能源等成本；

维修、保养成本；

商品出现故障导致的损失成本；

使用产品带来的健康与形象成本；

废弃和处置成本，产品使用寿命结束后，废弃和回收处理可能产生的费用；

隐性成本，比如使用产品对环境的影响，对自身品牌价值的负面影响（如零部件供应商质量问题导致汽车召回）等；

机会成本，即选择某一产品或服务可能导致的放弃其他潜在选择的成本。

每一项顾客视角的成本，都是企业创造顾客价值的潜在机会，因为节约了顾客的成本就等于提高了提供给顾客的价值，从而提高了客户购买的可能性。

经济学讲的交易成本，包括搜寻成本、信息成本、议价成本、决策成本、监督交易成本、约束成本等，主要关注交易本身的成本，即交易前和交易中的成本。然而经济学中的交易成本并不能反映顾客成本的真实全貌。

例如，你经营一个大型旅游风景区，如果用经济学的交易成本理论进行分析，就不可能想到，对游客来景区，真正起决定性作用的并不是景区的门票价格。游客为来景区需要支付的机票与高铁票等交通费用、住宿和餐饮费用以及旅游的时间成本（可以理解为上述为购买或使用商品的“配套投资成本”），比门票本身的成本要大得多，对游客是否前来旅游的购买决策的影响要比门票价格大得多，景区门票价格提高或降低30%，对游客的购买决策没有多大影响。然而很多以远距离游客为主的大型旅游风景区，并不明白这个道理，就是因为缺乏顾客总成本体系思维。而某些大型旅游景区懂得这个道理，与航空公司合作，为游客提供机票补贴，实现大型景区、航空公司、游客“三赢”。

理解客户总成本体系的核心价值，在于让企业能够全面梳理客户为购买商品所支付的潜在总成本，并想尽一切办法去降低顾客的总成本，从而提高商品的总体性价比，赢得与对手的竞争。

顾客通常不会系统地了解自己所购产品的性价比，他们采用的都是模糊购买决策，而且不同的顾客有不同的价值偏好，对性价比的理解也不同。几乎没有一个消费者、客户，在购买或采购时，会把企业提供给他的总价值体系和自己为购买付出的总成本体系完整地罗列出来，并对每一个指标进行打分和赋予权重。

这对于作为供应商的企业有什么启发呢？

顾客的这一情形，对企业而言价值巨大，企业可以根据总价值体系和总成本体系，构建一整套不同于竞争对手的总价值组合和总成本组合，并以此性价比系统，引导（通过宣传强化）、影响客户的购买决策。无论是顾客的价值，还是顾客的成本，都是需要唤醒和引导的，而这正是企业建立差异化顾客价值与降低顾客成本的巨大机会。

在使用性价比系统论时，应该注意：

①不同类型的生意，侧重可能有所不同。就像前文所说，生意分为两种：价格型生意和价值型生意。价格型生意，成本是关键；价值型生意，成本并非核心，关键是塑造高价值。

对于茅台来说，即使产品成本提高100%，才120元（茅台产品成本为60元），相对于其售价2600元/瓶来说，对纯利润的影响很小，因此茅台就是价值型生意。对于价格型生意来说，别说产品成本提高100%，只要产品成本提高10%，很多企业就会无利可图。以餐饮为例，低端餐饮就是价格型生意，而高端餐饮就是价值型生意。同样是装修投入，高端餐饮归入价值端，而低端餐饮归入成本端。

由此可见，价值型生意的经营核心是塑造高价值，而非一味地降低成本；而价格型生意的经营核心是降低成本，而非一味地提升价值。价格型生意卖的是绝对性价比，价值型生意卖的是相对性价比。

②性价比=总价值/总成本，因而价值和成本两者要综合考虑。

③无论是“性”，还是“价”，都应该考虑行业平均水平，尤其是企业主要竞争对手的水平。

案例一：争议的小米

小米科技有限责任公司（以下简称小米）可能是国内争议最大的公司，一派是以“米粉”为代表的支持者，另一派是技术派的质疑者。

（1）小米是绝对性价比的典型代表

小米可能是国内企业中绝对性价比的最典型代表（相对性价比的典型代表是苹果）：小米虽为知名品牌，但价格低、毛利低。性价比是小米的定位与核心战略，也是其成功的主要原因之一。

（2）小米优势与成功之道

小米拥有很多优势，这些优势也是小米成功的主要原因：

极具竞争力的性价比。“知名品牌+低价”，让小米吸引了大量价格敏感型消费者，这是“米粉”支持小米的主要原因。

敏捷的供应链管理。小米产品种类繁多，供应链极为复杂，高效的供应链管理是小米的主要优势之一。它能够以低成本快速响应市场变化。

强大的生态系统。小米不只是一家手机公司，其业务还涵盖智能家居、软件服务等领域，具有完整的生态系统。小米“硬件+软件+互联网服务”的生态链模式，使小米的用户黏性更强，同时为小米带来多元化的收入。

巨大的规模效应。作为手机销量排名全球第三的品牌，小米拥有巨大的规模效应，从而给小米带来很多优势：成本优势、品牌影响力（市场与媒体的关注度）、与供应商和合作伙伴谈判的溢价能力、吸引优质资源等。

知名品牌。无论是在国内，还是在海外，小米的品牌知名度都非常高。不过小米虽然是知名品牌，但不是强势品牌，因为它不具备强势品牌的两个核心特征：不以低价锁定顾客（即使对手降价也很难抢走顾客）、品牌溢价。

成功的国际化战略。小米海外收入占比超过50%（2024年一季度为50.2%），这在所有国内企业中都算很高的。

超强的营销能力。小米的用户参与开发产品，采用互联网销售模式，超强的话题与事件营销，以及独特的“数据对比营销”，这些都为小米的成功立下了汗马功劳。

独特的商业模式。硬件毛利低，主要通过软件、服务、生态盈利。

以上这些也是小米能够赢得大量支持者的主要原因。

（3）小米质疑派的主要观点

小米既不赚钱也不值钱：手机销量排名全球第三，小米的营收虽然高达2000多亿，但自上市以来，年平均利润仅为170亿左右，6%左右的销售利润率对于一家高科技企业来说太低，这和PC“龙头”联想很像。小米的市值近几年长期在两三千亿徘徊，相比排名第二的苹果高达3万亿美元的市值，小米显得很“不值钱”。对此，支持派认为是小米把利润让给了消费者，而质疑派则认为是小米没有核心竞争力。

小米没有自主核心技术和行业话语权：手机的核心技术，包括操作系统、芯片、摄像头等，小米都是依赖国外供应商，无法自主可控，没有行业话语权，主要是给掌握核心技术的海外供应商打工，很容易被“卡脖子”。这是小米不赚钱、不值钱的主要原因。

小米的营销力大于产品力：在自媒体时代，小米的高调营销、过度营销、饥饿营销让市场产生了一些反感，从而成为被攻击目标。对比小米的产品与技术，很多人认为小米的营销力远大于其产品力、技术力。

小米虽然拥有那么多的优势，但是在技术型行业，领先技术才是王道，才是最核心的竞争力。没有自主可控的领先技术，只能为他人作嫁衣，难以成为一家既赚钱又值钱的卓越企业。如果小米是在传统行业而非高科技行业，那么将绝对性价比做到极致的小米可能就会是一家毫无争议的卓越企业。

（4）小米的性价比

小米带给消费者的主要价值（性）有：

①高性价比的产品；

②丰富的产品生态系统：小米智能手机、智能家居、穿戴设备、健康与健身产品、生活日用品等共同构成的生态系统，使消费者可以在同一品牌下享受到多种互联互通的智能服务，增强用户体验；

③知名品牌：虽然小米品牌没有溢价能力，但是相比当初被小米替代的山寨手机，知名的小米品牌对其目标消费者是有价值的。

小米的价格（价）优势：

小米的价格优势来自两个方面：小米对消费者的价值让渡（即让利消费者）和小米的成本优势。小米的成本优势主要来自：

①巨大的规模效应；

②低成本营销方式；

③高效的供应链管理；

④独特的商业或盈利模式。

小米成功的核心策略是绝对性价比，采取如此低价策略的小米，还能够实现持续盈利，归根结底是小米在提供目标群体所需的价值基础上，拥有突出的成本和效率优势。换成其他企业，也许就很难生存和盈利。

案例二：某品牌抗裂网

这是我的一个咨询客户，公司研发、生产、销售抗裂网（也叫网格带、网格布）。抗裂网主要用于装修时防止墙面开裂。在抗裂网市场，玻纤网占比超过95%，但玻纤网有三大弊端：抗拉力差、耐腐蚀性差、有毒不环保，最大的优点就是便宜，所以被广泛采用。该公司推出的全新抗裂网，主材为高强度涤纶丝而非传统的玻纤网，并采用自主研发的专利工艺技术，其超强抗拉力、超强耐腐蚀性、无毒环保，是传统玻纤网无法比拟的，但其成本和售价比传统玻纤网高得多。

玻纤网由于抗裂效果不好、持久性差，所以行业中没有一家玻纤网企业敢给客户提供质保，而该公司销售抗裂网3年以来，没有出现过一例是产品原因导致墙面开裂的。我建议其提供最长10年长效质保（价格最高的那款）。这一质保政策在抗裂网市场掀起了巨大的波澜，推出仅3个月抗裂网的销售量暴增420%。

为什么质保政策的效果会这么好呢?

首先，该公司抗裂网本身具有超强抗拉力、超强耐腐蚀性、无毒环保的产品优势，但这种优势需要通过客户购买并使用一段时间后才能体会到，过去不提供质保，所以很多客户都不相信其宣传的产品优势，严重影响销售。

抗裂网虽然价值不高，但属于高风险购买、长期抗裂效果十分重要的产品，且在整个装修总成本中，抗裂网的占比极低。只要抗裂网能够保证长期效果，客户宁愿在一套房上多花几百元，因为一旦发生墙面开裂需要返修，不但非常麻烦，而且返修成本一般是抗裂网本身成本的十来倍。当其成为全行业唯一提供质保的品牌时，解决了信任和保障问题，销量自然就能获得爆炸式增长。

除此之外，该公司针对产品的长期抗裂效果的独特优势，策划了产品定位“长效抗裂网”（品类名），起到了类似“公牛安全插座”的效果，并与质保政策遥相呼应；品牌广告语“玻纤网颠覆者”，引起了受众的好奇，掀起了行业的波澜，迅速提高了该品牌的知名度。这些都对其销量暴增起到不小的作用。

作为一个抗裂网外行（在服务该公司前，我完全不了解这个行业），我为什么能够很快就想到要提供质保服务呢?

其实，只是套用了性价比系统论中的“顾客总价值体系”，找到了这个点而已。仅仅是看似不起眼的这一招，就让销量增长了4倍多。质保服务，一般来说并不是商业顾问咨询的范畴，如果不掌握性价比系统论，一般商业顾问很难想到。该公司没有想到，主要是因为行业思维定式，全行业都没有提供，自己就很难想到要去提供。这个案例告诉我们一个道理，解决销量问题，并不一定局限于传统营销理论，只要它能促进销售，称不称为营销不重要。

特别提示

与大部分商业著作基于流量与IP借势的考虑、只会列举知名大企业的案例不同，本书的案例除了很多是读者知道的企业，还有一部分是读者并不一定知道但由我亲自做咨询的中小创企业，选取的理由是:

①在我国中小微创企业数量多，相比大企业，它们对商业知识与案例的需要更迫切。

②基于企业实力与资源、发展阶段等的差异，很多知名大企业的做法并不适合中小创企业，很多商业理论是基于大企业总结出来并为大企业服务的，而本书的读者来自中小微创企业的数量可能会更多。

③研究一个企业的成功或失败，不是要研究它的现状，而是要研究它的过去，因为现今成功或失败，在过去就埋下了种子。从这个方面来说，中小微创企业大部分都处在早期，带给读者的启发可能会更有效、更实用，少了知名大企业案例的事后包装与美化的成分。

④本书提及的由我亲自操作的案例，是从事先的原因（策略与行动）到结果，而知名大企业的案例，很多是为成功找原因，误导性的成分较大。

我从来都不认为给企业做商业咨询时，顾问的行业经验很重要。很多时候行业经验反倒是累赘，会局限一个人的思维，使之陷入行业惯例而难以破局。商业顾问再怎么研究行业，也很难在短时间内超过在行业摸爬滚打多年的客户，因此商业顾问只要掌握行业特性模型（见第5章），再具有一个核心能力：根据客户需要解决的商业问题，向客户正确地提问，把客户的行业经验、知识、信息“挖到”自己的脑袋中来，就能够快速、全面、深刻地理解一个行业。

03　生意的支点：企业成功的关键着力点

给我一个支点，我能撬动整个地球。

——阿基米德

支点，在物理学中是杠杆撬动的着力点，引申为系统或情境中的**关键点**，它是决定整个系统运作效果的关键因素。

生意的支点，就是对生意影响最大的关键着力点。

支点包括以下含义：

对生意的影响最大。在所有的要素中，支点对生意的影响最大，而且往往影响面最广。

单一要素。支点必须是单一要素，而不能是多个要素。

支点是企业的**关键发力点、核心抓手、战略破局点。**

商业模型：生意支点模型

企业为什么一定要找到生意的支点？

①专注解决关键问题，获得全局最优。

对一门生意或一个企业来说，工作千头万绪，要做的事情非常多，如果没有核心抓手，企业经营者和团队很容易迷失在纷繁琐事中，只有专注解决关键问题，才能获得最大的回报。

以生意的支点为中心，企业虽然在局部可能会有代价，但是能够获得全局最优，实现最大的投入产出比。美国最大地产之一凯勒威廉姆斯公司的董事长加里·凯勒的著作《最重要的事，只有一件》，揭示了聚焦于关键单一事项的重要性。

②聚焦资源，统一行动。

如果没有支点，企业的资源会被分散，不能聚焦到最关键的事项上，员工也不会力往一处使，形成合力效应。围绕支点配置资源，统领企业的经营管理活动，能够达到最大的投入产出比，尤其是实现中长期的收益最大化。

③结果的可替代性。

企业最关心的就是投入产出比，而在绝大部分情况下，不同的投入方向产生的结果之间实际上是有替代关系的。万达找到“资金的游戏”这个支点，以“快”（资金周转率）为核心战略，节约了大量的财务成本（国内房地产企业普遍10倍资金杠杆），虽然“快战略”会以牺牲部分质量、人力与采购成本等为代价，但从结果来看，万达提高了性价比，获得了客户的认同，赢得了竞争。

既然结果之间具有普遍的可替代性，那么企业理应聚焦于支点，实现最大的投资回报。然而，这一事实与策略却被普遍忽略。让企业平庸的最好方法，就是什么都想做，什么都想做到最好。

④目标之间的冲突性。

目标之间的冲突性决定了企业必须聚焦生意的支点。质量与成本、速度与质量、过于硬性的制度与创新等之间存在矛盾，这时候企业就要抓住主要矛盾，聚焦于生意的支点。如果不以“支点第一”为简单的核心原则，那么当两者冲突时，企业或员工就会左右摇摆。当你要强调速度时，就必须要牺牲一定的质量，只要速度带来的收益超过舍弃一定质量的代价，那么从最终的投资回报来说，它就是值得的，就像上文提到的万达的例子。

如何找到生意的支点？

鉴于生意的支点是一个新概念，关于如何找到生意的支点，目前并没有统一的答案，生意的支点的主要来源可能有：

①行业（或生意）的本质。

行业的本质：相当一部分企业经营者即使在一个行业摸爬滚打了很多年，也不知道自己所在行业的本质究竟是什么。而找到行业的本质又是如此的重要。对此，红杉资本（中国）有限公司董事长沈南鹏先生有一句名言：**一个企业家对行业（或生意）的本质理解有多深，就决定了这个企业能够做多大、能够走多远。**

行业的本质来自行业的起源、行业的社会角色、行业解决的关键问题。例如，零售行业的本质就是便利，因为零售业的起源就是为了解决从生产端到顾客的触达问题。但零售业的这一行业本质并不一定能够成为零售企业的支点，因为生意的支点并非一成不变（后文将会讲到）。实际上，所讲到的生意的支点的来源，都只是有可能成为生意的支点。

生意的本质：一门生意的本质与行业的本质经常一样，但有时又很不相同。例如，大致来说，餐饮行业的本质可能是味道，但是对于定位高端餐饮的生意，它的生意本质就是塑造高价值，顾客的核心需求往往是社交。而对于定位低端餐饮的快餐生意，它的生意本质就是成本与价格优势，顾客的核心需求是低成本吃饱。味道虽然对于这两种生意都重要，但企业的战略发力点却很不相同。

②关键行业属性。

商业三性理论中的“行业特性”梳理的30组行业属性，常常能够帮助企业找到生意的支点。本节的万达案例，就是从行业特性模型中的“财务杠杆”行业属性，找到房地产生意的支点：财务杠杆（或“资金的游戏”），让万达的战略与经营管理、企业文化与制度流程都围绕这一支点展开。

③顾客的真实需求。

顾客的真实需求往往不是显性的，需要用洞察力才能获得。顾客的真实需求，用营销学的一句名言来表达就很贴切：消费者要的不是1/4寸的钻头，而是1/4寸的孔洞。正如丹尼斯·J.哈普特利在《打造真正的新产品》中所说，企业要关心的不是商品的功能，而是用户要用它完成什么任务，解决什么问题。如果你把这个问题弄清楚了，你就能够实现与众不同的产品创新与营销创新，真正满足顾客的需求。生日蛋糕的核心不是蛋糕而是生日，消费者的真实需求是生日现场的气氛感、仪式感、难忘的记忆等，理解了这一顾客的真实需求，生日蛋糕企业就能够设计一系列与竞争对手不同的独特体验，而不只是聚焦于蛋糕产品本身，这是生日蛋糕生意的关键着力点。

④生意成功的关键要素。

不同的生意或行业，成功的关键要素是完全不同的。对于4S店来说，能够拿下畅销品牌的区域独家代理，胜过一切优秀的战略与经营管理；对于商业顾问公司来说，有IP影响力的首席顾问就是生意的支点；对可口可乐公司来说，谁做CEO并没有那么重要，关键是保护并强化最核心的资产“品牌”，这是可口可乐的支点。

⑤解决行业的关键硬伤或困局。

每个行业都有每个行业与生俱来的硬伤或后天形成的困局。对于重资产的文旅行业来说，就有很多与生俱来的硬伤：重资产、低频消费、高获客成本、范围生意等。文旅生意的支点就是要在这些硬伤中找到那个最关键的硬伤，关于这点在行业特性案例长隆集团中有深入阐述。

生意支点模型

生意支点的商业模型，可以用一个公式简单表达，即

$$生意的支点=\max（A，B，C，D，E）$$

这个公式的意思是，在A、B、C、D、E五个可能的来源中，找到对生意影响面最广、影响力最大的单一要素。

三点重要说明

生意的支点这一新概念并非显性的商业知识，人们谈论得不多。对于这个词的使用，我犹豫了很久，类似的词思考了很多，包括杠杆、发力点、局点、破局点、关键抓手、焦点等，但最终还是选了支点这个词，因为它似乎更能代表我想表达的意思。关于生意的支点，有三点重要说明：

①与商业三性理论倡导的“系统思维”是否冲突？

实际上并不冲突。系统思维强调在分析和思考问题的时候，要有全局、关联、动态的思维，而支点同样要有这些思维，这点从支点需要通过广泛的视角和来源确定就可以看出。系统思维与抓大放小、聚焦关键并不冲突，这就是我常说的**“思考要复杂，行动要简单”**。简单行动是基于分析事物关联与相互影响、优劣、轻重缓急、利弊等全局思考后的取舍。如果执行起来太复杂，或者执行的时候需要考虑太多，那么效果通常不会太好。

任何事情都不能走极端。虽然支点强调了聚焦单一关键要素的重要性，但并非对其他要素置之不理，而是当两者发生冲突时，有了优先原则，要毫不犹豫地确保更为重要的支点。

②支点的流变性。

生意的支点有可能在相当长的时间内是不变的，但也有可能是流变的。当一个支点要解决的问题消失了，或这个问题变得不再重要后，企业就要寻找新的支点。

智能电动汽车在前十年的硬伤是电池的续航问题，当电池续航问题逐步解

决之后，以自动驾驶为代表的智能化就成为行业竞争的关键发力点。比亚迪在前半场找到了支点：电池及其动力技术。比亚迪推出的采用五代混动技术的秦L，实现了高达2000km的续航，且油耗降到3L/100km以下（这是对传统燃油车的重大颠覆），让电池续航不再是问题。而华为在后半场找到了支点：智能驾驶。搭载高阶智能驾驶系统的问界M9获得了巨大的商业成功，成为50万元以上豪车的销量冠军。

传统线下零售业的支点是便利（离顾客更近），而电商改变了零售业的支点，让低价成为新的支点。但是在电商出现之前，便利一直是线下零售生意的支点。

③支点与北极星指标的异同。

肖恩·埃利斯在《增长黑客》中提出了一个著名杠杆——北极星指标，支点与北极星指标虽然在理念上有异曲同工之妙，都强调聚焦于“单一关键要素”，但两者实际上截然不同（表4-2）：

表4-2　“支点”与“北极星指标”的比较

北极星指标	支点
战术级	准战略级或战略级
短期的	通常是中长期的
营销范畴	企业全局范畴
可以量化	大多难以量化
适合互联网企业	适合所有企业

案例：万达

房地产生意的本质**是资金（或现金流）的“游戏”**。这就是房地产生意的支点。

为什么这么说呢？

因为国内房地产企业的资金杠杆（也叫财务杠杆、权益乘数）高，A股122家房地产上市企业的资金杠杆平均都在10倍左右。也就是说，房企自有资金1亿，借贷10亿（实际权益乘数为11）。如此高的资金杠杆，导致产生极高的财务成本（资金利息），财务成本成为房企弹性最大的成本费用（其他成本要么占比不高，要么弹性空间小）。然而，与相对刚性的土地价格、建材与建造成本、人力成本不同，不同的企业战略与经营管理策略能够极大地影响财务成本水平，其中的关键是资金的周转率。

例如，开发商A的债务是1万亿元，如果这1万亿元资金每年周转1次，那么年财务成本为1000亿元；如果这1万亿元资金每年周转2次，那么年财务成本就只有500亿元。两者差额整整有500亿元。在相对刚性的土地价格、建材与建筑成本、人力成本方面，无论房企的经营管理如何优秀，都不可能节省出500亿元来，连节约出100亿元都极难。如果把开发商A全员的薪酬福利增加30亿元，就能够远超同行的薪酬水平。30亿元相对于1000亿元来说，占比小，而资金周转率通过战略与经营管理、制度流程与文化等手段却有很大的提升空间。这就是为什么说房地产的生意本质是资金的“游戏”。

万达集团作为国内大型商业地产集团、文旅地产集团，相比其他以销售型住宅地产为主的房地产企业，自持物业的资金占用要高得多，按理说万达资金周转最慢，在近两年房企普遍面临资金困境的时候，万达的财务危机应该是最大的，然而万达却被认为是行内目前财务相对安全的房地产企业之一（虽然截至本书成稿时，万达遇到了一些财务困难）。其根本原因就是万达比其他房企对房地产生意的支点理解更为深刻，其深刻理解了房地产生意的支点既是资金的“游戏”，也是现金流的“游戏”。在这一生意的支点指导下的战略制定与经营管理执行也更到位。

如果你深刻理解了房地产生意的支点是资金的“游戏”，那么你会制定什么样的战略呢？万达又是如何将对生意的支点的深刻洞察用于指导其战略制定与经营管理的呢？

房地产生意的核心，其实可以简化为一个字，那就是“快”。“快”的本质是**更高的资金周转率**。将“快”（高效）贯彻到战略、经营、组织、文化、制度、流程中去，渗透到经营管理的每一个环节、每一个细节中去。万达正是将“快”贯彻执行到极致的公司，全球范围内还难以找到第二家在“快”（速度）方面能够与万达匹敌的。

“快”让万达这样一个超重资产的房企，能够节约庞大的财务费用，而因为“快”节约的庞大财务费用，足以弥补因为需要“快”而可能需要付出的更多的原材料采购成本、高效人才的高薪、产品个性等方面的代价，这就是万达算的“大账”。

举些例子，感受万达的“快”。

案例一：广州白云万达广场

广州白云万达广场总建筑面积达56.3万平方米，从拿地到开业（包括规划设计、工程建设、招商与商家入驻、装修等环节），仅用了18个月，创造了极快的速度。而一般房地产企业开发同样的项目，通常需要三年以上的时间。

案例二：万达的工作汇报

在万达给王健林做工作汇报，无论汇报的内容多么复杂，最多只能用10页PPT（不是Word），这对于大多数公司来说，都不可想象，这种汇报制度在全球都很难找。

为什么要这么做？一切为了速度，必须让“快”的战略与文化，真正地渗透公司经营管理的每一个“毛细血管”，这才叫战略与文化的真正落地，而不是挂在墙上的口号。

那肯定会有人质疑，这么简单的汇报，工作与决策质量有保障吗？

这就需要战略取舍，这就需要抓大放小，这就需要大道至简。任何一种做法均有利弊，这种做法当然也会有代价，然而与巨大的财务成本相比，这些代价是值得的。

与其他企业最大的不同是，万达的汇报人做汇报时不需要讲“为什么”，只要汇报做什么、怎么做、谁去做、需要多少预算，最关键的是什么时候完成就可以了。因为王健林对业务极为熟悉，以他的经验与阅历，在绝大部分情况下，汇报人不需要讲为什么，他就能够判断是否可行。如果他认为有问题，就会一直问到底，汇报人必须十分清楚执行细节，虽然呈现的是10页以内PPT，但背后可能要准备200页PPT，因为要避免王健林在某个问题上问到底。这种做法其实非常好，也是最高效的，不但节约了大量汇报时间，也让汇报人对自己的业务极为熟悉。

王健林要求的工作汇报风格渗透整个万达集团，无疑为集团节约了大量时间，提高了集团的运营速度与效率，只是几乎所有刚进入万达的员工都难以适应。我从这种汇报风格中受益匪浅。

案例三：万达城项目

万达城是文商旅住超大型综合体，是万达广场的升级品牌，每个万达广场的总体建筑面积都在几十万平方米，而每个万达城项目的总建筑面积均有数百万平方米，每个项目总投资均数百亿元。

万达城项目，从拿地到开业通常需要三年左右，万达计划部会作为主导者把项目的完整计划提前做出来，将计划分为一级节点、二级节点、三级节点，一共2000多个节点事项。

这2000多个节点事项，每个事项都有开始时间、结束时间、工期多长、完成标准、责任人等。这是一个极为复杂的计划，因为事项之间有着普遍的逻辑关联，且面临大量的不确定性。万达计划部负责统筹制订计划，评估计划进度与执行质量，监督计划执行。

实行严格的考核制度。一级节点有一次未完成，扣除责任人年终奖（最少三个月薪资），出现第二次逾期，直接辞退，不管责任人级别有多高。

周密的计划，加上超强的执行力，匹配严格的考核制度，使三年前确定的某个项目具体到哪一天的开业时间，万达几乎没有逾期，这在全国，乃至全世界的企业中都是罕见的。

万达以“快”为核心的组织、制度、流程与企业文化的其他例子：

①军事化管理，严格的员工统一着装。员工穿深色西服和商务皮鞋，从形式感上强化公司的统一化、标准化、模式化、简单化，这“四化”是提高效率的主要方法。

②KPI考核只有数字、时间，没有任何软性指标。

③拥有强大的权力部门“计划部”，这是“快”的核心组织保障之一，也是万达的组织特色。

④将流程、制度、标准化做到极致。万达的每一项主要工作，几乎都能从《万达制度汇编》中找到模板，员工只要照模板去做就行，这样使工作效率非常高。例如，确定一个万达广场项目能不能拿地，只要完成了“万达广场选址50问”，就能够判断这块地能不能拿，这个项目能不能投资，根本不用等领导来决策判断。

⑤关于管理，王健林有名言：万达制度设计的出发点，是不信任任何人，不靠忠诚度，靠制度。这是万达管理的人性假设，只有适合，而无对错。这种理念虽有缺陷，但对于提高效率无疑是适合的。

很多人可能会说，万达用“快”统领一切，难道就不考虑成本、质量、个性化需求等其他重要因素吗？当然不是不考虑其他因素，而是当其他因素与“快”冲突时，要优先考虑“快”。万达在把“快”做到极致时，一定会以牺牲一定的成本、质量、个性化需求等为代价，但是相比10倍资金杠杆的财务成本，这种代价是值得的。

很多企业不明白一个道理：从结果来看，影响结果的要素之间实际上都有替代关系，万达把“快”做到极致，就能够极大地降低成本，把这些节约的成本相当一部分让渡给客户，虽然在质量、个性化需求方面可能有些不足，但其仍有足够高的性价比，从而让客户选择万达。绝大部分企业之所以平庸，就是因为它们什么都想做得最好，没有重点，胡子眉毛一把抓，结果是什么都没做好。企业在分配资源时，到底是要用长板理论把优势做到极致，还是要用木桶理论补齐短板，关键看一点：把资源配置到长板和配置到短板，哪个的回报率更高。

从以上例子不难看出，万达在深刻理解房地产生意本质的基础上，找到生意的支点，以“快”统领企业的战略、经营、组织、文化、制度、流程，让“快”真正实现全面落地，创造了万达“奇迹”。可见对生意的本质、生意的支点的深刻理解有多重要。

再谈一点。很多人说万达没有企业文化，这是对文化的误解，实际上万达最重要的效率文化就是一种硬性文化。从广义来说，制度是文化的一部分或文化的具体体现。企业文化没有好坏，只有是否适合。很多企业盲目照搬奈飞、阿里等这种员工自由度很大的企业的文化，而不考虑自己所在行业的特征与本质、企业的业务战略、创始人的风格等因素，这是文化教条主义。企业要明白，企业文化、组织、制度、流程都是为业务和经营服务的，业务是为战略服务的，战略是为愿景和使命服务的。

04　核心竞争力：企业持续获得高额利润的唯一方法

没有“护城河”的企业是没有未来的，是不值钱的，即便当下它赚钱。

——作者

为什么国外有的企业能够生存十几年、几十年、上百年，而国内企业的平均“寿命”却只有3.7年，其中中小企业的平均“寿命”约只有2.5年？唯一区别就在于企业是否拥有核心竞争力。

有另外两个概念与核心竞争力非常接近，是“护城河”与竞争壁垒。严格来说，核心竞争力是因，“护城河”或竞争壁垒是果。鉴于三者的作用几乎相同，都是保护企业持续获得长期利润、赢得竞争优势，从实用性的角度本书对三者不做区别，把三者混用。

在对核心竞争力定义之前，先说明其**主要特征：**

①垄断性或稀缺性。例如：农夫山泉的十大优质水源基地，热销汽车品牌的区域独家代理权，戴森持续领先的高速电机技术。

②难以复制性。竞争对手难以模仿、追赶，能够赢得长期竞争优势。只有独特是不够的，难以模仿与追赶的独特，才是核心竞争力。例如：胖东来的独特企业文化，竞争对手很难模仿；英特尔（Intel）在PC处理器方面的持续技术领先，超威半导体公司（AMD）几十年都没能赶上。

③重要且持续。核心竞争力对于企业成败、行业竞争必须能够起到关键作用。一款好产品，如果没有强势品牌、领先技术等的加持，通常算不上是核心竞争力，而且产品会升级换代、有生命周期，不具有持续性。

④锁定客户。能够为客户的主要价值做出显著贡献，能够锁定客户或客户愿意为其支付溢价。例如：可口可乐虽然没有品牌溢价，但“强势品牌+规模优势”能够长期锁定顾客、赢得顾客忠诚；戴森的高速吹风机，能够提供快速吹干而不伤发这一显著价值，让很多消费者愿意为其支付技术与品牌溢价。

⑤长期高额利润。企业的核心竞争力，最终体现在企业的盈利能力上，它让企业能够获得长期、持续、稳定的，超越同行的高额利润。苹果、可口可

乐、茅台等能够获得长期高额利润，都是因为具有超强的核心竞争力。

以上从资源与能力、竞争对手、客户、盈利四个关键视角，描述核心竞争力的五个关键特征，在此基础上，给核心竞争力下一个定义：

核心竞争力是能够为客户主要价值做出显著贡献，可以锁定客户使客户愿意为此支付溢价，而竞争对手又难以模仿、追赶的，能为企业带来持续竞争优势，并能保住企业长期高额利润的独特资源与能力及其组合。

核心竞争力，是一切企业获得长期、稳定、高额利润的唯一来源，是行业地位、话语权、定价权和持续经营的根本保障，是评价一家企业是否真正值钱的关键标准。

核心竞争力是企业战略的首要目标

核心竞争力是企业战略控制的核心，是企业战略利润设计的关键，是企业战略的首要目标，这是我提出的一个鲜明观点。一个不以培育核心竞争力为关键目标的战略，不是一个合格的战略。绝大部分企业的战略，只关注财务指标（如收入指标）、市场地位，而不把培育核心竞争力作为首要目标，这是对战略的误解。战略与年度计划的关键区别就是核心竞争力，战略的核心就是通过年度计划的执行，在达成短期财务目标的同时累积核心竞争力，企业的主要资源应该围绕同时达成这两个目标来配置，而不只是关注短期经营指标，否则企业就很容易把大量的资源和时间、精力投入无法积累“护城河”的短期经营行为。聚焦于月度、年度的计划是短期的，它很难让企业在那么短的时间内形成核心竞争力，而战略是中长期的，它能够通过中长期规划，一步一步形成越来越深（核心竞争力强）、越来越宽（核心竞争力多）的“护城河”。

一切没有核心竞争力的企业，都是没有未来的。要让企业实现持续经营，有且只有一个办法，那就是培育核心竞争力，构建“护城河”。然而，绝大部分中小企业经营者在一个行业里摸爬滚打了几年、十几年都没有构建“护城河”，赚的都是辛苦钱，成天如履薄冰，能够生存这么多年，靠的是红利、投机等。

企业培育核心竞争力，就是**“做难而正确的事”**，就是**巴菲特的复利原理应、张磊的长期主义、罗振宇的“时间的朋友”**，随着在核心竞争力的投入与累积越来越多，单位投入的回报率越来越高。企业培育核心竞争力、构建“护城河”，从短期来看，回报率似乎并不显著，但从长期来看，它的回报率是最大的，而且越来越大。

培育核心竞争力，构建“护城河”，也是聚焦企业核心能力，在关键能力上持续投入，长期累积，在极少数专业、细分领域内做到区域第一、全国第一、全球第一，把其他的业务环节外包给更有优势的企业。这是在一米宽的地方深挖一万米，不会因为短期的小诱惑而分散企业的资源与精力，这是绝大部分获得长期高额资本回报企业的共同做法。

“护城河”的三大误区

误区一：“护城河”是大企业的专利。

大部分人一提到“护城河”，就认为那是大企业的事情，认为中小创企业很难构建“护城河”，其实不然。在日本及一些欧洲国家，大量的中小企业存活历史都超过30年，如果没有核心竞争力，它们是不可能存活那么久的。比如我提供咨询服务的一个企业（实际上我的多个中小企业客户都拥有“护城河”），该企业是做房车配件的，年收入不到1亿元，但净利润达2000万元（该利润率对于一个制造业企业来说是非常高的），即使规模比它大3倍的竞争对手也抢不走它的客户。这是因为该企业积累了一整套关于产品开发、质量、生产速度与效率、成本的方法，是其长期经验积累、大量经营管理细节组合的结果，而且很多还基于企业个性（如企业家本身的特质），竞争对手几乎不可能学得会（即使是内部员工，除了老板和不可能离开公司的核心股东成员，没有人了解整套体系）。因为它是一个基于创始人和核心团队、企业文化与制度流程的复杂体系，而且体系各部分之间是紧密关联的，内部逻辑是一致的。这类企业在外人看来可能并不起眼，但它的核心竞争力是外人看不见的，是竞争对手很难模仿的，这就是五级竞争力模型中管理模块的两个核心竞争力：创始人与核心团队、企业文化与制度流程。

为什么中小创企业一样可以构建核心竞争力呢？

中小创企业的直接竞争对手，通常与它的量级差距不大（中小创企业要尽可能避免与大企业直接竞争），因而它并不需要有大企业那么强大的品牌，投入特别大的领先技术，它只要超过目标市场量级差距不大的竞争对手。

企业的成功是系统的成功，而非单一因素。尽管大量的商业案例把一个企业的成功归结为极少因素，但企业家一定要明白，那只是为了彰显某个商业理论的重要性与有效性，当然也是为了传播的需要（越简单的东西越有传播力）。中小创企业不能在那些显性的品牌、技术等方面形成强大的“护城河”，那就在企业文化与制度流程等隐性方面形成“护城河”，用系统打败单一要素，就像上文的例子。

中小创企业通过战略聚焦更容易形成“护城河”。中小创企业一定不能贪大求全，与行业龙头“硬碰硬”，而要通过聚焦于大企业看不上的细分市场，在1米宽的地方深挖1万米，选择竞争力弱的对手所在的细分领域（我有一个重要观点：选择竞争对手是战略的核心之一。你赚的每一分钱在本质上都是因为对手不如你。而这点往往被企业忽略）。记住一点，“护城河”是相对的，当对手是大企业的时候，企业的“护城河”可能根本就算不上是“护城河”，而当对手是小企业的时候，企业的“护城河”可能就很有用。

误区二：构建“护城河”需要很长时间。

很多人认为构建“护城河”需要很长时间，其实不然。“护城河”是一步一步构建的，只要规划得当、执行得力，通常1～3年就能构建较浅的“护城河”，3～5年就能构建一定程度的“护城河”，5～8年就能建成有相当深度和宽度的“护城河”。

误区三：构建“护城河”需要额外的大量投入。

构建“护城河”当然需要一定的投入，但并不一定要企业增加大量的额外投入。关键是要把企业的日常经营行为与培育核心竞争力、构建“护城河”关联起来，也就是把短、中、长期目标结合起来，让企业的每一个短期动作，除了产生短期的回报，还能顺便累积成长期的价值“护城河”，而不只是关注未来3个月之内的事情。

商业模型：五级竞争力模型

鉴于企业核心竞争力如此重要，多年来我持续关注和研究企业核心竞争力，发现目前并没有一套系统、实用的关于核心竞争力理论。因此，在总结前人关于企业核心竞争力智慧的基础上，我提出五级竞争力模型。五级竞争力模型是评估和指导构建企业核心竞争力的核心商业模型。

根据五级竞争力模型，企业核心竞争力由强到弱依次分为五级。

第一级：制定标准。

第二级：控制价值链。

第三级：强势品牌。

第四级：领先技术。

第五级：成本优势。

竞争力的级别越高，表现越强势，拥有越多级别的竞争力，企业持续盈利的能力也就越强，越有保障（图4-2）。

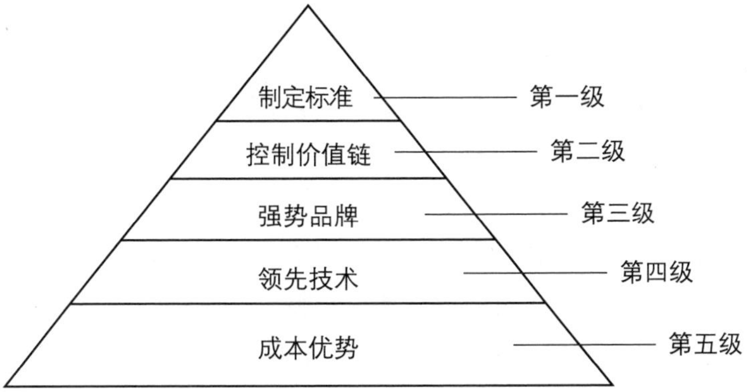

图4-2　五级竞争力模型

第一级：制定标准

我们常说，一流企业定标准，二流企业做品牌，三流企业卖产品。

“一流企业定标准”的意思是领先的企业在其所在的行业内设置业务、技术、质量或服务等方面的标准。这些企业由于其创新能力、市场份额、品牌影响力或其他竞争优势，能够引领行业趋势，并影响甚至塑造消费者的期望、行业规则和竞争者的行为。

制定标准为什么是最高级别的核心竞争力呢?

制定标准被认为是最高级别的核心竞争力，主要是因为它赋予企业在市场和行业中的长期主导地位和控制权。这里有如下几个关键原因。

拥有市场主导权：一流企业的核心特征是拥有行业的话语权、统治力，能够影响行业的发展，就像微软、谷歌、华为、戴比尔斯等公司那样。制定标准的企业可以有效控制市场秩序，影响市场的运行规则，从而占据市场主导地位。这种主导权使企业能够更好地适应和引导市场变化。

构筑高市场进入壁垒：当一个企业制定了标准，其他企业必须遵循这些标准才能进入市场。这实际上提高了市场的进入壁垒，使得新进入者难以挑战现有的主导企业。

增强品牌信誉度：能够制定标准的企业通常在技术、质量和创新方面处于领先地位，这大大增强了其品牌的信誉度和市场影响力。消费者和其他企业更倾向于信任并选择这些企业的产品或服务。

主导技术和创新：制定标准通常需要企业有领先的技术和持续的创新能力。通过制定标准，企业可以将其最新的技术和创新成果转化为行业规范，保持技术领先地位。

保持长远战略优势：标准的制定者能够预见行业的发展方向，并通过标准的制定推动整个行业朝有利于自己的方向发展。这种战略优势有助于企业在未来的市场竞争中持续保持优势。

控制供应链和合作伙伴：一旦标准制定，供应链上的所有成员都需要符合这些标准。标准制定者可以更好地控制整个供应链，提高效率并降低成本。

增强客户忠诚度：制定标准的企业通常在消费者心中树立了高度的信任感，这有助于提高客户的忠诚度。消费者更愿意购买符合标准的产品，因为这些产品通常代表质量好和可靠性强。

归结起来，制定标准之所以被认为是最高级别的核心竞争力，是因为它赋予企业在市场、技术、品牌和战略等多个层面的长期主导权和控制力，使企业能够在高度竞争的市场中持续占据领先地位。

既然制定标准是核心竞争力，那么能够颠覆现有的标准，当然也能够成为核心竞争力，这是新企业战胜老企业、小企业战胜大企业的主要方法之一，也就是我们通常所讲的“改变游戏规则”。新技术或商业环境的重大改变、创新的商业模式，往往会出现颠覆现有标准、改变游戏规则的机会。如手机产品，实现从功能机技术向智能机技术的变革，苹果抓住了这次机会。

制定标准的典型代表有：微软、谷歌、甲骨文（Oracle）、戴比尔斯、农夫山泉、公牛等。

无论是参与制定法定标准，还是制定市场标准，都对企业提出了很高的要求，例如：市场占有率较高，企业实力与行业影响力较大，行业技术领先，有标杆技术人才等。因此，标准制定者是行业内绝大部分企业可望而不可即的，它不像强势品牌、成本优势、领先技术等核心竞争力那样具有普适性。

第二级：控制价值链

控制价值链主要包括：

控制稀缺资源：如戴比尔斯控制了全球钻石来源，农夫山泉取用国内十大优质水源，以及掌握某专业领域的稀缺人才（如稀缺的专家）等。

控制产业链的核心环节：如微软控制了PC产业的操作系统，英特尔控制了PC产业的核心CPU，阿斯麦（ASML）控制了制造高端芯片的光刻机。

控制销售渠道：如当年的国美占据家电与3C产品的销售渠道，阿里占据线上零售渠道，美团占据外卖渠道。

具有排他性或拥有稀缺权利：如分众传媒拥有全国大部分楼宇电梯广告位，让竞争对手难以进入，尤其是让对手无法接近其巨大的规模，其行业地位几乎难以被颠覆；热门汽车品牌的区域独家代理；与小区物业合作的排他性协议；证券公司稀缺的准入牌照。

控制最终用户：控制用户其实是垄断用户，广义的控制最终用户的手段包括形成强势品牌、领先技术、成本优势等，**狭义的控制最终用户通常指的是，通过提高用户的转化成本实现对客户的锁定。**例如：ERP、CRM等管理软件，用户的转化成本非常高；微信用户的转换成本也非常高，微信具有“护城河”，很难被对手颠覆；长期使用的手机号码的转换成本也非常高，拥有更多客户的电信运营商也拥有“护城河”（在携号转网政策实施后该“护城河”就慢慢变浅）。

所谓转换成本，就是客户从用A公司产品转向用B公司产品，需要付出的代价，通常高于为此省下的钱，两者之差就是转换成本。挖掘和构建转化成本的关键在于以客户的视角分析客户的转化代价和转换收益。**转换成本主要来自以下方面：**

①转换的风险。由熟悉的供应商、熟悉的产品换成新的供应商、新的产品，客户需要承担转换风险，对于高风险购买、高风险使用的产品类型来说，这种转换成本几乎是客户不可承受之重。例如：飞机发动机的关键零部件。

②客户已投入的成本。很多产品需要客户进行复杂的学习、培训，当客户积累了长时间的使用经验后，一旦转换品牌，客户需要重新做这些投入。典型的如企业管理系统、Photoshop、AutoCAD等。

③既得利益的损失。如果离开现有品牌，客户就会损失某些既得利益，例

如客户忠诚计划。如果客户离开，就会让客户失去会员资格与福利、积分等。

④带来一系列麻烦。如转换开户银行就会给企业带来一系列的麻烦（如通知所有的客户），更换手机号码会带来绑定各种支付账号、各种互联网账号的麻烦，更换CRM需要大量数据腾挪、可能带来录入出错等麻烦。

⑤客户的配套投入。对于很多企业的产品，客户除了购买产品外，还需要很多的配套投入，一旦客户转换品牌，又需要重新做配套投入。例如，更换Oracle数据库，就需要更换一系列配套的应用程序。

⑥非标（或专用）产品。对于非标产品，客户很难转换品牌。不同于Type-C接口，iPhone充电器的Lightning专用接口，让iPhone用户无法转换充电器；吉列剃须刀的专用刀片，让吉列用户无法转换耗材刀片品牌。

⑦深度介入客户经营管理的各个环节。一旦企业的产品或服务深度介入客户的各个经营管理环节，客户就很难转换原产品或服务。

控制产业生态：相比控制价值链的单一环节，拥有独立生态闭环的企业是一种对价值链的全面控制。微软就是控制生态的典型企业，基于微软的Windows操作系统，在全球累积了成千上万的应用软件开发商。竞争对手即使能够做出比微软更好的操作系统，也几乎无法颠覆微软，因为竞争对手要构建这样的产业生态，不但需要众多参与者的大量投入，而且需要很长时间。这种大量的投入、花费的时间和巨大的风险，让试图颠覆Windows的竞争对手望而却步。基于同样的道理，拥有安卓系统的谷歌、iOS系统的苹果、鸿蒙系统的华为都是产业生态控制者。

网络效应：网络效应是控制价值链的一种特殊形式，即随着网络节点的增加，网络的价值会呈现指数级增长而不是线性增长。网络效应能够给拥有较大网络的企业打造较深的"护城河"，给竞争对手树立较高的竞争壁垒。网络效应不但会体现在用户端（如微信），还可能体现在物流配送（对于拥有更多节点的物流企业，网络效应会带来更快的送达、更低的成本、更高的效率）。

控制价值链，有的体现在供给侧（如供应链优势），有的体现在需求侧（如控制销售渠道）。

第三级：强势品牌

名牌并不一定是强势品牌，不是所有名牌都具有"护城河"。小米是销量排名全球第三的智能手机品牌，在国内家喻户晓，在国外知名度也很高，然而小米并不是强势品牌，小米品牌并没有成为小米的核心竞争力。

强势品牌有三个核心特征：

①能锁定顾客，对顾客有垄断性。

②有定价权，客户不会因为一定程度的提价就转向竞争品牌。

③有溢价能力，卖的不是绝对性价比。绝大部分强势品牌都有很高的品牌溢价，其中奢侈品品牌、高端品牌都是典型。并非强势品牌都有高品牌溢价，可口可乐无疑是全球顶级强势品牌，但可口可乐产品并没有什么品牌溢价，而盈利能力依然很强。

强势品牌有三大核心作用：卖得好、卖得久、利润高，能给企业带来稳定、持续的高额利润。

值得一提的是，强势品牌具有抵抗负面风险的强大能力。真正的强势品牌，几乎不可能因为一两次负面事件而倒下，而非强势品牌则不然。可口可乐、麦当劳、特斯拉、奔驰等全球真正的强势品牌，在其发展的历程中都经历过无数次品牌危机，但每次都能幸存下来，是因为它们拥有真正强大的品牌。

然而，创建强势品牌却很不容易，主要是来自内外部各种因素影响：价格竞争的压力；短期业绩的压力；竞争者的扩张；市场与媒体的日益碎片化；复杂的品牌战略与架构；改变战略的偏好；多元化投资的冲动。

国内称得上强势的品牌，主要有茅台、华为、腾讯、字节跳动、阿里巴巴、农夫山泉、大疆、格力、公牛等。

第四级：技术领先

技术领先无疑是一种核心竞争力，但其竞争力强弱，完全取决于其领先程度和领先时长。如果技术持续领先两年以上，那么竞争对手就极难赶上，但如果只领先几个月，那么被竞争对手超越的可能性就很大。技术优势可以以专利和非专利两种方式存在。

绝大部分人会把技术领先排为第一核心竞争力，但为什么实际上技术领先排在制定标准、控制价值链、强势品牌之后呢？

因为相对于技术领先，前三者的优势的稳定性、持续性要更强。一个企业要实现持续技术领先是很难的，尤其考虑到技术变革带来的毁灭性风险，而强势品牌一旦建立起来，是很难被打败的。在全球百年企业中，持续技术领先的极少。

技术领先的企业代表有微软、英特尔、华为、强生、辉瑞等。

要保持持续的技术领先优势，构建牢不可破的技术“护城河”，主要有以下方法：

①进行持续领先的技术研发，让（抄袭的）竞争对手永远落后一代。

②通过申请专利建立壁垒，提高竞争对手抄袭的代价。

③用股份绑定核心技术人才。

④用同业禁止并附加巨额赔偿的方式防止竞争对手挖走关键技术人才，以及防止关键技术人才单干。

⑤用商业模式建立壁垒。例如：建立网络效应，构建需要投入巨大、周期很长的独有生态；提高客户转化成本，就像微软和微信。

⑥不同的环节让不同的人、部门或外包单位来干，提高抄袭的难度。

⑦通过实际使用或运作中的Know-How建立经验累积壁垒，要让产品技术达到最佳的使用效果，让竞争对手需要时间积累。

第五级：成本优势

成本优势排在核心竞争力模型中的第五级，主要是因为：

一是作为战略控制手段，相对于前四级核心竞争力，成本优势的控制力较弱。

二是成本优势的核心是提升效率。

三是对于价值型生意来说，成本并非核心优势。例如，对做奢侈品生意来说，成本优势并没那么重要。

很多人把规模效应单列为“护城河”，但我认为将其归类到成本优势更适合一些，因为规模效应的核心优势就是成本，除此之外，规模效应还能给企业带来很多价值：

①提高品牌影响力。大规模生产和广泛的市场覆盖可以提升品牌知名度和品牌美誉度，有助于企业建立强大的品牌形象。

②增强市场竞争力。通过实现规模效应，企业可以以更低的价格提供更高质量的产品，从而提高竞争力。

③增强议价能力。规模较大的企业在与供应商、分销商和其他合作伙伴谈判时，通常具有更强的议价能力，能够争取到更优惠的条件。

④吸引和保留人才。大规模企业通常有更多的资源和平台来吸引高素质的人才。

⑤强化供应链管理。规模效应使企业能够与供应商建立更紧密的合作关系，获得更有利的采购条件，优化供应链管理，可以提高整体运营效率。

实际上规模效应带来的以上这些价值，很大程度上可以归结为成本优势，或至少与成本优势相关。

成本优势主要来自效率，包括单一效率、结构效率、规模效率（规模效应可以看作是一种效率，就像供应链效率一样）。

无论哪种核心竞争力，哪类“护城河”，本质上都是控制力。控制力越强，核心竞争力就越强，“护城河”就越深。制定标准是控制标准的能力，控制价值链是控制产业上下游的能力，强势品牌是控制消费者的能力，技术领先是控制技术的能力，成本优势是控制成本的能力。后面讲到的“5+2竞争力扩展模型”中的创始人及核心团队、企业文化与制度流程是企业的内控能力。

使用五级竞争力模型需要特别注意以下五点：

①行业差异。对于不同的行业，五级竞争力排序可能有差异，而且还会随时间的推移发生变化。对于技术型行业来说，领先的技术通常是最重要的核心竞争力；对于快销品行业来说，品牌通常就是最重要的核心竞争力。

②变化性。在行业发展中群雄并起之时，Windows和微信的核心竞争力是领先的技术，随着Windows和微信占据统治地位，其最重要的核心竞争力并非技术，而是网络效应、转换成本和庞大的产业生态，也就是说竞争对手即使能够在技术上超越Windows和微信，也几乎无法打败或超越它们。

③不可教条化。五大核心竞争力的排序虽然符合一般商业情况，但排序本身也与竞争力本身的强弱有关，因此使用时不可教条化。因为每种竞争力本身有强弱之分，如果某一竞争力特别强，它就可能超过较弱的上一级竞争力，例如一个拥有长期、绝对、显著的总成本优势的企业，完全可能超过一个只拥有一般强势品牌核心竞争力的企业。

④组合力量。以上核心竞争力的结合，能够指数级提升企业的整体核心竞争力。例如：可口可乐之所以百年第一（如果没有健康潮流的影响，可口可乐很难没落），其根本原因就是“强势品牌（锁定用户）+成本优势（规模效应）”，这种核心竞争力的组合，成就了可口可乐的百年统治地位。

⑤企业发展阶段。不同的企业成长阶段，适合发展不同的战略力量（核心竞争力）。初创期的企业适合寻找稀缺或垄断资源、反向商业模式、在某个细

分领域的领先技术。成长期的企业适合规模效应与成本优势、转换成本、网络效应。成熟期的企业适合强势品牌、系统竞争力。

“5+2”竞争力扩展模型

五级竞争力模型阐述的只是企业在业务与经营板块的核心竞争力，如果加上企业在组织与管理板块的两个核心竞争力：创始人与核心团队、企业文化与制度流程，就是“5+2”竞争力扩展模型（图4–3）。

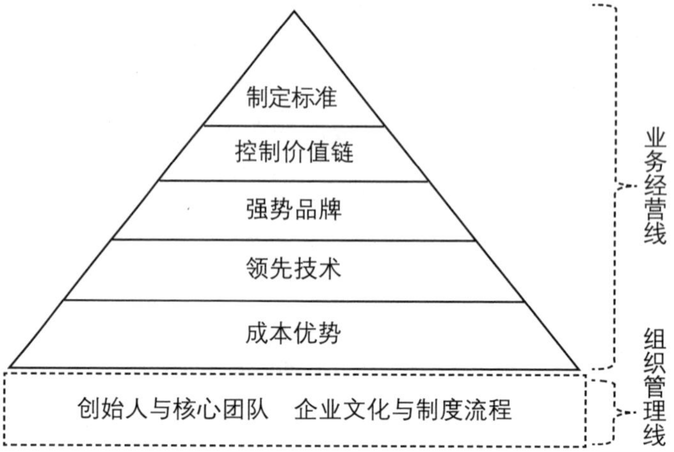

图4–3　“5+2”竞争力扩展模型

如果说业务经营线的五大核心竞争力是“果”，那么组织管理线的两大核心竞争力就是“因”。

实际上，对于绝大部分中小微创企业来说，创始人通常都是公司最重要的核心竞争力，因为企业的一切归根结底都是由他塑造和决定的，创始人的认知及核心能力往往就是企业的天花板。

企业文化与品牌一样，虽然看上去都很“虚”，且打造起来又难又复杂，但实际上最管用。长期经营不错的企业，通常都有一套不错的企业文化。段永平投资的时候，就特别看重企业的文化。制度（包括流程）与文化是高度相关的，文化很大程度上要通过制度去实现，而制度同样反映了企业的文化。

系统竞争力

以上七大核心竞争力，很大程度上是从“要素”角度描述企业核心竞争力，实际上从系统论角度来看，还有一类非常重要的核心竞争力，叫作系统竞争力，这就是我们经常说的，“企业是一个系统打败另外一个系统”，只是因为系统难以描述和传播，再加上人类认知的偏好“总喜欢把事物进行简单归因”，所以系统竞争力并没有成为一种显性知识，但这丝毫不代表它不重要，也否认不了它是普遍存在的。

很多企业，从哪方面来看似乎都不突出（比如产品、品牌、规模、垄断资源、技术、创始人等），但是持续盈利能力却很强，这种企业通常就是拥有系统优势的企业。这个复杂的系统，可能涉及企业文化、制度与流程、战略合作伙伴，以及外人看不见的、很多内部人员都不完全知道的一系列Know-How，最重要的是这些要素的有机连接。这种系统优势通常来自长期积累、经验曲线效应、高效的知识管理、持续的经营管理优化。丰田的精益管理是一套复杂的经营管理活动，背后涉及文化、制度、流程、供应链等的有机连接，可以看作是系统竞争力。

时间壁垒

在五级竞争力之外，还有一类容易被忽略的隐性竞争壁垒，那就是时间壁垒。当然，时间壁垒并不是独立存在的，也就是说核心竞争力往往与时间维度相关，这是先发优势、持续领先优势、时间积累的优势（如系统竞争力），在领先技术领域或需要循序渐进而无法省略步骤的领域，这种时间壁垒表现得尤为突出。英特尔因为技术持续领先，让竞争对手很难超越它；快时尚品牌ZARA快速、持续推出新品，让竞争对手很难赶上；Ⅲ类医疗器械技术持续领先的企业，让竞争对手很难追上，那是因为产品研发需要一定的周期，产品研发成功后临床试验需要不短的周期，产品推出市场后让客户接受还需要一定的周期（尤其考虑到医疗本身的高风险性，即使产品通过了临床试验，客户也较为谨慎。相对于已被市场检验多年并形成品牌与规模优势的在位企业，新进入者在这方面的劣势非常明显），仅仅是这三个必须经过而无法省略的周期，就让新进入者承受很大的前期亏损和长期投资风险，这就是为什么但凡有技术含量与研发能力的医疗设备企业，其毛利率、利润率、ROE都很高。

不少人可能会疑惑，为什么我们平时最常提到的产品却不是核心竞争力呢？

因为在各行各业产品高度同质化的今天，即使你的产品有某种差异化的竞争优势，如果这种优势不是建立在其他核心竞争力的基础之上（如领先技术、强势品牌等）的，这种优势能够维持的时间往往极其短暂，因为竞争对手很快就能抄袭复制你的产品，更何况绝大部分产品都有明显的产品生命周期。所以，把产品作为核心竞争力，是不稳固、不持久的，这就是我不把产品单列出来作为核心竞争力的主要原因。

核心竞争力不但让企业能够持续赚钱，还能够让企业很值钱（注意：这两个概念并非总是完全一致，亚马逊持续亏损13年，股价却持续上涨，根本原因就是亚马逊具有核心竞争力，虽然暂时亏损但能确保其未来持续盈利）。纵观A股二十多年，但凡股价能够持续上涨，都是拥有很强核心竞争力的上市公司，其中最典型的就是茅台。

关于核心竞争力之五级竞争力模型，这里分别举产生过中国首富企业、世界首富企业的例子：一家是钟睒睒的农夫山泉（产品同质化的非技术行业），另一家是比尔·盖茨的微软（高科技行业）。

案例一：农夫山泉

这是一家被认为没有技术门槛、产品高度同质化的卖水公司。2022年，农夫山泉的销售额不过330亿元，利润却高达85亿元，为什么农夫山泉的市值高达5000亿港元，“吊打”所有房地产企业和九成以上高科技公司，而且其估值常年维持在70倍以上，远超绝大部分高科技企业？

因为一切企业的长期、稳定、持续盈利，以及企业高估值水平，背后的核心支撑一定是企业的核心竞争力。农夫山泉的核心竞争力具体分析如下：

（1）制定标准

农夫山泉是瓶装水的标准制定者，这可能出于一般人的意料，因为在很多人看来，只有技术类行业才有行业标准之说。农夫山泉制定标准主要体现在两个方面：

①农夫山泉是瓶装水（包装饮用水）国家标准的核心起草单位。瓶装水（包装饮用水）主要为饮用天然矿泉水、饮用天然水、饮用纯净水（还有饮用天然泉水、其他饮用水）。农夫山泉几乎独占“饮用天然水”这一类，这类标准几乎为农夫山泉“量身定制”，其主要竞争对手怡宝、娃哈哈、康师傅均为饮用纯净水，而饮用天然矿泉水的“龙头”百岁山市场份额不到10%。

②消费者认可的标准。真正起决定性作用的终极标准是消费者的认知标

准，因为在消费者的认知中，农夫山泉的饮用天然水比其主要竞争对手的饮用纯净水更好、更健康，而农夫山泉的饮用天然水具有坚实的有形证据，因为国内最好的大型天然水源都在农夫山泉手中。

（2）控制价值链

农夫山泉对价值链的控制主要体现在：

①控制稀缺资源。农夫山泉通过早年以及后来持续布局全国优质、知名、稀缺的饮用水源地，拥有价值链的顶端稀缺资源，让竞争对手很难撼动它的行业龙头地位。从2000年开始，农夫山泉宣布不生产饮用纯净水，只生产饮用天然水。从那时开始，农夫山泉持续布局全国优质水源地，包括千岛湖、长白山、万绿湖、天山玛纳斯等10大优质水源地。

很多人可能会说，这有什么难的，其他竞争对手一样可以这么做！

如果你这么认为，那说明你并不了解这个行业。全国大型优质水源地并不多，属于稀缺资源，有名的就更少，农夫山泉因为战略眼光与定位，很早就开始布局全国大型优质水源地。

不仅如此，自从相关法律实施后，大型饮用水源使用的审批难度大，审批周期需要3～5年，这让很多缺乏战略规划与耐心的竞争对手望而却步。除此之外，代价越来越高，饮用水源的商业开发需要进行公开招标、拍卖、挂牌，前几年长白山的一处饮用水源拍卖，价格高达1.7亿元，而且开发使用企业每年还要拿出收入的4%作为资源补偿费。

②控制销售终端。在控制价值链方面，农夫山泉除了具有源头稀缺资源外，还掌握庞大的销售渠道和销售终端。农夫山泉在全国有4000多个经销商，300万个销售终端。

（3）强势品牌

记者出身的钟睒睒深谙营销与品牌之道。农夫山泉打击竞争品类饮用纯净水的著名“水仙花实验”“农夫山泉有点甜”“我们不生产水，我们只是大自然的搬运工”都是非常经典的营销案例。经过二十多年的品牌积累，农夫山泉已经牢牢占据瓶装水品牌第一的地位，优质的水源和强势的品牌让农夫山泉拥有比主要对手更高的品牌溢价。

（4）成本优势

农夫山泉的成本优势主要体现在：

①瓶装水重、售价低，水的运输成本占总成本的比例高，因此普通售价的瓶装水运输半径不能超过500km。而农夫山泉通过多年在全国东南西北中的全方位布局，已经能够满足运输半径500km以内的要求，这为农夫山泉带来了巨大的运输成本优势。

②饮用天然水的成本几乎与饮用纯净水相当或略高一些，但消费者能够接受的饮用天然水的市场售价却比饮用纯净水明显要高。

③农夫山泉的大型水源基地获取时间早，水资源购买成本相对比较低。

④农夫山泉作为市场份额最大的品牌，拥有较为明显的规模效应，这种规模效应不仅带给农夫山泉在经营管理各个环节上的成本优势，还带给农夫山泉以下价值：增强品牌与市场的影响力，增强与利益相关方的议价能力，吸引优质合作资源，构建竞争壁垒。

农夫山泉的成功，应该能够给普遍同质化的非技术型企业带来重要启发。

案例二：微软

比尔·盖茨曾连续13年占据全球首富宝座，微软成为全球盈利最多、市值最高、品牌价值最高的企业之一，即使PC行业没落，但微软市值仍居全球第一（2023年6月4日为3.1万亿美元）、利润位居全球第三（2023年为724亿美元）、品牌价值稳居全球第二（2024年为3404亿美元）[1]。其根本原因就在于微软拥有超强的核心竞争力。

用五级竞争力模型来解释，微软的五级竞争力表现如下：

（1）制定标准

微软无疑是PC行业软件标准的制定者，不但定义了全球PC操作系统的Windows标准，而且定义了所有运行在Windows之上的应用软件的标准。除此之外，微软的Office定义了全球办公软件的标准。

（2）控制价值链

微软对价值链的控制主要体现在以下方面：

①上游：核心技术掌控。操作系统和核心软件：Windows和Office长期占据

1　根据 Brand Finance 发布的数据。

统治地位，成为用户使用电脑的必备软件，牢牢掌控软件生态系统的入口。

云计算平台：Azure作为全球三大云计算平台之一，提供从IaaS（基础设施即服务）到PaaS（平台即服务）再到SaaS（软件即服务）的全面服务，为企业数字化转型提供基础设施。

②中游：强大的开发者生态。开发者工具和平台：Visual Studio、NET Framework等工具和平台，为开发者提供了便捷的开发环境，吸引了庞大的开发者群体，形成了强大的软件生态系统。

开放API和SDK：通过开放接口，鼓励第三方开发者基于微软的技术平台开发应用，丰富了微软产品的功能和应用场景。

③下游：多元化产品和服务。硬件产品：Surface系列产品涵盖了笔记本电脑、平板电脑等多个品类，与软件产品形成协同效应，提升用户体验。

企业级服务：为企业提供云计算、人工智能、数据分析等解决方案，帮助企业实现数字化转型。

游戏娱乐：Xbox游戏主机和游戏订阅服务，为用户提供丰富的娱乐体验。

④并购整合，控制完整生态。战略性并购：通过并购GitHub、领英（LinkedIn）等公司，微软不断完善自身生态系统，拓展业务边界，巩固行业领先地位。

⑤转换成本。微软用户的转换成本非常高，包括高昂的学习成本、强大的软件生态、数据绑定和迁移成本等。

⑥网络效应。微软的网络效应主要体现在操作系统和软件生态的良性循环、企业级产品的网络效应、云计算平台的规模效应、开发者生态的良性循环等方面。

（3）强势品牌

根据Interbrand（2022）全球品牌价值排行榜，微软品牌价值排名全球第二，仅次于苹果，而且常年排名全球前十。

（4）技术领先

微软的技术领先优势主要体现在：

①Windows操作系统。

②Azure云计算平台。

③生产力工具和企业服务。Microsoft365：整合了Office办公软件、Teams协

作平台、Exchange邮件服务等产品；Dynamics365：微软的企业资源计划和客户关系管理解决方案，帮助企业整合业务流程，提升运营效率。

④人工智能和机器学习，包括Azure AI平台、人工智能研究。

⑤游戏和硬件，包括Xbox游戏主机和云游戏服务、Surface硬件产品。

（5）成本优势

微软作为一家标准软件公司，边际成本几乎为0。“软件V1.0”版开发出来后，主要成本基本就固定了，之后只需投入少量人力，进行软件版本升级，卖出去多少都不会增加其成本，这是由微软标准化软件的行业特征决定的。

通过上述分析不难看出，微软不仅拥有全部五级核心竞争力，而且在每一级核心竞争力中的表现都是全球领先的。全世界极少有公司能有微软这样强的核心竞争力。微软在其主要业务Windows和Office上几乎垄断，这是连苹果公司都无法相比的。

05 商业信任：信你，商业至少成功了一半

企业所做的一切，都不如顾客信任这一点。

——作者

信任为什么如此重要？

信任，不仅是人际关系融洽之道，也是最重要的商业共性规律之一，无论怎么强调其重要性都不过分。顾客信你，生意至少成功了一半；不信你，说得天花乱坠也没用。信任一个商品，顾客就会放心购买它（商品层面的信任）；信任一家企业，顾客就会无条件支持它，成为品牌的忠诚顾客（企业层面的信任）。

于商业而言，信任有五个主要作用：①降低交易成本；②促进成交转化；③提高商品溢价能力；④赢得顾客忠诚；⑤增强企业抗风险能力。

先分享一段我的亲身经历。

在我硕士毕业那年，宝洁公司到中山大学做校园招聘。在宣传海报上，我看到“P&G在全球拥有7000多名科学家、5000多项专利”，这条信息让我非常震撼，印象深刻。看似不起眼的信息，让我在之后的十多年一直坚持使用宝洁

公司的产品，因为它让我相信拥有如此多科学家和专利的宝洁公司，做出来的产品一定是市场领先的、质量好的、安全可靠的，这就是信任的威力。

总结三点实用知识：

①营销的最高境界，就是不像营销。消费者对营销普遍反感、不信任。潜移默化、“润物细无声”、“于希声处闻大音，于无形处观有形”，这种不像营销的营销，才是最好的营销。很多消费者一直支持华为和宝洁，从来都不是因为它们花了数以亿计的广告费，而是因为那些看似不像营销的动作（如著作《炼狱》《以奋斗者为本》《华为公司基本法》等）让他们产生了信任。

②专业（学科、行业、领域、语言等人为划分与规定也一样）会限制人类的思维，它们会把普遍关联的连续世界人为地割裂开，把人的思维局限于既定的边界内，而不是聚焦于解决问题本身。就像上述例子一样，看似只是人力资源部门的招聘行为，结果却起到了营销的作用，只要它能促进商品的销售和品牌力的增强。至于它称不称为营销，其实并不重要。

③我总是喜欢反思自己作为一个消费者的想法和行为，这让我获得了很多有价值的商业知识，毕竟“人同此心，心同此理”。在此特别提醒：这个方法虽然非常好用，但是也要避免错误地“推己及人”，例如：我见过一些企业家总喜欢把自己的消费心理和行为直接套用在企业产品的普通消费者身上，导致决策失误。

过去确实有企业靠不诚信获得了财富，但是在互联网让信息越来越透明、社会越来越法治、不诚信的代价越来越高的今天，人设崩塌的企业家或企业比比皆是，**诚信（于己的要求）与信任（于他的结果）比任何时候都显得更重要**。从企业的本质到商业的信任，我始终都提倡正确的盈利观、财富观，倡导企业珍视声誉、持续经营，反对靠歪门邪道、坑蒙拐骗、违法违规去获得利润与财富。

然而，信任受到的重视程度显然与其地位不匹配。显而易见的是，极少有企业把信任作为一个系统性课题来研究和对待，即使是那些从事“信任型生意”的企业，那些号称把诚信作为企业核心理念的企业。当然，**缺乏系统性的理论与落地工具（商业模型），也是重要原因之一。**

为什么企业要把信任上升到比战略更高的层次，把它作为企业的核心价值观或企业理念？因为它不但极其重要，而且很难获得。商业最难的就是获取顾客信任，任何商品及其背后的企业，都是通过宣传推广等方式和渠道传达给顾客的，而消费者对于企业宣传的内容是否相信，很大程度上决定了交易能否达成。

信任型生意

虽然信任是普适的商业共性规律，顾客的信任对所有企业都很重要，但是在不同的行业，信任的价值还是有很大差异的，对于以下类型的生意（信任型生意），信任与否几乎是决定企业成败的关键：

①服务型行业。一方面，与产品在购买前能够看到实物不同，服务型行业的顾客在没有接受服务前，是完全不知道服务是怎么样的；另一方面，与标准化，甚至高度同质化的产品不同，不同企业提供的服务差异很大，体验和效果差异也很大。例如，在商业咨询行业，不同的咨询公司提供的服务及其效果的差异极大，客户的信任是关键。

②顾客购买风险（试错成本）很高的行业。对于ERP、CRM等行业产品，顾客的购买风险或试错成本就很高，一旦选定之后转化成本很高，所以，在这样的行业中，客户倾向于选择可靠性、安全性更高的头部供应商。

③专业或信息严重不对称的行业。医疗行业是购买风险很高的行业，因为它会影响患者的健康甚至是生命。一些医院面临信任风险是因为患者认为医院是为了盈利，而不是为患者省钱。造成这种现象的根本原因，在于医生与患者的专业性完全不对等。医院只要解决了信任问题，至少解决了一半以上的生意问题。

④高价值的产品。对于低价值的商品，顾客的购买风险低；对于高价值商品，顾客的购买风险高。顾客的信任能够对促进这种高价值购买起到重要的作用。

⑤长期使用且对售后服务依赖性高的商品。为什么新能源汽车会呈现出比亚迪、特斯拉两家强者恒强、远超其他竞品的局面？就是因为高价值、长期使用的汽车对售后服务的要求很高。未来的售后服务保障、车企的预期寿命，都是顾客选择新能源汽车品牌的重要考量。消费者普遍知道很多造车新势力、传统车企的新能源业务可能会倒闭，但他们普遍相信比亚迪、特斯拉这两家企业一定不会被淘汰。

⑥见效周期长的商品。很多商品，在顾客购买时很难判断其功效，短期使

用也很难判断功效，信任就成为顾客选择的关键。

如果企业做的是信任型生意，那么构建信任就应该成为企业战略的一部分，是一个涉及面很广的长期系统性工程。

商业模型一：麦肯锡·唐信任公式

关于如何建立人与人之间的信任，目前最好的模型（实际上也是唯一全局性模型）就是麦肯锡信任公式，即信任=（可信度×可靠度×亲密度）/自私度。与福格行为模型一样，它是一个还没有被广泛应用到商业上的极为重要且实用的商业模型。

关于如何建立信任，一直缺乏简单好用、易于记忆和传播、内涵全面又深刻的商业模式。虽然市面上有不少相关著作介绍，但过于零散、片面，缺乏全面、系统性的落地模型，而麦肯锡信任公式正好弥补了这一不足。[1]

麦肯锡信任公式是一个普适的思维模型，如果把它用于商业领域，我认为把其中的“可信度”改为“专业度”更合适，因为人与人之间的信任不一定与专业度有关，但商业一定与专业有关，而且对很多人来说，似乎可信度与可靠度之间含义有重叠，不太好区分。所以在商业领域中，我把它调整为麦肯锡·唐信任公式：

商业信任=（专业度×可靠度×亲密度）/自私度

专业度

在商业领域，越专业给人越可信的感觉，无论是对客户、消费者，还是对渠道商、合作伙伴。所以企业或品牌都不断强调自己的专业性，并用研发技术、专利数量、人才优势、获奖、资质、先进工艺、更好的材料、各种权威检测报告、专家或权威机构背书等各种方式，让客户觉得企业或产品更专业。

1　让一个事物流行的有效方式之一，就是让其从纷繁复杂的、因人而异的各种“术”中摆脱出来，开发出有确定性共识又很简单、易传播的概念、模型（器），所有能够流行起来的概念、理论概莫能外。

可靠度

专业的人不一定靠谱。一个专业的医生或商业顾问，做人却不一定靠谱。所谓可靠度，是指一个人或组织靠谱的程度，靠谱就是有责任感，说到做到，有始有终，有良心，让人放心。企业或个人越靠谱，就越可信。靠谱一方面是通过侧面判断的，一般人认为口碑越好（如电商的好评）越靠谱，企业形象越正面越靠谱，企业规模越大、实力越强越靠谱，广告越多越靠谱，等等；另一方面是通过在交往或合作过程中对企业产生的靠谱印象，例如答应的事情每次都能做到，守时、良好的售后服务。

亲密度

所谓亲密度，就是关系越亲密，越容易产生信任感。我们对于关系最亲密的父母最信任，对于关系最远的陌生人最不信任。因此，一个获得信任的很好的方法就是尽快与顾客建立更亲密的关系。优秀的销售人员都深谙此道。

获得亲密感的方法很多。J.C.卡尔森在其著作《像间谍一样思考》中讲述了很多好方法：开启一些与他（利益）有关或他感兴趣的话题，增加接触频次并规划每次接触让关系更进一步，有意向对方袒露自己的一些私生活或秘密，设计能够让彼此持续见面、联系的理由（也就是“放钩子”）……

实际上，亲密度基本上可以等同于友谊。杰克·谢弗在其著作《像间谍一样观察》中提出快速建立强有力的友谊的公式，即

友谊=趋近度×频率×持续时间×强度

其中，趋近度指的是你和对方的距离，是建立关系的基本要素。即使一言不发，共处一个物理空间的两人更容易关注彼此，相互吸引。频率是指你和对方在一定时间内接触的次数。持续时间则是指你和对方接触的时长，增加接触频次和持续时间，要结合两个组合技巧“好奇心圈套”和“稀缺法则”。人总是会被自己无法轻易得到的人或物吸引，因此在发展关系的初期，你不应该随时无条件地迎合对方，一定程度上的不迎合，会让你显得更有神秘感和挑战性。所谓强度就是彼此关系随着量变的不断积累，需要临门一脚的质变事件产生飞跃。像间谍一样思考和行动来做销售，就是妥妥的降维打击，很难有搞不定的客户，这就像是把决定生死与国家命运的战争理论用到商业领域一样。

在互联网或私域环境下，徐志斌的《关系飞轮：用户亲密关系如何左右私域及未来增长浪潮》在提升亲密度、可信度方面也值得借鉴。他提出用“我很可信”“我很可爱”“我很可亲”三种策略，获得“四高”超级用户，即高转化率、高复购率、高分享率、高转介绍率的客户。

自私度

前面三个变量专业度、可靠度、亲密度都是分子，分子的值越大，则信任度越高，而最后一个变量自私度是分母，其值越小越好，也就是说，如果一个人或企业，给人感觉越不自私，越替他人考虑，就越能获得他人的信任，即**“利他是最好的商业模式”**。相反如果一个人或企业总是只站在自己的利益或立场上言行，导致说话不客观、夸大事实，那么就很难获得他人的信任。

降低自私度最好的方法，就是深刻理解企业的本质——打造利益共同体，而非眼里只有企业的利润，这是一切致力正道与持续经营的企业必须拥有的正确观念。老子在《道德经》中说，将欲取之，必先予之。企业要获得利益就得先考虑别人的利益，这样合作才能持续，有时候企业与他人的利益从短期来看有冲突，但是从长期来看却是一致的，前者是小聪明，后者是大智慧。降低自私度以获得他人的信任，完美地诠释了“小成靠智，大成靠德”的人生智慧。

降低自私度其实只需掌握一个重要原则，那就是换位思考。做任何事情之前，如果你都能换位思考，那么你离利他就非常近了。或者说，做任何事情时，你首先考虑这件事情对他人有什么好处，而不是首先考虑对自己有什么好处。

那么，如何通过麦肯锡·唐信任公式的“四度”来构建商业的信任呢？

关于如何提高亲密度、降低自私度，上文已经简述，在这里不再深入，而是重点讲如何提高专业度、可靠度。关于同时提高专业度和可靠度，既重要又缺乏相应的全面、实用的商业模型，为此我开发了有形证据体系。

商业模型二：有形证据体系

绝大部分产品，尤其是服务，在顾客没有购买或使用前，其实顾客并不真正了解产品和服务，这时候顾客就只能根据企业提供的有形证据体系，决定是否相信企业，从而决定是否购买企业产品。在消费者普遍对自吹自擂的广告宣传产生“免疫”的现实情况下，如果缺乏相应的有形证据，消费者是不会相信企业的，这样广告宣传就白做了，推广的钱也白花了。

能同时提高专业度和可靠度的最好的工具，就是有形证据体系。

有形证据体系是梳理系列卖点和说服顾客的一整套话术，也是广告宣传内容的主要来源，更是广告语创意的主要来源。只要掌握了有形证据体系，系统性地梳理产品卖点、给销售人员的整套话术、广告宣传内容的诉求指引，就有了说服顾客、获得顾客信任的一套完整指南。

这里需要特别说明的是，有形证据体系应该是言行一致的，它不只是企业用来获取他人信任的一套说辞，也是企业“说到做到”的一套行为规范，前者是于人的结果，后者是于己的要求，从而达到诚信与信任的和谐统一。

部分企业与从业者或许懂得这个道理，也知道其中的一些有形证据，但真正全面、系统掌握有形证据体系的企业或从业者却极少。我提供过咨询服务的企业几乎都没有充分挖掘或充分利用有形证据，更别说为了说服顾客、建立客户信任、提高销售转化率，梳理出完整的有形证据体系。正是基于这一普遍现实情况，我用有形证据体系，帮助过很多企业快速提升了销售转化率，不但如此，有形证据体系还帮助很多企业提高了毛利率，因为有形证据体系可以帮助企业提高品牌的溢价。

有形证据体系主要包括以下十个方面：

①顾客评价：电商平台已购买顾客评价、知名客户和消费者证言等。

②样板工程或典型案例：服务过的知名企业或项目、标志性的样板工程、成功的案例、服务客户的数量等。

③行业地位：行业公认排名、行业标准制定参与者、权威协会成员等。

④企业规模与历史：包括员工数量、资产规模、经营场所规模（办公室、工厂等）、企业已经营年限等。

⑤技术与研发实力：专利技术数量、领先的技术、研发人数、权威领头人与专业技术人员、研发费用等。

⑥荣誉与资质：国内国际大奖、官方排名、ISO标准、3C认证等。

⑦销售与渠道实力：年销售量或销售额、市场占有率、连锁店数量、全国或全球性销售网络等。

⑧可感知、易证实的产品优势：权威检测报告、易展示的产品效果、产品款式外观颜值、成分与来源等。

⑨服务优势：超出行业平均的保修年限、承诺售后服务响应时间、本地化

服务网络等。

⑩广告宣传：在知名媒体投放广告、权威媒体报道、知名代言人或权威专业人士背书等。

案例：某连锁医疗机构

在所有的行业中，医疗服务业是对信任要求很高的行业，因为：①医疗服务对于患者顾客来说，完全是外行，医疗机构或医生是否可信于患者而言极为重要；②医疗服务涉及患者的健康与生命安全；③医疗服务是典型的服务型行业（即使有药品产品的配合，患者也无法判断药品本身的作用），在治疗之前患者无法判断服务的效果，尤其是慢病，需要较长时间才能看出效果，而且很多医疗服务的费用都很高。总之，医疗服务的购买风险高，试错成本高，购买价格高，而且造成的后果不可逆，所以信任就是医疗行业的北极星指标、核心引擎和成功关键要素。

本案例就是我曾服务的一个连锁医疗机构。我运用麦肯锡·唐信任公式，帮助该连锁医疗机构快速并持续提高业绩，具体措施如下：

采用有形证据体系，在提高专业度和可靠度方面：

①知名高级医生数量和主要医生的全方位包装与宣传。

②从公司获得的主要荣誉与资质方面宣传公司。

③宣传公司采用的先进医疗仪器、优质的医疗材料。

④公司通过背景音乐、照面灯光设计等手段，缓解患者紧张情绪，让患者在整个医疗服务体验中都有好心情，强化公司在细微处的专业性。

⑤从公司发展的长期历史、连锁医院数量、累计接待病人数量、企业总和实力等方面宣传企业。

⑥通过服务好现有患者，以口碑影响老客户身边的人，并用各种手段鼓励他们分享给身边的人。

⑦提出令人感动的极致化服务理念，并将它们落实到经营管理的每一个环节。

⑧将公司在网上和线下的好口碑、好评价进行宣传。

⑨改变医生的OKR（目标与关键成果法），将考核医生的核心指标由之前的医生服务患者的营业收入提成，转变为医生的点诊率，让医生从重视一次性

收入，变为通过优质的医疗服务、良好的患者手术体验，留住老顾客并形成好口碑的良性循环，从而获得持续性的收入。

⑩公司推出患者投诉制度，并对患者的如实投诉进行奖励。

⑪员工对每件事情，尤其是对患者，必须说到做到，从不做任何过度或虚假承诺。

在建立亲密度方面：

①通过系统梳理与患者的所有接触点，争取每次接触都建立好感，增进关系，并创造更多的接触点、提升接触频次。

②通过培训，让医生、医助等与患者接触的工作人员，掌握与患者快速提升亲密度与建立友谊的各种方法。

③建立顾客定期回访制度，并提醒患者日常生活中应该注意的事项。

④引导、鼓励患者与治疗医生、导医之间添加联系方式，建立更亲密的个人关系。

⑤建立顾客微信群与企业微信，保持定期沟通，发布对他们有价值但不打扰的信息。

在降低自私度方面：

与所有实体店都是基于物理范围的生意一样，3km辐射范围内的潜在顾客数量是有限的，失去一个就少一个，口碑与重购率就是持续经营的生命线，不能做鼠目寸光、杀鸡取卵的事情。为此公司必须全面导入利他文化，全面践行打造利益共同体的企业本质，这是一个系统工程，以下只是部分举例。

①建立利他的企业文化，公司只赚该赚的钱，公司赚钱的前提是提供给了患者满意的医疗服务。

②在效果差距不大的情况下，给一般病人推荐省钱的治疗方案，给高端顾客推荐高价治疗方案时，也如实告诉患者两者的性价比差别。试图愚弄患者，一旦被发现就会永远失去患者及其身边的人，这样是不能长久的。

③从患者利益角度出发，在手术后免费赠送一些对术后恢复有帮助的商品给患者，而不是在成交前赠送，给患者公司或医生是真正地为他的利益考虑的感觉，而不是为了引导成交赠送。

④教导员工思考问题首先一定要站在客户的利益与立场，说话客观，而不能为了成交、为了提高收入，欺骗患者。

⑤公司经常组织一些义务劳动，以及对重大灾难的捐款等公益活动，并进行广泛宣传，树立企业良好的社会形象。

基于麦肯锡·唐信任公式的信任体系落地一年后，客户满意度、重购率、推荐率有了大幅度的上升，尤其是点诊率提高了320%，公司营业收入和利润的增长率均超过了35%。公司利润增长了，就能给员工带来更好的薪酬福利，企业业绩和员工薪酬的增长就能让员工相信这套信任体系及其相关的企业文化（我认为企业文化就是打胜仗的文化，一种文化只有能够不断地打胜仗才能让员工相信和践行，否则文化再好也没人信），这种信任企业文化又会进一步地激发员工去提升企业的“信任力”，并形成信任（顾客）、业绩（企业）、薪酬福利（员工）三者的良性循环。

06　产品的本质：产品与营销策划的核心逻辑

不懂产品的本质，既做不好产品开发，也做不好产品营销。

——作者

谈产品的本质，首先必须谈需求，因为需求是一切生意的起点和终点，也是产品的核心价值指向。企业的产品策划，以及在经营管理的每一个环节构建顾客总价值体系时，一定要以顾客的需求为起点。很多时候企业理解的顾客价值与顾客的需求是不匹配的、错位的。企业一切经营管理的目的和终点，都是满足顾客的需求。

在所有的经营管理中，对需求的理解与把握可能是最重要的，而且是最难的，只因为需求就是人性，人性是最复杂的。顾客需求与顾客价值，为一体两面，满足顾客需求是目的，提供顾客价值是手段，也就是说商品通过提供顾客价值来满足顾客需求。

谈到需求，就跳不过经典的马斯洛需求层次理论。关于马斯洛的需求层次理论，在本章“商业人性”中有详细说明。

单独说需求，可能大部分读者会觉得太理论化，因此我把（目标客群的）

动机、产品、能力、场景这四个环环相扣的环节（前三者构成了需求，在这里动机指的是需要而非需求）连接起来，使读者能够清晰地理解它们之间的关系，并明白客户的需求是如何通过产品、场景，最后实现购买的整个逻辑过程。动机、产品、能力、场景这四者之间环环相扣的逻辑关系，就是购买三角模型。

购买三角模型：B=MMAP

购买三角模型，是福格行为模型（B=MAP）带给我的灵感。

福格行为模型揭示了人类行为的共通逻辑，是人类行为背后的奥秘，即人类的一切行为都可以被拆解为动机、能力、提示这三个要素，分别对应“我想做”“我能做”“我去做”，用公式表达就是**B=MAP**，其中B为Behavior（行为）、M为Motivation（动机）、A为Ability（能力）、P为Prompt（提示）。

把福格行为模型应用在顾客购买行为上，就是福格行为模型在商业上的应用，只是有两点需要说明：

一是人类的行为并不一定非要借助商品这一外物才能实现（例如早起跑步、拜访朋友），如果动机需要借助（购买）商品才能实现，那么这一行为就变成了购买行为。在福格行为模型中只要加入商品这一要素，自然就变成了顾客购买行为的模型。

二是福格行为模型中的Prompt（提示），在商业语境中就是我们常说的“场景”。

由此，得出四位一体（动机、商品、能力、场景）的购买行为公式：

$$B=MMAP$$

B就是Buy（购买行为），第一个M还是Motivation（动机），第二个M是Merchandise（商品），A还是Ability（能力），P还是Prompt（场景或提示）。

我把这个模型称为购买三角模型（图4-4），这是一个通用的购买模型，是所有企业或商业从业人士应深刻理解的。

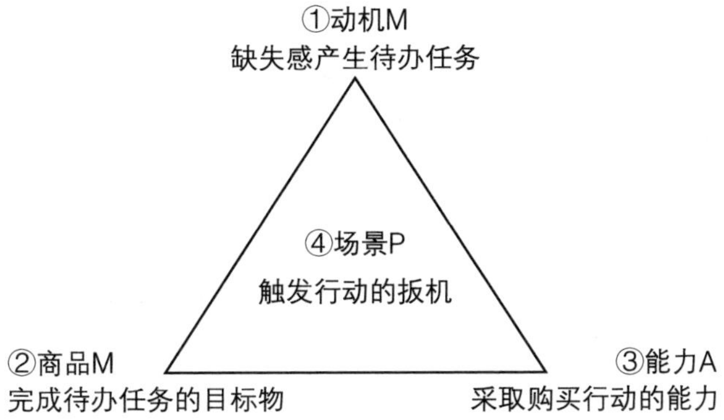

图4-4　购买三角模型：B=MMAP

此模型的意思是，**顾客购买一个商品，会经历如下四个步骤：**

①顾客必须先有行为的动机，即有某种缺失感，有需要解决的某个问题，缺失感或需要解决的问题就形成了顾客的待办任务。

②有了待办任务后，顾客需要想到或搜寻合适的商品，来帮助他解决问题，填补缺失感，完成待办任务，以满足需求。

③有了需求、找到目标商品之后，顾客还需要有能力完成这个购买行为，此能力并非只是金钱的购买力，还包括购买的方便性、交易成本等各种购买障碍，企业在这个过程中需要全方位赋能消费者的购买，消除其各种购买障碍。

以上三个条件都满足后，顾客就形成了需求，所以**需求就是顾客为了满足需要而产生的对特定商品的购买能力。**为了准确理解与沟通、避免概念混淆，再次指出，在此模型中（绝大部分专业语境下），需求并不是动机（或需要），就像在需求和供给中，需求是针对特定商品的，而且是有能力购买的。这与马斯洛需求层次理论中的需求含义是不同的。马斯洛需求层次理论的准确翻译应该是马斯洛需要（或动机）层次理论。

④完成以上三个步骤，并不能保证顾客一定会购买。在某种特定的场景（提示）下，顾客才会产生真正的购买行为。所有的广告宣传都是起这个作用的，为什么每次世界杯的直播中都会有可口可乐和啤酒的广告，而且有消费者开怀畅饮的画面？就是为了用这个画面场景来提示消费者喝可口可乐或者啤酒

来庆祝。[1]

接下来，对“购买三角模型：B=MMAP”中的核心概念进行说明。

①动机（需要）。

动机是基于人性的，是人有某种需要填补的缺失感，有某种需要，从而产生某种待办任务。所谓缺失感，就是理性与现实之差，想要与拥有之差。

动机或需要的底层，绝大部分时候并非是物质的，而是心理的、精神的、情感的，也就是说，物质或商品本身绝大部分时候并不是消费者的真实需求或底层需求，它们只是表象、工具、载体。

在马斯洛需求层次理论中，除了最低层次的生理需求或部分第二层次的安全需求（需要或动机。为了尊重习惯，仍用需求）外，其他层次的需求本质上都不是物质需求，而是心理的、精神的、情感的需求。

不幸的是，绝大部分企业或商业从业人士，把太多的精力聚焦在表面的物质（产品）需求上，而忽略了消费者的真实或更为底层的需求。

消费者购买一部手机，要的其实并不是手机本身这个商品实物，而是可以用来与他人联系交流（可能是联络情感需要、工作沟通需要等），可以用来拍照（可能是尊重需要），可以用来听课学习（可能是提升自己、实现自我价值）的工具，如果是购买iPhone，可能是满足优越感、时尚感、群体归属感等需求。在这些需求中，没有一个的真实或底层需求是物质或产品本身的，都是属于心理、精神、情感、自我表达等方面的需求。

②商品（产品）。

通过对动机或需要的分析，我们就很容易理解产品的本质了。

产品的本质：填补顾客缺失感、完成其待办任务、满足其真实需求的可选工具。

1　站在巨人肩膀上，充分利用前人在每个领域的“顶级智慧”，是我们成为某个领域高手的聪明做法。每个细分领域都有知识精华，问题在于绝大部分人并不真正知道它的存在，导致我们总是用自己的经验、知识、认知去找解决问题的答案，很多时候我们所谓的顿悟或费尽心思的研究成果，只不过是高手（掌握了该领域智慧与知识的人）的常识而已。在被公认的、经过检验的科学知识上进行二次创作、创新，才是效率和效益最高的做事方式，正如我借鉴经典的福格行为模型提出在商业领域应用的购买三角模型。除此之外，我还把麦肯锡信任公式做了微调，用在商业上，变成了更适用的“麦肯锡・唐信任公式”。

绝大部分情况下，产品本身只是消费者的表面需求（除非是饥饿时候的食物），而非消费者的真实需求或者底层需求，真实需求或底层需求往往不是物质化的产品，而是心理、精神、情感方面的需求。

③能力（顾客的购买能力）。

顾客的购买能力并非只是顾客的金钱支付能力，而是顾客采取购买行动的总成本和他可能存在的潜在购买障碍。听到总成本，你是否马上想到性价比中的“价”？没错！这里的总成本就是顾客为购买支付的总成本体系。（再次提醒：效率是企业视角的成本，总成本体系是顾客视角的成本）

在这个环节，企业能做的就是给顾客的购买行为全面赋能：顾客想买一辆奔驰E级，但预算不够，奔驰4S店给顾客提供分期付款服务，是一种赋能；餐饮店给食客提供的停车位，是一种赋能；超大型旅游目的地（或旅游城市）与航空公司合作，向游客提供低价机票，也是一种赋能。总之，顾客有需要但没购买你的产品，一定是因为其能力不足或存在某些购买障碍，只要赋能顾客消除这些购买障碍，顾客自然就购买了。

④场景。

我对场景的定义：

场景是需求的时空化、人格化，是顾客在什么情况下会接触、（考虑）购买或使用产品。品牌（或产品）与顾客的一切接触点，都是潜在的场景。场景主要包括宣传、购买、使用等场景，宣传和购买场景主要用于营销，而使用场景主要用于启发产品策划与开发。

顾客购买和使用产品最终都要在具体的场景中实现，这个场景包括三要素：时间、空间和顾客的特定需求。

某个星期天的上午，你在家看电视，正好看到奔驰车的电视广告：一位时髦的妈妈开着奔驰E级车，去幼儿园接孩子回家。广告中孩子奔向妈妈时的开心、周围人羡慕的表情深深触动了你，当它提示并契合你的核心需求，下午你很有可能带着孩子去买奔驰车，这就是广告的场景引导。

王老吉广告视频中的吃火锅、烧烤等画面，直播世界杯间隙中插播的喝可口可乐的画面，都属于广告的场景引导。

如果一个品牌告诉你，它的产品什么场景都适用，那么它一定没有做过深入细致的场景分析，做出的是中庸产品，而不是用户眼中的“就是我要的产品”。

以摄像头为例，摄像头的应用场景很多，仅家庭使用就分家庭空间监视、智能猫眼等场景，除了家庭之外，还有大型商业广场、实体门店的视频监控，自动驾驶的视频监控，每个场景的需求差别很大，对视频监控范围大小、视频精度、视频保存周期、能够接受的成本等要求都不一样，如果不针对每个具体场景的需求做产品开发，那么产品就很难获得客户的认同。

最后说说目标客群。细分目标顾客，我们通常采用的是人口统计学指标，如性别、年龄、收入、职业、受教育程度等，这就是我们通常所说的“顾客画像”。相当多的企业，对目标顾客的分析，就只做到了这一步，这是远远不够的。因为顾客是相同需求的集合。举例来说，如果按照人口统计学指标，把拼多多的目标顾客仅仅定位于低收入群体、价格购买者，那就大错特错了。因为很多中高收入群体，同样会在拼多多上购物。顾客是多面的，在购买某些产品时是低价购买者，而在购买另一些产品时又是名牌购买者。所以不结合顾客的需求、产品类型、具体场景，就笼统地定义顾客是没有意义的，这就是为什么只有四位一体，才能将顾客的购买真正落到实处。

针对以上顾客需求形成与购买的逻辑过程，下面为“购买三角模型：B=MMAP”设计一个“剧情”，让读者深刻理解动机、商品、能力、场景之间环环相扣的关系。

案例一：模拟购车“剧情”

假如你的孩子在上幼儿园，你骑摩托车接送孩子，但有不少家长开私家车接送他们的孩子。此外，你上班的公司离家很远，天气好时骑摩托车上下班，天气不好时乘公交车上下班，因而通勤时间长，这时候你产生了购买私家车的想法。

你的想法是从哪里来的呢？可能是因为你的两个缺失感：

①你认为在其他家长和自己孩子面前有失体面。该动机来自心理需要，而非物质需要，而且这种心理需要很可能是你购买私家车的第一动机。

其实满足你这种心理需要的并不只有私家车这一类产品，只要能够让你感到体面，是什么产品并没那么重要，因为你的真实需求并不是某个具体的产品。当你理解到这个层次，你才真正理解需求，理解商品。

那么，你为什么选择购买私家车，而不是选择其他解决方案呢？因为你考虑到第二需要（缺失感）。

②高效、舒服、安全地通勤。

你的第二个缺失感，与第一个不同，它是理性功能的实用性需要：骑摩托车，冬天要冒着寒风，夏天要顶着日晒，通勤时间长，而且还不安全，而私家车在这些方面的实用性比摩托车要高得多。因为你综合考虑了心理需要和实用性物质需要，所以你选择了私家车，作为解决你的需要的最优方案。

在这个案例中，需要弄明白几个问题：

①动机和缺失感是什么？

动机是需要，需要（注意不是需求）是缺失感，缺失感是现实与理想之差、缺乏与需要之差。

上面案例中的“心理缺失感=体面-不体面”“实用性缺失感=舒服安全快速通勤-不舒服不安全的低效通勤”。需要或缺失感都可以用这种公式表达。

②待办任务是什么？

你的待办任务是由以上两个缺失感带来的。

待办任务一：解决体面问题。

待办任务二：解决高效舒适安全通勤问题。

在马斯洛需求层次理论中，你的待办任务一属于第四层次的需求“尊重需求”，待办任务二属于第一层次的需求“生理需求”和第二层次的需求“安全需求”。

③目标商品是什么？

要同时完成这两个待办任务，你找到的最佳目标物（商品）是私家车，而不是搬家到一个离公司更近的地方，或者干脆换一家公司工作……虽然这些都能帮你解决一部分问题，也可能是你曾经考虑过的潜在选项。

④你的购买能力怎么样？

如果你有购买私家车的经济能力，又没有其他购买障碍的话，那么你的购车需求就正式产生了。在这个过程中，你可能欠缺一些购买能力，存在一些购买障碍，例如：需要按揭贷款购买，对目标汽车品牌不了解，缺乏值得信赖的信息渠道，你还没有拿到驾照……

⑤你的购买行为是怎么产生的？

你的购买行为的产生可能有以下几种场景（提示、激发）：

A.某件事情对你刺激很大，你直接购买好的品牌汽车了。

B.有几个汽车品牌是你的备选，你恰好看到其中一个汽车品牌正在大幅降价促销的广告，就购买了该品牌汽车。

C.你和朋友聊起想买车的事情，正好朋友现在的车属于你考虑的品牌之一，朋友和你全面分析了该品牌的汽车，你的总体感觉不错，去4S店并购买了该品牌汽车。

这里只是简单地模拟了一个购车的“剧情”，实际情况可能更复杂，顾客的需求可能更多（如全家开车郊游的需求）。这个“剧情”提醒我们，把顾客购买的整个流程想得越全面、越细致、越具体，越有利于我们开发产品、策划营销，这是每个企业的必修课。

产品的本质

为了让读者能够深刻理解产品的本质，下面将进一步用案例来解析。产品是人们平时谈论最多的、最重要的商业概念之一，然而对于产品的本质，绝大部分企业并未真正理解，能够懂得用“待办任务法”策划、开发产品的公司，更是寥寥无几。

这里再次强调的是，顾客要的其实并不是产品本身，而是帮助其完成待办任务的一个工具，是消除其缺失感的众多可选道具之一，产品并不一定满足顾客的真实需求。产品的本质可以用一句话来形象地表达：消费者要的不是1/4英寸的钻头，而是一个1/4英寸的孔洞。至于这个孔洞是不是钻头钻的，消费者并不关心，钻头只是满足其需求的工具，而孔洞才是消费者的真实需求。

理解产品的本质，策划用户需要的好产品，有三个重要问题需要弄清：

①用户使用产品干什么？

用户到底要用这个产品完成什么任务，即明确用户使用产品的原因。对于同一个产品，不同消费者的用法是不同的。买一双鞋可能的用途有上班、出席正式场合、跑步或登山、居家等，不同的用途对应不同的需求，对产品的要求也很不相同。

②用户使用产品的环节具体有哪些？

使用产品的环节或使用场景越具体、任务拆解越细致，我们就越能获得好的用户需求洞察，从而越能策划开发出满足顾客需求的创新产品。将以上环节简化到极致是产品创新的主要方法。

③使用产品后用户还要干什么？

产品如果能够方便用户完成下一个任务，那么一定会更受欢迎，如果能够把两个任务结合起来，企业就会得到开发新产品的机会。

案例二：55°降温杯

55°降温杯是洛可可创新设计集团的众多经典作品之一。55°降温杯的诞生，源于洛可可创始人贾伟的亲身故事。贾伟女儿小的时候因为心急喝水，打翻了刚刚滚沸的开水，烫伤了稚嫩的脸颊和胸膛。贾伟看着号啕大哭的女儿，却手足无措，内心一直懊悔。在洛可可成立十年之时，贾伟向洛可可的所有设计师们道出了一直埋藏在心中的痛，希望设计出一款杯子，做到把100°的热水倒进去，摇十下或者静置一分钟就能降到适合饮用的55°，并最终设计出55°降温杯。

用购买三角模型来分析55°降温杯厉害在哪里。

任何产品开发或创新的原点，都是基于人性（需求）。55°降温杯以深沉的父爱为起点，让水杯不只是一个盛水的容器，也不只是降温和保温的功能杯，而是一只有爱、有温度的杯子。很多人买55°降温杯送给身边的人，就是为了表达一份关爱和温暖。这不仅仅是马斯洛需求层次理论的低层次功能性需求，而且进入了“爱”的高级阶段。很多人买给自己，也是一种自我满足与品质生活的体现，这超越了产品的实用性。优秀产品，满足功能性需求只是基础，更重要的是满足消费者的心理、精神、情感等感性需求。

55°这个功能性的温度设定，体现了贾伟对功能性需求和使用场景的深刻洞察。

为什么是55°？

因为水温超过55°容易破坏口腔黏膜。中国人普遍有喝开水和热茶的习惯，过高的饮水温度容易导致口腔癌，温度过低又与中国人不喜欢喝凉水的习惯以及喝凉水容易生病的认知格格不入。所以，55°刚刚好。

55°降温杯之所以畅销，**是因为洛可可深刻理解了杯子产品的本质，消费者要的不是杯子，而是各种场景下的解决方案：**烧开了水，泡好了热茶，急着想喝，过去只能自然降温，需要等待很长时间，现在55°降温杯正好解决这一问题；给婴儿泡奶粉，过去父母只能不断地自己舔试温度，直到温度降下来，而且还很不准，现在55° 降温杯刚好解决这一问题；55° 降温杯，不但能够把温度降到55° ，还能让它长时间保持这个温度，这是普通保温杯都做不到的功能，也是很多喜欢喝热茶、热水的人梦寐以求的功能……总之，只要你想喝热水、热茶、热牛奶、热咖啡、热红糖水、热药……，就会有快速、准确降温和恒温（持续保持55° ）的需求，就需要55° 降温杯。

不仅如此，55° 降温杯还以“整合设计+创新营销”为核心引擎，以“设计思维+互联网思维”为核心的经营理念，整合洛可可创新研发、产品设计、用户研究、供应链服务、互联网营销、渠道拓展等各业务板块，在“洛客产品创新设计”的众创平台上，从一个主打温情的创意产品，衍生出一系列提高生活水平和升级消费模式的产品线，为水杯赋予更多的意义。

把一种看似寻常和无科技含量的杯子，变成具有高科技含量的杯子，洛可可能够想到、做到。从55° 经典降温杯，到魔色降温杯，再到55° 恒温加热杯……背后都是满满的科技感：芯片、传感器、材料科学、人体工学，难怪55° 降温杯被大家称为“杯子界的黑科技”。

55° 降温杯创造性的设计，改变了用户对杯子的刻板印象，解决了用户无法快速喝到温水的这一个痛点。洛可可打造出受市场热捧的现象级爆品，创造了中国国产品牌的推广和销售的奇迹，并一举斩获2015年度全球顶级设计大奖——德国红点设计大奖。一个水杯，年销售收入高达50亿元，这是产品创新与设计的一个传奇。

洛可可的创新与设计不仅仅是极致的美感，还是在对消费者的需求与痛点、使用场景的颗粒度、产品的情绪与文化等产品本质的洞察与深刻理解的基础上，进行功能性的创新，把一个长久不变的产品，在美感与功能上同时实现颠覆式创新，使之成为现象级爆品，这是洛可可受到全球众多顶级企业认可的根本原因。

可见，理解产品的本质有多重要。然而，大部分企业并未真正理解其经营产品的本质，没有结合用户的具体使用场景，深刻理解用户的真实需求，生产出来的都是“me too”（我也有）产品，所以就只能拼成本，打价格战。

虽然产品的本质极其重要，但顾客总价值体系的视野更为广阔，如果把“顾客总价值体系”和“产品的本质”联系起来，那么会给我们留下非常深刻的启示：只是因为产品这个名词简单又具象，容易理解、便于沟通与传播，所以绝大部分企业只把眼光聚焦于产品本身，而忘了产品只是工具、道具，顾客真正需要的并不是产品，而是满足其需求、完成其待办任务的解决方案，所以我们应该把产品放到购买三角模型（B=MMAP）中，真正理解产品的本质。

更为重要的是，绝大部分企业只是在围绕产品本身给顾客提供价值，而且其中很多企业都只是从理性顾客价值角度构建顾客价值，而忘了从顾客需求、全流程体验、顾客所有接触点这些更广泛的视野，构建包括感性价值的丰富的顾客总价值体系，真正满足顾客的真实需求。

现代商业发展至今，有多少企业真正理解产品的本质，又有多少企业真正懂得顾客总价值体系？仔细想想就会明白“产品”这个人为定义的概念有多大的局限性，它妨碍了企业对比产品更重要、更深刻、更广泛的顾客需求与价值的理解。

因此在大多数情况下，我很少单纯地谈产品，而是会谈顾客总价值体系，谈顾客的真实需求，谈顾客的待办任务。

最后来总结一下，产品的本质与购买三角模型究竟有什么作用。

购买三角模型的主要作用就在于，通过全面、深刻理解动机、产品、能力、场景四位一体，抽丝剥茧拆解、深入洞察需求与购买，发现产品开发与营销的更多机会。具体表现在：

通过分析待办任务和真实需求，获得产品策划与开发的灵感，这些策划与开发不但包括实体产品，更重要的是体验与服务设计。

通过需求与产品的对比，找到PMF（Product Market Fit，产品与市场的匹配）。

通过分析缺失感、动机、需要、任务等，获得对传播卖点的洞察。

通过分析采取购买行动的能力与成本，发现顾客购买障碍，从而赋能顾客的购买，提高顾客成交率。

通过场景规划、策划、营造等，促进顾客购买。

通过动机、产品、能力、场景四位一体的策划，促进业绩增长。

理解产品的本质关键在于理解用户的需求。关于需求，我和读者分享“微信之父”张小龙的用户需求观，作为本节的结尾。

①需求只来自你对人性的洞察。需求不来自调研、分析、套路、竞争对

手，需求只来自你对用户需求的深刻洞察和对人性的深刻理解。

鉴评：需求即人性，我持有同样主张。

②跨类别洞察需求。不是在同类产品里面寻找需求，比如在微博里面获得对微信用户需求的洞察，而是直接在即时通信同类产品里面寻找需求，这样才会有差异性和突破性，因为需求不分行业、品类。

鉴评：这是超越常人的洞见，基于对产品与需求之关系深刻的理解：产品只是“顾客完成某项待办任务的工具”，只是“满足顾客需求的可选道具之一”。满足同一种需求并不一定是同类产品，所以我们能够从其他类别产品中的用户需求获得产品策划的灵感。

③找到理性需求背后的心理需求。

鉴评：这是前文性价比系统论中“性”的感性价值部分。绝大部分企业眼中只有产品本身，只关注顾客的理性需求，而忽视了可能更为重要的顾客的心理、情感、精神等感性需求。在产品高度同质化的时代，功能性价值很难形成差异，而感性价值却可以。

④不能被客户牵着鼻子走。以用户为中心，不是用户说什么，我们就做什么。

鉴评：调研只是辅助我们理解消费者，而不是判断消费者。这与乔布斯的名言有异曲同工之妙：不要轻易相信消费者所说的，也不要去问消费者他需要什么。

⑤把自己当用户。

鉴评：这也是我洞察消费者需求经常使用的方法，把自己当用户，总是反思自己的消费行为、自己作为用户的心理。

⑥需求一定要与场景结合。

鉴评：这同样是购买三角模型的一部分，深刻理解“顾客不是人，而是需求的集合”这句话。

接下来将对前述涉及的一个核心概念“人性（或需求）”进行重点说明。

07 商业人性

商业的成功，很大程度上取决于对人性的理解。

——作者

松下幸之助说，以人性为出发点建立的经营理念及管理方法，必然正确且强而有力。

彼得·德鲁克说，管理的本质并不是知识或技术，而是人。

理查德·布兰森说，成功的业务全部都关乎人性。

在所有的商业底层逻辑中，如果要挑一个最基本的商业底层逻辑，那一定是人性（或需求）。因为：

一切关于商业的问题，归根结底都是人的问题，而一切人的问题，都与人性相关。

一切生意的起点与终点都是人的需求，一切商业决定都由人做出并由人完成，而人类思考与行为的基石就是人性。企业一切利益相关方，包括员工、客户、渠道商、供应商、媒体、政府、战略合作伙伴、竞争对手等，背后都是人与人性。

我做商业咨询经常遇到这样的问题：大部分情况下，企业相关业务的负责人，并不欢迎商业顾问，因为他可能会认为：①引入商业顾问这件事质疑了他的能力；②会在老板和他之间增加一层沟通，弱化其地位；③商业顾问会动了他现有“关系供应商”的“奶酪”；④即使工作做好了，老板也会把主要功劳归在商业顾问身上而不是他的身上。当然，这些都只是“他认为的”而并非事实。一个看似只谈专业的咨询项目，如果商业顾问和老板都只考虑咨询本身的专业、技术、业务问题，而不考虑人性的话，咨询效果就可能大打折扣。这就是人性的重要性。你可能经常意识不到它的存在，但它却无处不在，并影响商业的每一个角落。

人性的定义与内涵

人性（Human Nature）是指构成和定义人类共通性的一系列基本特征、行为和心理特点。人性涵盖了生物学特征、心理行为、道德原则、社会习俗和文化影响下的综合作用。这些特征在一定程度上被认为是天生的，同时也受到后天社会化过程的塑造。

人的生物特性：在生物学层面人性包含了基于遗传和进化的特征，例如生存和繁衍的本能、对食物和安全的需求，以及一般人类普遍展现出的情感反应模式。

人的社会特性：在社会和文化层面，人性包含了人们的社交需求，如友谊和家庭关系，以及社会互动中表现出的合作、竞争、从众和领导等行为。人性还涵盖了道德和价值体系，它们引导人们进行社会行为判断，并形成个人行为的道德规范。

心理和感情层面：心理上，人性关涉到情感（如爱、恐惧、愤怒、快乐）、冲动、好奇心、创造力、记忆、学习和认知等方面。人性同时包括自我意识与反思能力，使我们能理解自我、预测他人行为，并进行复杂的决策。

个体与集体：人性展现出个体性和共同性相结合的特点。每个人都有自身唯一的个性和经历，但同时又与其他人类分享许多共同的生物学特征、心理反应和社会行为模式。

理性与非理性：人性既包括理性元素——逻辑思维、分析和决策能力，也包括非理性元素——直觉、激情和不稳定的情绪反应。

人性与需求的区别

人性不等于需求，这是需要明确的一点。两者的区别如下：

人性通常指的是人类生理、心理、社会方面的基础特征和固有倾向。

人性的表现包括人类的生存本能、好奇心、社交需求、学习能力、道德感和情感反应等。人性是一种固有的、共享的特质，是决定人类如何看待世界，如何进行思考和行动的基础。

相比之下，需求通常指人预期或欲望的某项物品、服务、满足感或成就感。

需求可以根据马斯洛需求层次理论，分为生理需求、安全需求、归属需求、尊重需求和自我实现需求。

需求常常受环境、时间、情绪等因素影响，并非固定不变。事实上，需求是动态的，随生活经验、社会环境和内在情况的变化而变化。

人性与需求的联系

人性和需求是相互关联的。需求往往是由人性驱动和决定的。例如，人类生存的本能驱动了我们对食物和水的需求；人类的社交性驱动了我们对归属和友谊的需求；我们对认同和尊重的需求源于我们的自尊和自我实现。

相反，我们如何表现和满足这些需求，也会反过来影响我们的人性表现。例如，当一个人在经济压力下努力工作满足生存需求时，他可能会表现出更强的毅力和适应性。如果要满足归属需求的愿望，他可能会更加重视亲情、友情和社区的关系，发展出较强的人际交往能力。

商业模型：需求层次模型

需求理论

关于人类需求，在心理学和管理学中特别有影响力的理论包括马斯洛需求层次理论、赫茨伯格的双因素理论、麦克莱兰的需要理论、自我决定论、ERG理论。这些理论从不同的角度解释人类的需求和动机。它们虽然具有不同的侧重点，但都强调了解和满足需求的重要性，在管理学、心理咨询、教育和其他领域有着广泛的应用。至今为止，马斯洛需求层次理论是被接受程度最高、应用最广泛且最实用的需求理论。下文将深入阐述马斯洛需求层次理论。

马斯洛需求层次理论

最初，马斯洛提出的是五层次需求理论，马斯洛本人和其他学者对这个模型都有进行扩展，表4-3是扩展后的八层次模型。

表4-3　马斯洛需求层次理论

层级	需求名称	主要内容
1	生理需求	呼吸、食物、水、睡眠、性等生存基本需求
2	安全需求	人身、健康、财产、秩序、免遭威胁等安全需要
3	归属与爱需求	友谊、爱情、亲情、归属感、社会交往等情感需求
4	尊重需求	自尊、自信、成就感、被尊重、认可、地位等需求
5	认知需求	求知欲、好奇心、探索欲、学习等对知识需求
6	审美需求	对美、艺术、和谐、平衡等的欣赏和追求
7	自我实现需求	自我实现、发挥潜能、个人成长等需求
8	超越性需求	超越自身、服务他人、探索宇宙、寻求精神境界等需求

关于马斯洛需求层次理论，说明如下：

①前四个属于缺失性需要，通常被称为低层次需求，而后四个属于成长性需要，通常被称为高层次需求。

②除了生理需求属于物质需求，其余七个层次都属于情感与心理等精神需求，尽管它们表现为对有形产品或无形服务的需求，可见精神需求在人类需求中占比之大，有多重要。然而，企业的目光往往只聚焦在顾客的物质需要上，而恰恰普遍忽略了情感、精神等心理需求。这部分具有很大的挖掘空间，尤其在物质普遍丰腴的时代。

③八个层次需求可以分为于己的与于人的，也就是说有些需求与他人无关，而有些需求与他人有关。**因此在设计或推广商品时，不能只考虑顾客的于己需求，也需要考虑顾客的于人需求。**

④人的需求是连续不断、无休止的，并且是按照轻重缓急、优势等级排列的，一个需求满足后，另一个需求就会迅速出现并取代它的位置，所以人的需求永远都不会被彻底满足，人的需求是不断变化的。

⑤人类同时具有多个层次的需求，只是需求强烈程度不同、优先顺序不同、被满足程度不同而已。

在马斯洛需求层次理论中，较低层次的需求通常被认为是基础需求，在这些需求得到满足之前，人通常不会寻求满足高层次的需求。随着各层次需求的满足，人们可以进一步追求更高层次的精神和心理层面的需求。但是需要指出的是，在后续的心理学研究中，尽管马斯洛需求层次理论被广泛引用，但也遭到一些批评和质疑，特别是在需求层次的严格顺序性和普遍性方面。不同的个体和文化可能表现出不同的需求层次和满足顺序。

人性是构成需求的底层逻辑，需求则是连接人性与消费心理和行为的桥梁。消费心理和行为的研究，旨在深入理解这些需求是如何形成的，以及它们是如何被激发和满足的。这对于企业制定有效的营销策略、提供满足消费者需要的产品和服务，以及改进消费者体验都是至关重要的。

那么，与商业高度相关的人性、需求、消费心理和行为究竟有哪些呢？

以下是一些主要的与商业高度相关的人性、需求、消费心理和行为：

惰性与便捷性追求：从智能家居到在线服务应用，再到快餐速食和在线购物即时配送，如外卖、打车软件。

追求优越感：顾客购买豪华汽车如梅赛德斯–奔驰和宝马，不仅因为汽车的性能与品质，还因为汽车可以给顾客带来的优越感。

对安全和健康的关注：有机食品、无添加化妆品和环保家居用品需求的增长。

社交与归属感：社交媒体平台和会员制度的推广，提升消费者归属感和忠诚度。

自我实现与成长：教育与培训市场的发展，包括语言学习、职业技能培训和个人兴趣爱好培养。

对美的追求：化妆品和护肤品市场的繁荣，以及时尚和运动品牌推出时尚装备。

尊重与认可：对奢侈品市场和专业认证、奖项的追求，作为社会地位和认可的象征。

追求完美与高品质：苹果公司的精良制造和高品质产品赢得大量忠实用户，即便价格较高。

怀旧与复古情怀：复古款式服装、鞋帽等产品的推出，满足消费者对过去文化的追念。

个性化与定制化需求：提供个性化定制服装和鞋履等服务，让消费者可以根据个人喜好进行选择。

追求新鲜：新兴科技产品、独特餐饮体验等吸引消费者的眼球。

环保意识与可持续发展：推广环保材料和可持续生产方式，满足消费者的环保需求。

亲子与家庭情感：针对儿童的产品和服务，以及家庭娱乐和休闲活动的选择。

好奇心和探索欲：限量版、特别版产品的推出及神秘营销手段，如产品的隐藏款、盲盒。

竞争与成就感：竞技类游戏、排行榜和成就系统的普及。

跟随潮流：时尚趋势、网红效应和社交媒体上的产品热潮。

对权威和专家的信任：专家推荐和专业机构认证的商品，增强消费者信任。

对熟悉事物的偏好：消费者喜欢熟悉的品牌和产品，体现了对熟悉性的偏好。

风险厌恶与寻求安全感：消费者倾向选择知名品牌或经过广泛审核的产

品，以减少风险。

寻求价值（趋利）：促销活动吸引寻求高性价比的消费者，如“买一送一”“满额减免”。

同理心与慈善：品牌的慈善活动或产品吸引富有同理心的消费者。

追求体面：豪车、私人飞机等高端产品象征消费者的社会地位和权力。

锚定效应：给一个锚点（或参照），消费者就更容易选择。锚定效应的另一个情形就是中价效应，指的是消费者往往倾向于选择中间价位的产品。这就是在绝大部分行业，中价产品销量最大的主要原因。

稀缺效应：商品越稀缺，消费者认知价值就越大，越担心得不到。奢侈品、限量版商品、饥饿营销的背后原理都是稀缺效应。

沉没成本：消费者投入越多，越难以放弃。就像感情一样，不投入感情的人，通常不会珍惜感情。

广告效应：商品通过广告媒体传播后会产生作用，如人们会认为，广告多的品牌，其产品不会差到哪里去。

禀赋效应：人们都会高估其拥有东西的价值，如果消费者投入劳动、情感就会高估成果的价值，这在商业中也叫宜家效应。

凡勃伦效应：商品定价越高，反而更能得到消费者的青睐，这背后其实是消费者炫耀性的心理需求和“一分钱一分货”的认知。

从众心理：消费者普遍具有从众心理。餐馆的食客越多，就越能吸引更多的食客，广告中出现的“销量遥遥领先”也利用了消费者的从众心理。

心理账户：人们在心里无意识地把财富划归不同的账户进行管理，不同的心理账户有不同的记账方式和心理运算规则，改变商品的心理账户，会影响商品的售价和销量。自己不舍得买昂贵的茅台喝，但却愿意买来送礼，原因就在于自己喝属于日常消费账户，送礼属于投资账户。

潘多拉效应：好奇心越被压抑，越容易反弹。广告营销制造神秘感往往能够收到很好的效果。

巴纳姆效应：每个人看到与自己有关的内容，就很容易将之对号入座（即使这些内容是笼统的），让消费者认为是为自己量身定做的，会提高其对产品的正面评价或信任度。

占便宜心理：消费者要的不是便宜，而是占便宜。这种心理效应经常被商家利用来促销，先把原价标得很高，然后给一个很大的折扣，比直接定一个低价有效得多。

权威效应：人们很容易盲信、盲从权威，所以很多品牌都会用专家、权威机构背书。

攀比心理：人们普遍存在攀比心理，追求对他人的优越感，尤其是对周围的人。这种攀比心理经常被广告宣传或销售人员利用。

比例偏见：绝对值与相对值对人的认知影响很大。例如，买20万元的汽车送2000元防晒膜，消费者并没什么感觉；买1000元的高压锅送300元的不粘锅，消费者对此却很有感觉。在不同的参照物的对比下（前者1%VS后者30%），同样的价格给人的感觉差距很大。其实这是非理性的。

互惠心理：得到恩惠的人倾向于以某种形式回报。

以上这些人性、需求、消费心理和行为，可以普遍运用到产品研发与设计、定价、广告宣传、促销、渠道策略等企业行为之中。

案例：商业咨询、员工、消费者

商业咨询

杰拉尔德·温伯格在其著作《咨询的奥秘》中，提出了一个观点：所有的问题都是人的问题，解决问题的第一步是理解人的需求、人性。书中讲述了一个有趣的例子，有一家公司的项目总监花了大价钱请作者温伯格去做商业咨询，收费模式是商业顾问工作时间越长，客户付出的钱就越多。显然这种收费模式在鼓励咨询师延长解决问题的时间，那么为什么客户不按照解决问题给多少钱的方式让他尽快解决呢？温伯格说，这种看似反常的逻辑其实背后有其道理，试想一下，项目总监已经努力了三个月都没能解决这个问题，而如果温伯格三天就解决了，项目总监颜面何在？今后如何立足？他只有花大价钱请外部顾问，花很长时间才解决这个问题，如此他今后在公司的地位才会稳固，咨询的钱才花得值。

员工

员工的首要需求就是收入，因为更多的收入能够满足更多层次的需求，如满足生理需求，满足安全需求，满足归属与爱需求，满足尊重需求，满足认知需求，满足审美需求，更高的收入也是对自我价值实现的肯定。这就是为什么对大部分员工来说，收入会如此重要。

然而人的需求是动态发展的，当收入达到一定水平之后，员工（已有高收入）对收入的需求强烈度就会减弱（底层需求得到满足），这就是薪酬与激励之间的倒U形关系，企业只有提供给员工更高层次的需求，才能不断激励员工进取。微软当初不愿意上市，担心上市后高管都成为亿万富豪而缺乏进取心。

很多企业的眼光停留在员工收入与薪酬层次，而忘了在工作本身中满足员工的各种需求。

为什么现在越来越流行让员工入股和股权激励？因为除了构建利益共同体之外，其还满足了员工和企业双方的安全需求，企业担心优秀的员工会流失，而员工担心努力不能获得应有的回报或者被企业淘汰。同时，股东地位也满足其获得尊重、自主性、社会地位等需求。

为什么日本企业的平均“寿命”最长？原因之一是日本企业的员工对企业的归属感在全球最强，他们很多人一辈子就在一家企业工作。

为什么优秀的管理者明明心里有解决问题的答案，却偏偏要召集下属一起开会讨论，让下属感觉这答案是他们集体讨论出来的呢？因为这能够满足员工的参与感、自主性需求，一来让下属感觉被尊重，二来下属会更好地去执行自己的想法，毕竟谁都不情愿去执行被别人替自己做的决定，尤其是当不理解决定的来龙去脉时。

为什么海底捞和迪士尼的员工能真诚微笑、能够向顾客提供极致化服务？除了收入之外，更重要的是企业让一线员工有很大的自主决策权，让一线员工得到了极大的尊重。

优秀的企业应该用利他的企业使命，去启迪、激发员工发自内心的使命感，点燃员工除薪酬之外的工作意义感，从而满足员工实现自我价值的最高层次需求。

消费者

绝大部分企业在顾客的物质需求上研究很多，在顾客的心理、精神、情感等需求上却研究很少，这是导致各行各业高度同质化、陷入“内卷”价格战的主要原因之一。在这方面国内企业普遍都有极大的提升空间。

在马斯洛需求层次理论中，除了第一个生理需求主要是满足物质需求外，其他七个需求，主要都是满足人们精神、情感、心理等方面的需求，然而绝大部分企业主要聚焦于产品这一有形实体，而忽略了消费者的无形需求。不是基于消费者无形需求之上的实体产品，企业普遍花了大量功夫去做，但很难做出真正的产品差异化。挖掘绝大部分产品价值的机会，在于对消费者的需求或人性的深刻洞察之中。

很多消费者购买iPhone，第一动因不是产品本身，而是iPhone满足了其炫耀感、优越感、群体归属感等感性心理与情感需求。

女性的服装、化妆品，表面看是为了满足审美需求，然而更深层次原因可能是展现自信。

电饭煲刚在日本诞生的时候，以方便为主，销量不好。调查发现，原因是家庭主妇认为使用电饭煲损害了她们勤奋的形象。于是把卖点改成电饭煲能让饭更香、更健康，此后销量就高了。这种改变是因为满足家庭主妇自我价值实现的需求（角色要求）。

实际上，除了极少数商品只满足人类的基本生存需求外（这一点几乎所有产品都能做到而且差别并不大），绝大部分商品从根本上来说，都是为了满足人类物质之外的需求，物质只不过是载体和工具，并非消费者的真正需求。

这怎么理解呢？

以手机为例。消费者购买手机的真实需求是为了获得手机这一实物吗？不是的，消费者购买手机可能是出于以下原因：

①满足与他人沟通的需求。沟通需求的背后可能包括马斯洛需求层次理论中提出的各种需求，比如归属与爱的需求。

②满足拍照的需求。拍照需求的背后可能有多种根本需求。

③满足阅读新闻、看电子书与视频等需求。这是求知、发展、好奇、娱乐等需求。

④满足线上购物需求。首先满足人偏好方便、价格实惠的需求，然后才是购买的商品能满足人的其他需求。

如果企业只能看到产品的性能、功能等有形的实用性价值，而不能洞察它们背后根本的人性或需求，那么做产品策划就很容易陷入同质化，做营销策划也很难戳中消费者真实需求的痛点，很难找到商品的差异化顾客价值。

读到这里，读者应该意识到，本节与前文“产品的本质”及“购买三角模型：B=MMAP”高度相关，准确地说，它是对“产品的本质”中的“需求部分”进行深入阐述，只不过人性或需求不只是用到产品或顾客上，也能用到员工等利益相关方上。在这里再一次提醒读者，真正底层的商业规律或概念其实很少，而且它们之间是相互关联的。

08 商业模式：重构企业盈利的整体商业逻辑

没有可靠的商业模式，即使是最强大的愿景、最鼓舞人心的使命宣言和最完善的战略计划，也毫无价值。

——罗伯特·阿夫里特

段永平说，投资一家企业主要看三点：商业模式、企业文化、企业的估值。

李彦宏说，我的创业魔鬼三角是团队、融资、商业模式。

商业模式涵盖一家企业需要回答的三个最重要问题：顾客为什么购买？为什么是你？如何盈利？

商业模式创新之所以重要，是因为：

①它能改变一个行业的游戏规则，能够实现以小胜大、以弱胜强。

②相比优化经营与管理对业绩的提升，商业模式创新对业绩的提升幅度要大得多。

③它能优化企业的资源配置，提高资源的效益。

④商业模式能够吸引投资者和利益相关者，并改变一个企业的估值。

⑤它能为价值创造和获取提供蓝图。如果没有清晰明了的商业模式，企业就会像没有地图的船，很容易偏离航线。

⑥将企业内外各方面整合。商业模式将企业的不同方面（如价值主张、客户群、渠道、收入流、关键资源、关键活动、合作伙伴和成本结构）连接到一个连贯的整体中。这种整合可以确保所有部分协调一致地工作，以实现共同目标。

⑦增强盈利能力和实现盈利可持续。一个经过精心设计的商业模式可以清

楚地说明企业如何产生收入，以及哪些因素可以推动其盈利能力提高，它还有助于确定成本结构和确保盈利长期可持续。

⑧促进适应市场和推动创新。在当今瞬息万变的商业环境中，企业必须能够应对新的挑战和抓住机遇。一个定义明确的商业模式为实验、创新和企业在必要时的关键调整提供框架。

商业模式流派

关于商业模式的理论流派非常多，有提出两因素、三因素、四因素、六因素、九因素等模型的理论流派，目前在各种理论中，知名度最高的是商业模式画布，业内专业人士认可程度较高的是魏朱商业模式。

商业模式画布

亚历山大·奥斯特瓦德在其著作《商业模式新生代》中提出了“商业模式画布”，认为商业模式是一个组织创造、传递以及获得价值的基本原理，并用九个要素描述一个组织的商业模式（图4–5）。

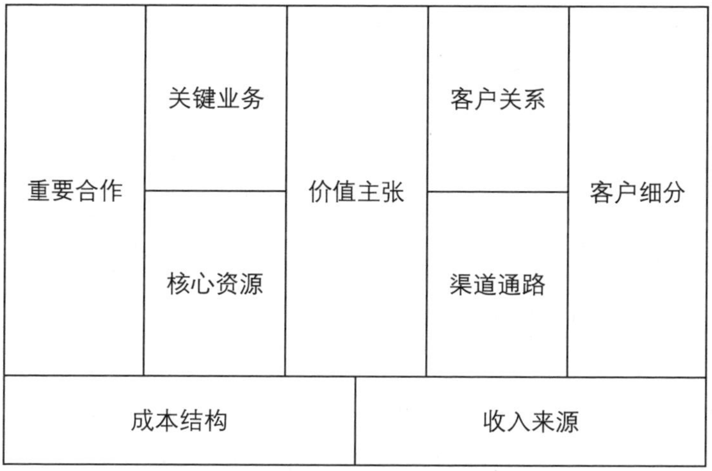

图4–5　商业模式画布

商业模式画布虽然知名度高，但我认为其含金量并不是很高，它至少存在以下三个问题：

①九个要素太多，违反了人类记忆与传播的基本规则。一般模型都不超过五个要素（因为数量七是大多数人短时记忆的极限），而且九个要素之间缺乏

逻辑性的可视化表达。我看过很多人使用商业模式画布，基本都只是为了列明这九个要素而做填空题，没有真正理解商业模式要素之间关系的底层逻辑。

②只列出收入来源与成本结构，缺乏对盈利模式的深入研究。

③商业模式画布只是对商业模式的静态表达，更多的是描述现有的商业模式，而忽略了商业模式的核心在于创新或重构。

如果把商业模式画布的九要素进行分层归类，其实可以简化为三个问题：

①顾客为什么和如何购买你的产品？九要素商业模式画布中的“关键业务”“价值主张”“客户细分”“客户关系”“渠道通路”五个要素，都可以归在这个问题之下，其实就是定位：用什么产品，为哪些顾客，提供什么价值，解决他们的哪些问题。

②为什么是你？它回答的是你有（或通过整合）什么优势来提供上述顾客价值，为什么是你而不是别人来做这件事情，主要包括九要素商业模式画布中的“核心资源”“重要合作”。

③你如何盈利？它回答的是你是如何通过提高收入、降低成本获取利润的，指的是盈利模式，主要包括九要素商业模式画布中的“收入来源”“成本结构”。

以上分类不但逻辑清晰，而且容易记忆。

魏朱商业模式

魏朱商业模式是由魏炜和朱武祥两位教授提出的，也被称为魏朱六要素商业模式模型，他们认为**商业模式就是利益相关方的交易结构**。魏朱商业模式包括六个方面：定位、业务系统、关键资源能力、盈利模式、现金流结构和企业价值。

①定位：企业应该提供什么特征的产品和服务来实现客户的价值，这是企业战略选择的结果，也是商业模式体系中其他部分的起点。

②业务系统：指企业达成定位需要的业务环节、各合作伙伴扮演的角色，以及利益相关者合作与交易的方式和内容，这是商业模式的核心部分。

③关键资源能力：指让业务系统运转需要的重要资源和能力。

④盈利模式：主要指企业的收入来源和收入方式，描述企业是如何赚钱的。

⑤现金流结构：是交易结构在时间点上的流入和流出的结构、比例，以及在时间序列上的分布。

⑥企业价值：企业的投资价值，是企业预期未来可以产生的自由现金流的贴现值。

魏朱商业模式不仅提供了一个全面分析企业商业模式的框架，还强调了商业模式的整体性和各要素之间的相互关联性。这一模型有助于企业更好地规划和发展，通过优化商业模式的各个方面提高企业的综合性能和竞争力。

商业模式定义与模型

在吸收借鉴前人智慧的基础上，以多年商业实践经验和对商业模式的理解，我对商业模式的定义：**商业模式是企业为什么盈利的整体商业逻辑。**

该定义的好处是简单、清晰、全面，既表明商业模式的目标是盈利，也要求商业模式讲清楚企业为什么盈利。由此不难看出，商业模式是一个涵盖面很广的系统性问题。

①“企业为什么盈利”的整体商业逻辑，从狭义上来说，就是要回答与商业模式画布一样的三个问题：顾客为什么购买、为什么是你、如何盈利。

“顾客为什么购买”取决于定位，包括顾客、产品、品牌、需求与价值、价格、渠道、场景七位一体的定位。

“为什么是你”取决于企业自身的关键资源与能力，以及企业能够整合的外部资源（主要合作伙伴）。

“如何盈利”取决于收入与成本的差值，包括企业的收入来源、主要靠什么赚钱，以及企业的成本结构、是否具有成本优势。

实际上，在好的商业模式、优秀的企业中，以上三者是可以形成逻辑闭环、产生飞轮效应的，即企业以自身关键资源与能力为内核、整合主要的合作伙伴，为目标客户创造价值，并以合理的成本创造收入、达成盈利的目的。企业有了利润，就可以进一步增加自身的关键资源和提高自身的能力，并能整合更多更好的外部资源或主要合作伙伴，这又能让企业创造更多更好的客户价值，并形成更好的成本结构与收入来源，从而形成良性循环的飞轮效应，我们可以把它称为商业模式飞轮（图4-6）。飞轮不断转动的过程，既是企业业绩持续增长的过程，也是企业形成、壮大、积累核心竞争力的过程。

图4-6　商业模式飞轮

②“企业为什么盈利”的整体商业逻辑，从广义上来说，就是企业创造、传递、共享价值的过程（图4-7）。

图4-7　商业模式飞轮（广义）

A. 创造价值。从本书对商业本质的定义“创造价值，提升效率（高效创造价值）”中不难发现，创造价值、解决社会问题是企业存在的价值与意义所在。

企业要创造价值，就必须充分认识、利用自身的资源与能力，并整合一切可以利用的外部资源，这是商业势能中的借势或杠杆，要深刻理解商业势能的滚雪球效应。在设计商业模式时，要突破两点：一是要突破自身资源，避免陷入有什么资源就只用什么资源的误区，要根据企业或项目的需要整合、构建外部资源；二是要突破自身能力圈，避免陷入自己有什么能力就只用什么能力的误区，要根据需要利用外部的能力。

B. 传递价值。传递价值就是价值交换、交易，传递价值的关键是传递的效率，效率越高则交易的成本越低，这其中高效、低成本获取流量，以及高效转化流量就是重点。在所有的价值创造和价值传递中，顾客的价值是原动力。要实现高效创造并传递顾客价值，关键是要掌握七位一体的定位，包括顾客、产品、品牌、需求与价值、场景、价格、渠道七个方面逻辑自洽的定位。

C. 共享价值。一个商业模式要实现持续成功，须与利益相关方共享价值或者合理分配价值。企业通过收入来源与成本结构的合理规划来获得自身的价值或利润。一个多赢的商业模式才会带来利益相关方的稳定合作。

商业模型：商业模式创新“三部曲”

描述一个生意的现有商业模式并不是重点，商业模式的核心在于创新，**商业模式创新的本质是企业找到一系列独特的经营活动**，那么如何重构商业模式呢?

根据系统论：系统=要素×连接关系。改变要素和连接关系，就能够改变系统（的产出）。商业系统的要素就是人或组织及其控制的各种商业要素。这里的人或组织包括企业的所有利益相关方，主要有企业内部的股东、员工和外部的渠道商、最终用户、供应商、战略合作伙伴、政府、媒体、竞合方、公众等。商业要素包括有形的和无形的，有形的包括人、财、物，无形的包括信息与数据、知识与经验、技术与知识产权等。

商业模式画布过于“程式化”、静态化，九大要素之间缺乏逻辑关联而且难以记忆。魏朱商业模式虽然全面、科学，但对于一般人（非专业人士）来说过于复杂，难以掌握和操作，为此我提出商业模式创新的“三部曲”。

以系统思维重构商业模式，简单来说就三步：

①增加或减少利益相关方。四川航空商业模式案例是引入品牌车厂、承包个体户等新的利益相关方，戴尔的直销模式是比传统PC厂商减少了渠道商利益相关方，裂变商业模式利用了利益传导机制低成本获客或零成本雇佣销售人员。

②充分挖掘利益相关方的价值。OYO和亚朵的商业模式都是通过把忠诚消费者变成股东、营销者，挖掘了利益相关方的价值。挖掘利益相关方的价值与选择优质的利益相关方同样重要。

③重构利益相关方的交易、合作与治理结构。现在很多企业把雇佣制改为合伙制，改变了企业与员工之间的交易、合作方式。海底捞的师徒传帮带改变了企业与员工的交易结构，或者说改变了企业内部的治理方式。另外，改变企业的业务边界也是非常重要的重构利益相关方的交易、合作与治理结构的途径，例如：把之前企业内部的业务进行外包、让企业聚焦于最核心的业务，或者把之前外包的业务内化为企业职能、形成整合的优势，这些都属于重构商业模式，然而很多企业却从未认真考虑过这个重要的问题。

前两步重心在要素，第三步重心在要素的连接关系。

以上便是商业模式的创新模型。重构商业模式的必要前提是，新的商业模式必须能够创造全局增量价值，这个全局包括了所有的利益相关方。

全局增量价值

如果一个新的商业模式不能创造全局增量价值，那么就必然会有利益相关方在新的商业模式中受损，这样的商业模式要么无法落地，要么无法持续。新的商业模式不但要创造全局增量价值，而且在全局增量价值的分配中，参与方要都能从新的商业模式中受益。商业模式创新的首要问题是如何找到全局增量价值，其次才是如何合理分配这些价值。看到这里，你是不是想到了“企业的本质”？

商业模式创新遵循的原则就是企业的本质（组织利益相关方创造并分配价值），它只是运用企业本质的原理创造并分配更多的价值，用一套新的价值体系结构取代旧的价值体系结构，使企业或整个交易体系具有更大的竞争优势。

全局增量价值到底从何而来呢?

①来自对闲置资源的利用，或低效资源被高效利用。这是全局增量价值的主要来源之一。在商业模式创新时，企业要高度重视闲置，或未被高效利用，或价值被低估的资源。所有共享经济商业模式的全局增量价值都来自对闲置资源的再利用，本节中的四川航空案例是这种方式。

②来自交易成本的降低。广义的商业包含价值创造和价值交换两个环节，商业模式创新往往发生在价值交换环节，更多的是通过效率的提升降低成本

（主要是交易成本），获得全局增量价值，然后通过有竞争力的价格抢占市场。戴尔的直销模式创新，通过减少代理经销商环节，降低了交易成本，实现了消费者和企业的增量价值。

③来自信息不对称。无论商业怎么发展，信息不对称都会一直存在，利用信息不对称的盈利方式也会永远存在。利用信息不对称能为相关交易方创造增量价值，大部分平台型企业都是通过供需双方的信息不对称，获得增量价值的。只要这种信息不对称能够持续，交易能够重复，那么这种商业模式就能持续。网约车的商业模式就是利用了网约车主与乘客之间的信息不对称，并通过软件实现高效匹配的。为什么家政服务平台很难成功？因为其信息不对称不可持续。雇佣方一旦找到了合适的保洁员或保姆，双方就会跳过平台直接交易，而且不会轻易更换，这种一次性或低频交易让平台很难盈利。

④来自共享与协同。资源共享与协同是实现双方或多方增量价值的重要方式。很多异业联盟商业模式之所以能够成功，一是因为进入联盟的企业互为客户或互导客户，二是因为他们可以通过产品捆绑销售，为客户提供低成本的一揽子解决方案，联盟共享客户。

协同效应常见于企业上下游之间相互参股、产业战略投资的情形，从而形成更紧密的战略合作关系，例如格力通过参股全国重要经销商，实现了利益深度捆绑；英特尔通过大笔投资国内传输芯片企业澜起科技，实现与其主业处理器的协同效应；很多企业通过送股或低成本转让股份的方式，与手握大量潜在客户的企业合作。

⑤来自竞争对手的受损利益。商业模式创新往往是通过改变游戏规则打败对手，商业模式创新是用一个新的交易体系打败原有交易体系，从而抢占原有交易体系的利益，获得新交易体系的全局增量价值。免费商业模式大部分都属于这种，比如360公司通过提供免费杀毒软件，抢走了付费杀毒软件的客户（旧的交易体系），然后通过广告、网站导航、游戏分发等方式变现，以获得增量价值（新的交易体系），从而实现盈利。

全局增量价值的来源，往往能够给商业模式创新提供巨大启发。

商业模式设计的注意事项

①商业模式的核心是商业全局视角，而不只是企业视角，否则会极大地限制商业模式创新。

②对商业模式创新来说，虽然企业的现有资源与能力利用非常重要，但又不能局限于“我们有什么”，更好的思维是为了实现这个商业模式“我们需要什么”，然后再根据需要去搭建内外部资源。

③商业模式创新需要我们忘记行业的惯例与思维定式，善于运用反行业、反传统、反常识、反共识等逆向思维。

④商业模式创新，很大程度上是借势、借力，是资源的整合与利用，而不是造势。

⑤同一行业有多种不同的商业模式，同一种商业模式可以运用到不同的行业。商业模式创新在国内兴起的时间并不长，同一行业的大部分企业都是采用雷同的商业模式，这就为商业模式创新提供了潜在机会。一个行业的商业模式运用到另外一个行业，也是一种商业模式的创新。从理论上讲，商业模式有无限种，商业模式的创新也永无止境。

⑥商业模式并非一成不变的，随着环境的变化，商业模式也需要不断创新升级。

⑦利益共同体思维。商业模式和企业的本质其实是一样的，通过整合内外部资源，构建一个利益共同体，创造和分配更多的价值。因此，构建商业模式时，切忌自私自利的本位主义。本位主义不但会限制我们的思维，而且会导致商业模式或合作不稳固。赋能利益相关方，也是商业模式创新的重要方式，如产业中台模式。

⑧商业模式的局限性：很多创新商业模式，只是在早期有先发优势，因为很容易被竞争对手模仿（这就是为什么商业模式也需要随着环境变化不断创新），企业如果不能跑得更快或把这种先发优势转化为“护城河”，那么会很快失去先发优势。要使一个商业模式本身成为“护城河”，可以考虑：

A. 商业模式应该结合一些企业的基因或独特优势、稀缺资源。商业模式画布开发者亚历山大·奥斯特瓦德才会说，你的商业模式必须体现在你的DNA（基因）中。

B. 竞争对手的商业模式决定了其难以转换成企业的创新商业模式或转换代价过高。

C. 商业模式本身很复杂，外界在较长时间内很难看懂，或同时连接多个竞争对手，难以同时获得资源与能力。这就是我们经常说的，企业的成功是一个系统的成功。

因此，商业模式往往只是暂时优势，大部分情况下替代不了“护城河”，如果不能将企业的创新商业模式优势尽快转化为持久的核心竞争力，那么商业模式创新的红利很可能就是昙花一现。领英的创始人雷德·霍夫曼才会说，不要爱上你的商业模式。

常见商业模式类型

免费商业模式：核心是通过免费获取用户并通过其他途径实现变现。

直销商业模式：核心是裂变，通过设计利益传导机制低成本获客或免费获得销售人员。

连锁商业模式：核心是标准化复制。

“摇钱树”商业模式：核心是培育“摇钱树”（如迪士尼的IP、戴森的高速电机）。

平台型商业模式：核心是连接多方的信息不对称多次博弈。

共享经济商业模式：核心是通过共享实现价值再发现与闲置资源再利用。

剃须刀商业模式：核心是通过低价或免费提供基础产品，以配套专用耗材盈利。

资本商业模式：通过巨大资本支出，以规模优势占领市场。

金融商业模式：通过金融杠杆和资本市场提高盈利和估值。

订阅模式：核心是通过低门槛长期锁定用户（如SaaS、Office365）。

数据型商业模式：核心是通过收集和分析数据提供个性化产品和服务。

分布式产权模式：核心是将所有权与经营权分开［如Timeshare（分时度假）模式］。

价值链商业模式：核心是垄断关键价值环节（如微软、农夫山泉）。

生态商业模式：核心是构建独立生态（如苹果、微软）。

开放式商业模式：核心是打破企业边界，将企业内部功能外部化。

长尾商业模式：核心是库存、渠道与获客成本足够低，用户能通过搜索方式找到商品。

租赁商业模式：核心是降低购买门槛（如劳斯莱斯航空发动机、机场的按摩椅、婴儿车）。

解决方案商业模式：核心是从卖产品变为卖解决方案（如储能的派能科技）。

特许经营商业模式：核心是企业允许他人使用其品牌、专利（如南极人）。

免费增值模式（Freemium）：核心是基础服务免费，对高级功能收费（如网络游戏）。

众包模式：核心是使众多外部参与者协作完成任务或创造价值。

经纪商模式：核心是提供交易撮合服务，从中赚取中介费用或佣金。

外包（Outsourcing）商业模式：核心是企业将非核心业务外包给第三方。

开源商业模式：核心是提供免费的软件源代码，通过提供增值服务获取盈利。

众筹商业模式：核心是利用互联网平台集合广大用户的小额资金支持创新项目或初创公司。

PaaS（Platform as a Service）商业模式：核心是企业提供一个平台，用户可以在该平台上开发、运行和管理应用程序，只需要关注应用开发，而不必操心底层基础架构。

IaaS（Infrastructure as a Service）商业模式：核心是为企业提供计算资源，如服务器、存储、网络等，让其能够在云端运行各种用途的负载。

区块链商业模式：核心是利用加密技术和分布式记账功能进行交易，提供更高的透明度和安全性。

OEM（Original Equipment Manufacturer，原始设备制造商）商业模式：核心是一家公司设计和制造产品，然后其他公司以自己的品牌名义购买并销售这些产品。

案例：四川航空

四川航空是商业模式创新的典型案例。对它的已有分析不少，但还没有人真正把它的底层商业逻辑和整个商业模式构建的决策过程讲清楚。部分人看了案例感到兴奋，但联系到自己的业务时就不知道如何下手。下文以四川航空的第一视角还原整个商业模式创新策划过程。

该商业模式创新的起点是，四川航空为了给旅客常客计划增加会员价值，想到了提供免费接送机服务。[1]

1 一个商业模式的创新，往往以一个需要解决的问题为起点。

正常的做法（商业模式）是四川航空提供这种服务，但是这种亲自下场的做法面临以下问题：

①投入成本太高，加上四川航空自营接送机服务不可能顺便接送其他航空公司的旅客，该增值服务本身很可能会亏损。

②航空公司主营业务是航空运输，新增接送机这种边缘业务，既分散航空公司精力，也没有规模效应，而且相比之下四川航空还不熟悉和擅长这种新业务。[1]

四川航空琢磨，如果能让别人为公司的旅客提供这种服务，但又不需自己支付成本，那就非常值得做，如果还能顺便赚钱就再好不过。由此四川航空想到了外包。[2]

四川航空想到整合资源，引入可能的利益相关方，来完成交易闭环。提供接送机服务，需要三个资源：车辆、司机（车辆运营承包个体户）、运营证。

三者之中关键起点是运营证，一般个人或企业办往返机场的客运证可能很难，但以四川航空的实力地位以及与其主营业务的相关性，获得运营证审批并不难，这正是四川航空能够变现的资源。

有了运营许可批文，四川航空自然就计划出租车的运作模式：拿到出租车公司审批牌照就是拿到钱，因为“裸车+运营证”卖给出租车承包者的价格通常翻倍，四川航空此时已经能够赚一笔差价了。[3]

在此基础上，四川航空还能多赚一些，于是联系风行汽车公司，提出如下合作条件：一次性采购风行商务车150辆，并且三年之内150辆运营车的车身广告权都归风行汽车公司（三年之后归四川航空），而且每趟往返机场与市区的车辆都会口头宣传风行汽车，但要求其给予大幅度价格优惠（最终原价14.5万

1　如果你做不能赚钱，并不代表别人亲自做不能赚钱，因为别人可能有规模优势，对待自己的事情更有责任心（这与直营店通常竞争不过加盟店的道理一样），更熟悉该业务的运作，有更多该业务所需的资源等优势。而且，即使外包承接人有亏损，也不用公司承担，只要有一部分人能够赚钱，这种外包模式就能够继续下去（加盟连锁就是这种情况）。这也是商业模式创新的要点。

2　商业模式的创新很多来自企业业务边界的重新确定。

3　商业模式创新有一个重要方向，那就是将闲置的资源充分利用（这是共享经济商业模式的核心），将拥有的权利、IP、商标或专利等无形资产尽可能变现（这就是迪士尼 IP 授权的“摇钱树”商业模式）。

元/辆的风行菱智MPV，以9万元/辆的价格成交）。[1]

对于运营车承包个体户，四川航空是这么谈的：四川航空以25万元/辆的价格把带运营证的风行车卖给运营个体户；把自己所有旅客的接送机服务，都交给运营个体户，每位旅客四川航空补贴25元；运营个体户在保证服务四川航空旅客的情况下，还可以顺便收费接送其他航空公司的旅客。[2]

补充一点：感知价值是商业模式的重要启发点，旅客往返机场的出租车平均费用为150元左右，而四川航空却只承担了25元，其中巨大的价值差往往就是商业模式能够成功的原因［会促销的人经常这样做，市场价200元的化妆品，实际成本很低，将其批量采购作为促销赠品而非明码标价销售（不会破坏品牌的价格体系），就能从厂家那里拿到很低的价格，顾客认知的是200元，而促销商家付出的可能只有50元，这中间就存在巨大的价值差（这种做法特别适合厂家生产成本很低、毛利率很高、中间渠道环节利润很高的促销品）］。

以上是四川航空的商业模式创新的整个策划过程。

最后，总结三点：

①多方共赢的商业模式设计。一个商业模式创新要取得成功，一定要利益相关方多赢。

乘客：享受免费市区接驳服务，节省了交通费用。

司机：成为四川航空的合作司机，获得稳定的收入来源，每载一名乘客还可获得25元的额外收入。

风行汽车公司：销售了汽车，获得了车身广告和150名免费“业务员”推广销售汽车。

作为创新商业模式的策划者，四川航空获益最大：获得了车辆销售的差价收益；三年之后的车身广告收入；更重要的是，由于提供了免费接送机增值服务，四川航空吸引了更多乘客，机票销售额出现了大幅度增长。

②全局增量价值。在创新商业模式时，策划者一定要想清楚，为什么商业

1　这是资源利用价值的再发现（车身广告）。

2　四川航空的做法类似于商铺返租模式，开发商把商铺卖给你，然后慢慢返租给你；允许运营个体户搭载其他航空公司的旅客，充分利用运力（不像出租车不能拼车而浪费了运力），提高全局增量价值，也有更大的规模效应。

模式的参与方都能从中获益，增量价值到底从何而来？四川航空创新商业模式的增量价值主要来源于：

四川航空持有一般个人或企业获取不到的客运运营权，并将它变现；

车身广告价值的发现；

允许运营车辆搭载其他航空公司旅客，实现了运力的充分利用；

接送机服务的旅客感知价值与四川航空支付价格之间的价值差；

四川航空实现了机票销售额的大幅增长。

一个创新的商业模式，必须要有全局增量价值，才有给参与的各利益相关方分配剩余价值的空间，才能打破原有利益关系格局，重构新的交易关系，否则创新商业模式不可能取得成功。

③吻合创新商业模式的标准策划流程。

以上策划过程基本符合商业模式创新策划的“三步走”：以问题为起点，引入（增加或减少）利益相关方→挖掘利益相关方的（增量）价值→重构利益相关方的交易结构或合作模式。

四川航空的创新商业模式，是一种相对复杂的做局思维，是“羊毛出在猪身上，让狗来买单”的典型案例。

09 商业势能：一切增长，都源于商业势能

势能之于商业，就像能量之于世界。

——作者

从理论上来说，企业的一切行为都可以理解为构建与利用商业势能，企业的一切增长本质上都来源于商业势能及其转化（这种转化便是将商业势能转为商业动能并产生结果）。强大的商业势能，犹如“于万仞之上，推千钧之石”，势不可挡。从商业势能来源的数量级来说，时势的势能是万位的，赛道的势能是千位的，战略的势能是百位的，经营的势能是十位的，管理的势能是个位的。

商业模型：商业势能模型

借鉴物理学的势能公式$E_p = mgh$［E_p为势能potential energy，m为质量，g为重力加速度（地表为9.8 m/s^2），h是高度］，结合商业实际，我把商业势能模型简化为一个公式，即

商业势能（BE）=企业自身势能（SE）×［趋势势能（TE）+杠杆势能（LE）］

其中，BE是Business Energy的缩写，SE是Self Energy的缩写，TE是Trend Energy的缩写，LE是Leverage Energy的缩写。

趋势势能与杠杆势能统筹为外部环境势能，它是时间与空间结合的产物，例如，当下AI企业的外部环境势能，AI赛道（空间维度）与风口（时间维度）的结合就是趋势势能，若此时AI企业与OpenAI形成战略合作关系就是杠杆势能，与OpenAI形成战略合作关系是空间维度，而“此时”就是时间维度。

物体的势能与其自身质量成正比，同样，商业势能与企业自身的势能也成正比。创业企业自身的势能很小，同样做一件事情，它比知名大企业的势能就要小得多。企业的势能主要有领先技术（如专利）、有竞争力的产品、强势品牌、产业关键价值链或环节的掌握程度（如稀缺资源、独家经营权、像苹果一样的独立生态圈等）、核心团队、企业文化等。读到这里，细心的读者可能会发现，企业自身的主要势能基本上与我提出的五级竞争力模型（或“5+2”竞争力模型）高度吻合。没错！核心竞争力是一个企业最大的自身势能。一个拥有核心竞争力的企业，就像“于万仞之上，推千钧之石”。强大的势能会让企业自动高效运转起来，就像吉姆·柯林斯所说的“飞轮效应”，其书中所举亚马逊的例子，就是商业势能不断滚雪球，从而让亚马逊越来越大、越来越强。可口可乐是一家具有强大商业势能的公司，其商业势能来自强大的品牌、成本优势、遍布全球的分销网络等核心竞争力，如此强大的商业势能让可口可乐百年不倒，且运营管理比绝大部分企业都轻松得多，巴菲特投资可口可乐时说过一句话，很好地印证一家具有强大商业势能企业的价值：即使是傻子，都不容易把可口可乐的这门生意做砸（即可口可乐的商业势能强大到让公司对管理者

的依赖性已经很小）。

又一次把商业势能与核心竞争力、飞轮效应连接起来。我强调的是，真正底层的商业规律是很少的，它们之间存在千丝万缕的联系，只有真正理解了它们的本质，你才能把它们从底层打通，从而实现一通百通，不被各种眼花缭乱的商业新概念迷惑。

那么，没有核心竞争力的企业是不是就没有自身的商业势能呢？当然不是，只是它们的商业势能没有具有“护城河”的企业那么大而已。

商业势能的滚雪球原理

任何一个企业，开始的商业势能都是很小的，都是通过滚雪球的方式将势能越滚越大。

要滚雪球，就得有一个内核或原点，而它就是企业自身的商业势能。对于创业企业来说，搭建核心团队、发现独特的商业模式、拥有一项新技术、制造吻合市场需求的创新产品、有天使投资支持……这些都是创业企业商业势能的重要组成部分，而且在这些商业势能中，有些是内核中的内核、原点中的原点，是它们带来创业企业的其他商业势能，这种构建商业势能的逻辑步骤，希望能够引起读者的高度重视，比如说构建了优秀的核心团队就可能带来天使投资。

同样，每个非创业企业应该认真、全面、系统梳理自己已有的商业势能（很多企业从未做过这件事情），因为这是构建强大商业势能的基础。

在滚雪球的过程中，应特别注意提高商业势能的逻辑步骤和路径规划，意思是，当你要借助一个高势能B时，由于B的势能太高，你不能直接够到，所以要先借助一个你能够到的较低势能A，通过A累积势能后，借势B就成了很自然的事情。

势能越高，就会有越来越多的人主动想要和你合作，你能够借助的势能就越大，因为你有很大的势能，别人也想借助你的势能，这时你就能够用很低的成本甚至是零成本交换来更多你需要的势能。就像知识分享红人张琦，其短视频广泛传播之后，包括董明珠在内的一众知名企业家都希望借她的势，与她合作拍摄视频、搭建关系，这无疑快速提升了张琦的商业势能，而在此之前，在大家的眼里，张琦虽然是一位网络红人，但与知名企业家董明珠属于两个层次、两个“世界”的人。

样板市场商业模型，其实也是商业势能的典型应用。当你能与一个行业的头部企业客户合作，就等于有了很高的商业势能，此后你就很容易与行业的其他客户合作；当你做了一个标杆性的样板市场，再去做类似项目也会变得非常简单。

借势与造势

企业自身势能是内部视角，外部视角还有两大商业势能来源：一是杠杆，二是趋势。如果我们把企业构建自身势能看作是造势的话，那么利用外部商业势能就是借势。造势的成本高、风险大，而借势的成本低、风险小，对绝大部分企业来说，应该把更多的精力花在借势上。做企业就是要构建并充分利用自身的势能，去顺应、利用外部的商业势能，让雪球越来越大，势能越来越大。

什么是造势？二十年前的央视广告标王，就是典型的造势，通过投放几千万甚至几亿广告费，快速打响品牌的知名度，形成强大的商业势能，以获得招商优势和消费者的青睐；招聘销售人员更多的是自己造势，而直销模式的人员裂变更多的是借势；开直营店更多的就是自己造势，而采取加盟连锁方式更多的是借势；建立或改变消费者的认知更多的是造势，而利用消费者的既有认知更多的是借势（这是广告宣传最经常用到的方法，金枪大叔的《借势》很好地阐述了这点，华杉与华楠的《超级符号就是超级创意》的底层逻辑也是借势人们的已有认知）。注意上面的表达都用了“更多的”，因为造势与借势往往并非泾渭分明，投放广告从大的方面来说是造势，但是好的广告必须借用消费者的既有认知，从小的方面来说，就是借势。

借势一：杠杆

杠杆是企业能够撬动的一切外部资源。杠杆是重要的商业底层逻辑，它是生意快速做大做强的核心秘密之一。道理很简单，因为每个企业的资源和能力（商业势能）都是有限的，企业必须要利用一切可能得到的外部资源，来增强企业的商业势能。

一提到杠杆，很多人可能想到的只有财务杠杆（也叫资金杠杆或权益乘数），其实这是一种误解。企业一切利用外部资源的行为，都可以理解为杠杆：除创始人之外的核心团队与员工是杠杆（这既是造势，也是借势），企业获得的风险投资、银行借贷、欠供应商的货款等是杠杆，连锁加盟是杠杆（利用外部的资金、人才、客源等）……迪士尼把众多的卡通IP授权各行各业去使用是典型的杠杆案例（利用被授权企业的产品、渠道等而不是自己去做这些产品）。

同样都是借势外部，杠杆与趋势有明显不同：杠杆与资源相关，而趋势与资源并没有直接的关系，杠杆就是利用自己的资源去换取他人的资源，其本质是另外一个重要商业共性“价值交换”（进行价值交换是因为你不可能自己生产、创造、拥有你需要的所有东西）。价值交换有两个最重要的底层逻辑：价值不对称性和价值新发现，而这两点也是创新商业模式的核心。价值不对称性指的是，一个东西对交易双方来说价值是不同的。如果是相同的，就没必要交换了。例如：企业生产的商品如果不卖出去就没有价值，而对于客户来说，这些商品却很有价值；连锁总部的SOP、规模化采购如果不共享给加盟店就没有价值，而这些正是加盟店所看重的加盟价值。价值新发现是指交易的一方发现了对方所拥有的价值，往往是因为资源未被充分利用，例如：在如家做连锁前，很多商业楼宇的利用率很低、收益率低，而如家发现了它们的商业价值，把它们发展成如家的连锁店；企业把自己的客户贡献给异业或产业生态圈内的合作伙伴，从而换取对方的客户资源，这种异业联盟也是价值新发现。共享经济很大程度上是利用未被充分利用的资源的价值新发现。

杠杆的一端是企业自身的资源，杠杆的另一端是交易方（或合作方）的资源，杠杆支点的位置取决于双方的交易资源价值认知差。从企业角度来说，这种价值差越大，越有利于交易或合作的达成，如果越有利于企业合作方，支点就越靠近合作方，杠杆能够撬动的资源就越多越大（当然企业付出的成本也越大），这是合作双方的价值平衡问题。就像企业招聘员工一样，企业拿出来的资源是薪酬，员工拿出来的资源是能力与努力，如果一个员工并没有充分认识到自身的价值，而企业认为其价值很高，这种巨大的价值差就很容易让合作达成，如果企业开出超出员工期待的薪酬，那么企业就很容易招到这位员工，员工就会很珍惜机会从而拼命地工作。万达、华为等企业开出的薪酬，往往能够超出员工的期待，所以能够招到更多更好的员工。难以达成的交易或合作往往都是因为双方的价值认知倒挂，认知价值十分接近的交易一般不是稳定的好交易，因为谁都觉得自己没占便宜，只要有机会，这种交易随时都可能被竞争对手抢走。

借势二：趋势

这里的趋势比我们通常意义上理解的趋势更广义，包括不变的趋势和变化的趋势。比如，人性、消费者的很多既有认知（例如认为贵的就是好的，大量打广告的品牌一般比较可信）都是不变的趋势。需要特别说明的是，商业规律也是一种不变的趋势（趋势的另外一面就是阻力，不按规律办事就是一种阻力），而技术、人口等是变化的趋势。

做生意要顺势而为，抓住一切风口、红利，尤其是在巨变的时代，其中也包括顺人心、顺人性、按商业规律办事。利用趋势不同于造势和借势的杠杆，它只要利用而不需要企业付出额外的成本。

趋势的范围很广，因为趋势就是时间的变量，按照上面对趋势的广义定义，因为趋势包括随着时间流逝变化的和不变的，所以与商业有关的一切都需要考虑趋势，判断并掌握那些不变的，随时关注那些变化的，前者是一次学会永远受益（如商业规律、人性等），后者是可以利用的动态商业势能。企业应该关注的变化趋势主要有大时势（国际与国家形势）、政治与政策、经济发展趋势、行业发展趋势、技术发展趋势、人口数量与结构、社会思潮与群体心理、消费观念、供需关系、竞争格局、创新商业模式、营销方式变革、管理模式、新的商业理论等。

写到此处，我记起之前看过的国内知名职业规划师古典的著作《跃迁》，其中有一个核心概念叫作“高手的暗箱”，暗箱中有三件法宝：利用底层规律、把握时代趋势、借助外部力量，目标是聚焦核心技能、实现跨越增长。要让企业成功，本质上与个体跃迁成为高手一样，个人成为高手所要用的暗箱与企业成功需要的商业势能，在很大程度上是吻合的：“把握时代趋势”就是商业势能的借势，“借助外部力量”就是商业势能的杠杆，“聚焦核心技能”就是企业自身势能（核心竞争力）。

商业势能应该融入企业的血液之中，做任何事情之前先考虑：其一，这件事情是否能够提高企业的商业势能，因为企业所做的一切都是为了提高商业势能；其二，这件事情是否把所有能够借的势都借了。从理论上来说，一切事情都可以借势。

商业动能

需要重点说明的是，企业仅有商业势能是不够的，还需要将这种商业势能转化为商业动能，才能获得商业成功。也就是说，即使企业有再多自身优势，处于再好的环境势能位置，如果不把这些商业势能转化为商业动能，那就是对商业势能的巨大浪费，也无法产生任何结果，从而实现商业成功。商业动能就是企业将商业势能转为结果的行动力与执行力。

企业的成功=商业势能×商业动能。商业动能、商业势能之间可以相互转化，相互促进、螺旋上升。以静态视角来看，商业势能是企业动能的天花板，但以动态视角来看，商业动能又能够增加商业势能，例如利用品牌势能可以增加销量，而增加销量这一行为本身又会提高品牌势能。与物质世界一样，商业势能与商业动能之间遵循能量守恒定律。

案例见本章“综合案例：戴永红零食”。

10　战略与顶层设计：企业的导航图

企业最大的浪费，就是没有战略的勤奋。

——作者

危险的战略边缘化

以互联网为核心驱动力的时代已经到来，环境快速变化，使得越来越多的企业尤其是中小微创企业疲于奔命，战略与顶层设计似乎越来越不受重视。不少中小微创企业对战略产生了如下想法：环境天天变，做了战略也没用。

事实上，这是对战略的误解。诚然，相比现在，过去环境变化慢且小，长期战略似乎更容易制定，不需要太多调整，似乎也更有效。但这是个错觉。环境变化越大而快，越需要战略，否则企业很容易迷失方向，随波逐流，陷入巨大风险之中。只是需要企业对战略不断做战术的适应性调整。

对有些小微创企业来说，长期的战略规划可能并不是重点，先聚焦于产品和营销，活下来才是重点，但任何企业，即使是小微创企业，理清生意的整体商业逻辑或商业模式的创新设计，找到生意的切入点或破局点，聚焦于有限的资源做重要而又急需的事情，这些总是需要的，就属于商业的顶层设计。

对商业来说，最重要的一定是那些不变的商业规律，这才是做企业的“道”，而环境的变化往往都是在“术”的层面。所以，贝索斯才会说，无论这个世界如何变化，互联网技术如何发展，顾客要的永远都是“更低的价格、更丰富的商品选择、更快的配送”，这便是亚马逊电商零售不变的“道”。至于如何实现更低的价格、更丰富的商品选择、更快的物流配送，都是“术”的问题。任正非说的不确定的时代里，我们要有确定性的抓手，也是这个意思。

永远记住一句话：没有“道”的指引，“术”就是一只“无头苍蝇”。

大部分企业尤其是中小微创企业，在“术”的层面用力很大，却在“道”的层面从不用力，这就是“以战术上的勤奋代替战略上的懒惰”。战术上要提升30%的业绩很难，但战略上要提升300%的业绩可能很容易，这是认知与思维层次的问题。这就如埃隆·马斯克所说的，用新的思维模型做到10倍好，并不比用旧的思维模型提升10%难。

不是战略不再重要，而是你在“术”上疲于奔命而无暇顾及“道”。战略问题没解决，战术行动效果会大打折扣。前端的根本性问题没解决，总是希望通过后端的行动来弥补，这就像“病急乱投医”。

企业战略是指企业为了实现其长期目标和愿景，拟定的高层级计划和决策方针，它涉及确定组织的方向、设置目标、评估外部环境及内部资源，以及选择最佳的行动方案来获取竞争优势和实现组织目标。企业战略有三个基本特征：长期性、整体性、方向性。

战略要回答三个关键问题：在哪里？去哪里？怎么去？

这三个问题是企业战略地图的核心。

企业战略的五大作用

指明方向、统一思想与行动。有了战略，企业这艘大船在前进的过程中不会偏离方向，战略就是企业最重要的行动指南。有了战略，企业才能统一思想和行动。

资源配置及效率。战略的核心作用之一，是指导企业将资源配置集中于战略方向的关键领域，形成投入的复利效应，实现投资回报的长期最大化。

培育核心竞争力。战略与短期计划最大的不同在于，短期计划只关注财务和经营数据，而战略的首要目标是通过长期积累形成企业的核心竞争力或“护城河”，从而让企业实现稳定、持续的高额利润。一个没有核心竞争力的企业是没有未来的。

应对挑战，规避风险。通过对PEST趋势、行业与竞争、企业内部等的分析，战略能够应对潜在的风险和挑战，避免企业出现重大失误。

抓住机遇，抢占先机。通过洞察市场趋势，预判行业未来发展，抓住战略性机遇并制定相应的战略规划，战略能让企业在竞争中赢得先机。

五级商业势能

先谈谈与战略高度相关的一个概念——五级商业势能。所谓**五级商业势能**，指的是**商业势能分为五级：时势是万位，赛道是千位，战略是百位，经营是十位，管理是个位。**每个层级的商业势能差距是数量级的。商业势能的级别越高，选择就越重要，同样的投入产出越大，对结果的影响也越大。换言之，管理做得再好，远不如经营对结果的影响大；经营做得再好，远不如战略对结果的影响大；战略做得再好，远不如赛道选得好；赛道选得再好，远不如顺应了大时势。

时势。时势就是大趋势，如国家的国际地位与全球影响力、具有广泛影响力的革命性技术（如互联网、AI）趋势、人口发展的大趋势等。

为什么全世界的高溢价品牌几乎都来自欧美国家？

对此，我有一个“国家文化相对优势”理论可以解释，意思是一个品牌溢价的天花板，是由品牌出身国的国家文化相对优势决定的。高溢价品牌均来自欧美国家，主要原因就是近300年全球主流文化都是由欧美国家主导的，欧美国家文化对亚非拉国家文化具有文化相对优势。

为什么来自韩国的曾经位居全球第一的三星手机、曾位居全球第四的现代汽车，却都在中国没落了呢？

深层原因是这些年来中韩文化相对优势急剧此消彼长。仅在二十年前，以韩国明星、电视剧为代表的“韩流”席卷中国，而今天“韩流”在中国已经不见踪影。中国综合国力快速上升，以90后、00后为代表的国人对中国文化越来越自信，“韩流”对国人没有那么大的吸引力了，失去文化相对优势的韩国产品，只能和中国品牌拼性价比，结果可想而知。

为什么此前多年国内几乎没有高端汽车品牌，而比亚迪旗下的仰望U8一经推出就销售火爆、迅速挤进豪车榜前三？除了汽车产业的电动化、智能化变革和领先技术等原因外，国人的文化自信的快速增强也功不可没。

这些例子说明国家的实力与国际影响力，很大程度上决定了出身于该国的品牌的溢价天花板，决定了该品牌在全球甚至是国内能取得多大的成功，而这些都是企业决定不了但可以利用的大势。可以预见的是，未来随着中国的国际地位与影响力不断提升，中国将诞生一大批世界级品牌，这是有抱负的中国企业千载难逢的机会。

大部分情况下，我们不能选择时势，只能利用时势（当然也不绝对，很多行业在国内太“卷”，有些纯做出口制造的企业取得了不错业绩，传音、Shein虽然是中国企业，但收入全部来自海外，这就是选择大势的典型代表）。但赛道、战略却是企业可以选择的，这就是选择大于努力。选错赛道，定错战略，经营与管理再努力都是事倍功半。

赛道。选择赛道的重要性，通常超越了战略，因为当企业讨论战略时，企业的赛道早就选择好了。当然，有时候企业也会转型，改变赛道，但那毕竟是少数情况。在创业时，一定要谨慎对待赛道的选择。

如果你理解了秉持价值投资原则的巴菲特为什么坚决不投资航空公司，为什么偏爱可口可乐，你就知道赛道选择的重要性。从理论上来说，资本可以在不同行业之间充分流动，但不可否认的是，有些行业天生就是“好行业”，有些行业天生就是“坏行业”，这从A股不同行业的长期平均盈利水平就能看出来。

战略的理论流派

战略大师亨利·明茨伯格在《战略历程》中总结了战略的十个流派（表4-4）：

表4-4 《战略历程》总结的十大战略流派

编号	流派名称	描述	代表性人物	代表性著作
1	设计学派	战略是孕育过程	亨利·明茨伯格	《战略制定过程》
2	定位学派	战略是分析过程	迈克尔·波特	《竞争战略》
3	学习学派	战略是涌现过程	克里斯·阿吉里斯、唐纳德·舒恩、彼得·圣吉	《组织学习》《反映的实践者》《第五项修炼》
4	认知学派	战略是心智过程	赫伯特·西蒙、詹姆斯·马奇	《管理行为》《组织》
5	计划学派	战略是程序化过程	无	无
6	企业家学派	战略是构筑愿景过程	无	无

（续表）

编号	流派名称	描述	代表性人物	代表性著作
7	权力学派	战略是协商过程	杰弗里·菲佛	《组织的外部控制：资源依赖观点》
8	文化学派	战略是集体思维过程	埃德加·沙因	《组织文化与领导力》
9	环境学派	战略是适应环境过程	詹姆斯·汤普森	《行动中的组织：行政理念的社会科学基础》
10	结构学派	战略是变革过程	艾尔弗雷德·D.钱德勒	《战略与结构：美国工商企业成长的若干篇章》

在以上十个流派中，知名度高、观点被广泛采用的三个流派如下：

设计学派（Design School）。设计学派将战略视为一个明确的过程，强调在制定策略时，需要对内部资源和外部环境进行评估。这种方式的核心是SWOT（优势、劣势、机会、威胁）分析，由于其简单明了的逻辑和直观的操作性，被广泛应用于战略制定之中。

定位学派（Positioning School）。由迈克尔·波特领导的定位学派，其影响力非常广泛。波特的五力模型、价值链分析和三种基本竞争策略（成本领先、差异化和集中），至今仍是战略管理中最基本、最被广泛使用的分析工具和框架之一。

学习学派（Learning School）。将战略视为一个动态发展的过程，强调战略的形成是组织学习和适应过程的结果。这个流派的思想基础为彼得·圣吉提出的“学习型组织”概念，特别是其推崇的“第五项修炼”，在组织发展和管理实践中获得了广泛的关注和应用。

以上流派有的侧重于业务与经营，有的侧重于组织与管理，例如：定位学派、设计学派主要聚焦于业务与经营，而很少涉及组织管理；而学习学派、文化学派主要聚焦于组织与管理，而很少涉及业务。显而易见，在战略界聚焦于业务与经营的占了上风，因为业务与经营是龙头，而组织与管理是为业务与经营服务的，所以业界流传这样一句话：当一个企业的管理能力大于业务能力时，这家企业就离倒闭不远了。因此，本书的战略与顶层设计咨询也是以业务与经营为主、以组织与管理为辅。

除此之外，IBM（国际商业机器公司）提出的业务领导力模型（BLM，Business Leadership Model），经华为继承、发展，在国内管理界较为流行。BLM是一个综合了多个战略和管理层面考量的框架，用来指导公司的业务运作和决策过程。BLM不仅关注业务战略的制定，还强调了执行力、创新以及适应不断变化的市场和技术趋势的重要性，BLM结合了设计学派、学习学派、企业家学派等多个流派的优点，即结构完整、逻辑严密，重视战略共识（包括思维、行动、考核等），但BLM也有缺点，即过于复杂，难以掌握。

战略十大关键词

战略是一件复杂的事情，长篇大论会让读者难以理解、记忆、运用，所以本书把战略总结为以下十个关键词，只要围绕这十个关键词，战略就会大差不离。

①需求。需求是战略的起点，而**使命**就是企业以利他之心解决人类的某种需求或问题，回答的是企业为什么存在。

②目标。**愿景**是远期目标，而**战略**是逐步达成愿景的中期目标。战略目标必须要有明确性（Specificity），即战略目标需要具体明确，清楚地表述要达成的结果，以便成员理解和执行。此外，战略目标必须具有可测量性（Measurable）、可达成性（Attainable）、（与愿景、使命）相关性（Relevant）、时限性（Time-bound）。

③取势。战略建立在对未来趋势的判断之上，通过“四看”（看大势、看行业、看对手、看客户），企业谋划如何构建商业势能。这就包括对宏观的环境、中观的产业与竞争环境、微观的客户与市场环境等的分析。

④找“魂”。企业的基因、创始人与核心团队、发展历史与积累、关键资源与能力，这些都是企业构建战略的基石。

企业构建战略是企业优势与环境的适配过程，最简洁的3C战略模型就是客户、竞争者、企业三者的综合考虑，战略就是“三势”（趋势、优势、态势）的交集，其中态势包括行业、竞争、市场等的态势。

⑤定位。战略定位：波特的三大竞争策略（成本领先、差异化、目标聚集）是战略定位理论的一种。战术定位：本书提出的七位一体定位（目标客户定位、产品定位、品牌定位、价格定位、价值定位、需求与场景定位、渠道定位）是一种战术定位的理论，特劳特与里斯的心智定位理论，更接近于其中的

品牌定位。虽然称为战术定位，但实际上很多内容涉及战略层面，所以战略与战术并非总是泾渭分明的。

⑥聚焦。战略要回答的关键问题是做什么，不做什么；保留什么，砍掉什么；强化什么，弱化什么。战略工具如波士顿矩阵、GE/麦肯锡矩阵都是用来回答这个问题的。

⑦资源配置。企业战略本质上是以目标为导向的资源配置，聚焦是为了培育竞争优势、高效配置资源以获得投资回报率的长期最大化。一个再好的战略如果不匹配相应的资源是不可能成功的，资源与战略错配的情况并不少见。

⑧“护城河”。战略的首要目标就是培育核心竞争力，构建“护城河”。核心竞争力是因，“护城河”是果。一个没有清晰“护城河”设计的战略不是一个合格的战略，这是本书提出的一个旗帜鲜明的观点。

⑨路线图。“在哪里”到“去哪里”，需要清晰的战略路径设计，形成企业的战略地图。从理论上来说，企业有无数条路径可以选择，而每一条路径对企业资源与能力的要求、需要投入的资本大小、竞争激烈程度、不确定性的风险、成功的概率等都是不一样的，所以战略路径设计与选择就显得极为重要。路线图是战略目标的拆解与实现途径，它包括一系列战略性动作和战术手段。安索夫矩阵就是一种产品/市场的战略规划工具。

⑩长期主义。只要环境没有发生巨大变化，企业就应该笃定坚持战略，任何卓越的企业都是有远见与长期坚持的结果。

制定战略通常包括以下步骤：

①环境分析。外部环境分析：分析市场趋势、竞争态势、政策法规、技术进步程度等外部因素，以了解市场机会和威胁。内部环境分析：评估企业内部的资源、能力、核心竞争力和弱点，包括财务状况、组织结构、人力资源、技术能力等。

②确定愿景与使命。明确企业的愿景，即企业希望成为什么样的组织，以及它的长远目标和价值观。阐述企业的使命，说明企业的存在意义和为哪些客户服务，以及提供什么样的产品或服务。

③设定战略目标。根据愿景和使命，制定长期和短期的战略目标，这些目标应该是明确、可衡量的，并且与企业的整体发展方向一致。

④战略规划。将选定的战略细化为具体的行动计划。这包括确定所需资

源、时间表、负责人以及关键绩效指标（KPIs）用于追踪进度。

⑤制定战略方案。基于环境分析和战略目标，设计具体的战略方案。这可能包括市场定位策略、产品策略、营销策略、运营策略等。考虑不同的战略选项，并评估每种选项的潜在风险和收益。

⑥战略选择与实施。从多个战略方案中选择最合适的战略。制订实施计划，包括时间表、资源分配、关键里程碑等。

⑦执行与监控。实施战略，并确保所有相关人员都了解并遵循战略计划。设立监控机制，定期评估战略的执行情况和绩效，以便及时调整战略。

⑧评估与调整。定期检查战略的有效性，并根据实际情况进行调整。如果外部环境或企业内部条件发生重大变化，可能需要对战略进行调整。

这些步骤并不是线性的，而是一个循环往复的过程。在制定和实施战略时，需要灵活性和适应性，以便根据变化的情况做出及时的调整。

企业战略与商业模式

商业模式关注的是企业如何创造价值、传递价值和获取价值，它描述了企业的基本经营逻辑和盈利方式。而企业战略则关注的是企业长期发展的总体方向和目标的规划，包括愿景、使命、核心价值观等。

从这个角度来看，**商业模式更像是企业战略的具体化和落地方式。**企业战略为商业模式提供了方向和框架，而商业模式则是在这个框架内实现价值创造、传递和获取的具体路径。

在实际操作中，这两者往往是相互影响、相互调整的。有时候，一个新的商业模式可能会引领企业战略的调整，有时候则是企业战略先行，再根据实际情况设计和调整商业模式。

实际上，**企业顶层设计包括：①通常意义上的战略；②商业模式设计**（通常意义上的战略很少谈及商业模式）；**③时势的利用与赛道的选择。**

商业模型：顶层设计闭环

很多人认为顶层设计就是战略，实际上顶层设计位于比企业战略更高的维度，具有更大的视野，是企业从“天上”到“地下”具有高度一致性的整体商业逻辑闭环。

企业顶层设计，包括逻辑环环相扣的六大要素：时势、赛道、需求、使命与愿景、战略、经营与管理，并形成逻辑闭环（图4-8）。简单来说，首先是审视并顺应大时势，然后选择赛道，在赛道里寻找关键需求机会，按照需求确定企业的使命与愿景，再制定战略以践行使命和逐步达成愿景，在战略的指引下制定业务经营策略，还要制定组织管理策略，以满足需求。这是常规顶层设计闭环，如果遇到时势与赛道发生重大变化的情况，那么又要重新检视时势与赛道，再循环一次。

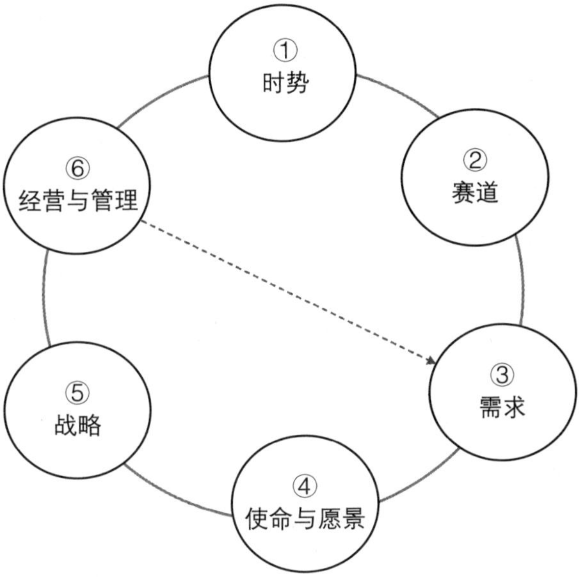

图4-8 顶层设计闭环

时势、赛道、战略在前面已经阐释，这里不再赘述，接下来说明其他三个环节。

（1）需求

这里的需求，既包括通常从微观层面讲的顾客需求，也包括从宏观层面讲的社会问题、行业困境，我把它叫作泛需求。

需求即人性，其实无论是微观层面的需求，还是宏观层面的需求，最终都会回到人性。需求是一切商业的起点和终点，解决问题、满足需求就是一切企业存在的理由与价值。企业之所以能够存在，社会之所以会给予企业利润回报，是因为企业解决了下面这些泛需求问题：

①解决某些社会问题。从这个宏观视角来说，企业其实不是某个人的，而

是为了解决社会问题而存在的。例如：阿里巴巴是因为解决了中小企业做生意难的问题，才成为具有超强盈利能力的电商巨头；滴滴解决了老百姓打车难的问题，才有了立足之本。

②满足顾客某些未被满足的需求。任何行业都存在未被满足的顾客需求，如果企业能够满足这些顾客需求，那么就有存在的价值。例如：足力健仅用十年时间，年销售额就从0做到40亿元，主要是因为随着年龄的增长，老年人的脚变形明显，但市场上没有专业的老人鞋来满足老年人对特殊脚型鞋的需求，足力健通过深入研究老人的各种脚型变化，推出深受老年人喜爱的专业的平价老人鞋，因此大获成功。

③提高效率或创造新的需求。技术变革或社会变化，带来创造新的顾客价值或提高商业运营效率的新机会。例如：智能手机的技术变革，带来功能手机无法比拟的消费者新价值；互联网的出现，使效率更高的电商，逐步取代低效的传统商业。

这三个方面也是企业商机与创业机会的主要来源。

（2）使命与愿景

很多中小企业不太在意使命与愿景，这很容易理解，毕竟对于小企业、创业企业来说，以业务为导向、努力存活才是第一要务。但是，对于任何致力做大做强，尤其是想成为一家优秀企业的企业而言，使命与愿景就是至关重要的。

因为使命是企业的最高宗旨，是企业一切行动的最高指导原则，是激发员工物质之外的工作意义感、自我成就感、事业使命感的核心手段，是顾客信任企业的源泉，是凝聚思想、行动、资源、能力的核心抓手。

企业使命的作用是为了回答“灵魂拷问”：我为什么存在？我能为世界或社会创造什么价值，做出什么贡献？

因为企业使命来源于解决社会问题、满足未被满足的需求、创造新需求或提高效率，所以企业的使命一定是利他的。

愿景是一家企业的长远目标，相比战略目标一般不超过10年，愿景是更长远的目标，所以需要通过战略逐步实现。

（3）经营与管理

经营与管理是战略的落地，经营在前，管理在后。

战略的实施，本质上是企业一整套的逻辑紧密关联的独特经营管理活动。

这一整套经营管理活动，围绕企业的战略得以展开，兼顾企业的生存与发展、兼顾企业的短中长期目标。

战略为企业的具体经营管理活动提供了目标和方向，为企业聚焦资源、培育能力、实现目标提供了依据，使企业不至于在日常经营管理活动中左右摇摆、偏离方向，而是通过目标清晰的持续积累实现最大的投资回报。

最后，聊聊什么是好战略，什么是坏战略。被麦肯锡称为“战略中的战略家”的理查德·鲁梅尔特的《好战略，坏战略》揭示了好、坏战略的标准。

好战略：①战略聚焦，懂得放弃；②扬长避短；③战略与战术协同，内部逻辑一致。

坏战略：①讲空话：故作高深没有信息量；②不直面挑战：问题不清楚，没有解决主要挑战；③把目标当成战略：只是泛泛而谈未来愿望，没有可执行的行动计划；④糟糕的战略目标：战略目标不能解决关键问题，甚至相互冲突。

案例见本章“综合案例：戴永红零食”。

11 综合案例：戴永红零食

这是一个包括企业战略与顶层设计在内的商业三性理论综合案例。

始于1996年的戴永红零食，从最初的一家炒货店，发展到2024年连锁门店超过1000家，年收入超过30亿，集连锁服务、仓储配送和农产品加工于一体的区域商业巨头。湖南以外的人们可能不了解戴永红零食，但在湖南其却家喻户晓，戴永红零食是湖南零食“地头蛇”，被誉为湖南“胖东来”。

下面将以商业三性理论，从企业个性切入，结合商业共性和行业属性，深度解读从零开始、没有依靠任何风险资本的戴永红，是如何一步一步崛起并实现“永红”的。

企业个性是指企业的创始人及核心团队、企业基因与发展历史、核心资源与能力，企业的个性随着企业的发展会不断演化。对创业企业来说，企业个性就是起步时自身所有的商业势能。从企业个性来说，白手起家的戴永红，创业之初没有资金，没有人才，没有资源关系，只有：

①创始人戴永红的炒货手艺。

②低调靠谱、踏实做事的人品。

③做好炒货零食的发心。

这几乎就是戴永红创业之初，自身所拥有的所有商业势能，而他却用看似如此微弱的商业势能，缔造了一个常人难以想象的商业传奇。

创始人就是最大的企业个性，创始人作为企业最大的核心竞争力，决定了企业未来的一切。因此这些看似不起眼的只能称为戴永红个人能力的商业势能，却为戴永红的未来发展提供了无穷的商业势能，是戴永红后来成功的源泉。

在湖南零食圈有一个共识，那就是：**无论是同行还是消费者，都认为戴永红零食的品质是最好的、最可靠的。**除坚持最高标准的自研自制产品外，戴永红零食的选品在众多零食企业中是最严格的，戴永红零食的主要供应商都是有高性价比的大牌厂商。

坊间流传的一句话就很能说明这一点：**只要你吃过几次戴永红的零食，就再也不想吃其他零食店的零食了。**以一个细节来讲，戴永红自主品牌的主打之一葵花籽，没有一粒是不饱满的、空壳的、苦味的、烧焦的，而且粒粒大小均匀、香味十足，这是因为戴永红零食出品的葵花籽在机选之后，还有人工筛选，最后要经过严格的质检。

在零食行业，能够把品控做到如此极致的，可能也就只有戴永红了。**这就是为什么在戴永红零食的顾客中，会员比例高达70%以上，如此高的顾客忠诚度在整个零售业都是十分罕见的，**可能也只有胖东来可以相比了。而这一切源自创始人戴永红的炒货师傅出身，既很懂炒制工艺，又对品质有近乎完美的追求。直到今天，即便是要管理如此大的企业，戴永红仍然亲自担任公司的产品经理，就像马化腾一直都是腾讯最大的产品经理一样，无论是自研自制产品（戴永红拥有4.5万㎡的炒货工厂），还是外部供应商的选品，戴永红都要亲自把关。每次我去拜访戴永红，无论是开会还是聊天，他总是在试吃新产品，并时不时聊几句他对新品的看法，可以说对产品品质的极致追求，已经刻进他的基因里、流淌在他的血液里。

无论是在员工眼里，还是在加盟商眼里，抑或是在同行或供应商眼里，戴永红都是一个总为别人着想、值得信赖、做事踏实靠谱的老板，**用“利他就是最好的商业模式”来描述戴永红再准确不过了，**从这点来说，戴永红是湖南的

“胖东来”。戴永红用他朴素的为人处世之道，深刻地诠释了企业本质：**构建利益共同体。**

从加盟商角度来说，戴永红是穷苦人家出身，白手起家创业，深知加盟商创业不容易，总是站在加盟商的角度思考问题，尽量给加盟商更多支持与扶持，尽量降低加盟商的创业风险，让加盟店能够赚到更多的钱。绝大部分加盟品牌，只要创业者申请，总部就会同意，而戴永红却不同，对加盟商及门店有极其严格的要求：极其严苛的选址条件、创业者能力要求、经验与精力投入要求等，达不到要求戴永红是不会审批通过的，优秀的单店盈利模型确保了加盟商的成功率，这既是对加盟商负责，也是对戴永红自身品牌负责（过高的闭店率是加盟连锁品牌的灾难）。

戴永红很少为招商打广告，基本上都是加盟商开了一个店后赚到钱，然后再继续开分店，或者是加盟商发动身边的亲朋好友加盟戴永红零食，或者是身边的人看到加盟店老板赚到钱了，主动要求加盟。正是因为戴永红对加盟店的严苛要求，再加上构建利益共同体的经营理念，**使得这么多年来戴永红零食加盟店的闭店率始终维持在3%以下，如此低的闭店率堪称加盟连锁的奇迹。**一般来说加盟店闭店率低于15%已十分优秀。

在这点上，靠个人扎扎实实经营、一步一步成长起来的戴永红，与靠资本驱动的玩家有根本区别：①凭（风险）资本驱动的玩家，迫于资本的压力，把扩张速度、抢地盘、快速做大规模放在第一位，这势必导致对加盟商、店面地址等的选择要求不严格；②过分追求速度与数量，势必导致经营管理粗放，而鉴于零售业的低毛利，精细化运营与管理是成败的关键；③以（风险）资本驱动的企业，依托其资金优势，短期内可能势头很猛、很风光，但往往经不起时间考验，失败率很高，加盟商的闭店率很高。

从员工角度来说，戴永红零食的员工忠诚度非常高，工龄超过20年以上的比比皆是，尤其是公司的中高层团队十分稳定，因为戴永红深刻理解共创共享价值、合理分钱的道理。

从供应商角度来说，戴永红是很好的合作者、客户，不会对供应商一味地压价，因为他明白一个道理：过分压榨供应商一定会影响产品的品质，而品质又是生命线，而且这种极限压价的合作也无法持久。戴永红有众多稳定的优质大牌供应商，正是得益于其利益共同体理念。

以利益共同体为核心理念，戴永红用自身的杠杆撬动并借势了加盟商、供应商、员工团队等外部资源，让企业的商业势能像滚雪球一样越滚越大，从一个人的商业势能，**到戴永红零食已经拥有了巨大的商业势能：**有影响力的知名品牌、庞大的忠诚顾客群体、遍布湖南的连锁门店、自建的高效的物流配送网络与仓储基地、高品质产品（从原料基地到顾客的全流程可追溯质量管理与一大批金牌获奖产品）、优质而稳定的大牌供应商（坚持源头采购）、自建的规模化生产基地、强有力的核心管理与技术团队（一批行业头部手工炒货专家）、被充分验证的SOP体系，再加上当地政府的认可与大力支持（获得湖南省著名商标、湖南省农业产业化龙头企业等荣誉）。

戴永红零食拥有如此强大的商业势能，以至于无论是零食连锁上市公司良品铺子，还是手握大量风投资本的零食很忙，尽管它们国内总体规模比戴永红大，但却无法撼动戴永红在湖南市场的牢固地位。

戴永红的成功，靠的是口碑。戴永红极其低调，几乎不接受媒体采访。作为一家30亿元规模企业创始人的戴永红，在网上能够找到的新闻很有限。无论是产品还是加盟，戴永红靠的是口口相传。踏踏实实做事，把心思放在产品、品质、效率、成本上，既是戴永红做企业的内生力，也是戴永红赢得好口碑的源泉。

创始人的初心，决定了企业的使命与愿景，也是企业存在的价值与意义。

创业之初的戴永红，作为小作坊的炒货师傅，只是一门心思想把炒货炒得好吃、把品质做好，让更多的人能够吃到好吃又平价的炒货。正如企业顶层设计闭环所阐述的那样，一个有梦想的创业，一定是源于这四个方面：解决了某个社会问题，发现并满足了未被满足的市场需求，解决了行业的困局，创造了新的需求。

1996年的中国物质还相对贫乏，在一线多年的戴永红敏锐地意识到炒货市场的快速增长，当时袋装炒货不但贵而且供应也很有限，而现炒的散装炒货不但味道更好而且更便宜，因此深受市场欢迎，戴永红出品的蚕豆、葵花籽、花生、西瓜子等炒货，就是在这样的环境下应运而生的。当时戴永红的目标是做最好的炒货。

后来食品安全成为一个社会普遍关注的问题。此时的戴永红，把食品安全放在首位，让顾客买得放心、吃得放心，这既是一个企业家的良心，也是一家食品企业的底线，因为产品一旦出了安全问题，那就是灭顶之灾。直到今天，食品安全一直是戴永红做企业的底线和不可触碰的红线。

在戴永红零食的发展过程中，经历了三次战略转向（图4–9）。

图4–9　戴永红创业史

第一次战略转向，是由炒货到零食。

战略是环境与企业基因结合的产物，由炒货到零食的经营范围的扩大，源于：①国内物资由短缺到丰饶，由品种单调到丰富，这是供给端的环境变化；②人们的需求多元化，要求也越来越高，这是需求端的环境变化；③戴永红炒货经营模式面临扩张的瓶颈，不过相比其他企业，戴永红企业向零食延伸有炒货基因优势。企业战略的核心就是做什么与不做什么，确定企业的赛道或业务的边界。戴永红企业的这次战略转向，为后来戴永红成为商业连锁巨头创造了可能。

第二次战略转向，是由小规模自营到大规模连锁。

戴永红炒货初期开的门店少，主要是自营，这个阶段戴永红虽然开放了加盟，但非常谨慎。直到由炒货扩展到零食，戴永红才开始把加盟连锁作为核心商业模式，也正是这一商业模式的转变，让戴永红逐步实现了腾飞。从自营到加盟的转向，是戴永红企业业务从炒货到零食转向的逻辑延续，因为单靠戴永红自身的资金、人力、自制炒货产品的滚动发展，要形成规模优势很难，而规模优势又是零售业最重要的“护城河”。

第三次战略转向，是由以炒货自产自销为主到以零食零售连锁为主。

以上两次转向，决定了戴永红企业的第三次角色转向：由一个自产自销的炒货企业，转变为一个以联合众多零食知名品牌为主、以自产自销为辅的零食商业企业。

尽管戴永红零食目前的经营范围已经突破了传统零食边界，扩大到“泛零食”——即食包装产品，与便利店的边界也越来越模糊，但其主业仍是零食销售。经营范围的进一步扩大有其内在商业逻辑：相对于周边众多的个体商店，戴永红零食利用自身的规模成本、品牌信誉、购物环境、会员制等优势，选取高频购买、价格敏感的快消食品，采取低价引流策略，增强顾客到店频次、提高顾客黏性，进而带动其他零食销售。

从以上分析不难看出，戴永红的愿景与使命虽然在创业之初就确立了，但随着环境变化，戴永红进行了三次重大战略转向，戴永红零食的愿景与使命也实现了优化、提升，如下：

戴永红零食的使命：让每个人都能吃上优质、放心、平价的零食。

戴永红零食的愿景：成为中国零食连锁标杆。

信任是企业最重要的资产，也是最重要的商业共性规律之一。

让客户相信你，生意至少成功了一半。戴永红诠释了信任是如何让一家企业成功的。**根据麦肯锡·唐信任公式：**

信任=（专业度×可靠度×亲密度）/自私度

在专业度方面，放眼全国零食连锁行业，创始人戴永红更懂零食炒货，并培养出一支零食专家团队；在可靠度方面，创始人戴永红的人品、诚信有口皆碑，给人靠谱、实在的感觉，没有现在商业圈弥漫的套路与欺骗；在亲密度方面，从创始人宣言“戴永红是社区不可或缺的人情生意”中就不难看出，戴永红做的就是街坊生意，而街坊生意的核心就是亲密的邻里关系；在自私度方面，创始人戴永红总是为他人考虑的朴素品质，感染了每一个员工，每一个员工又把它传递给了顾客。事实上，戴永红不仅仅获得了顾客的信任，也获得了包括员工、加盟商、供应商等利益相关方的高度信任。对于持续博弈的邻里生意，信任比黄金更重要。戴永红之所以能够把企业做到近30年“长红”，赢得信任就是核心秘诀之一。

榜样的力量是无穷的。企业文化本质上就是经营者的“文化”，戴永红的低调务实、让人信赖的朴实品质，为他人着想的利益共同体理念，深深地影响员工。**戴永红的成功，归根结底就是企业文化的成功。**

可以把以上戴永红从初创到成为零食连锁巨头的成长逻辑，用**戴永红增长**

飞轮（或商业势能闭环）（图4-10）简单表达。

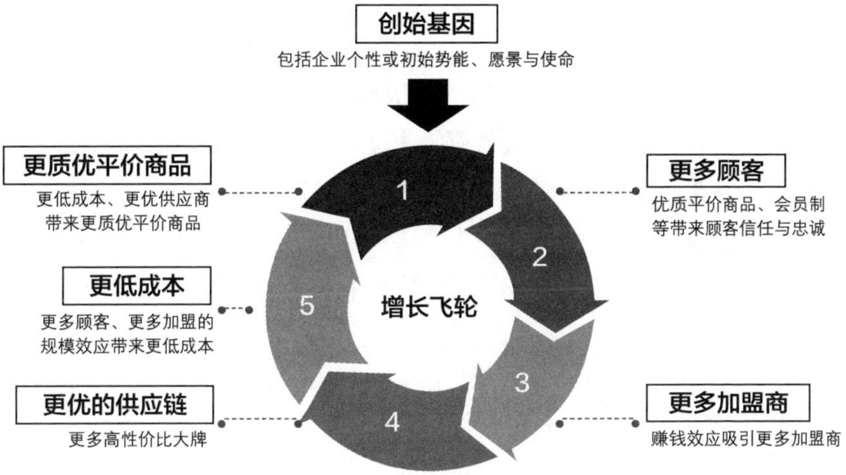

图4-10　戴永红零食增长飞轮

以创始人的基因与初心这一初始商业势能为起点，利用自身炒货出身优势，逐步确立了企业的愿景与使命（后期有提升），这是戴永红零食发展的原动力。

凭借创始人的炒货技术，让创业初期的戴永红零食形成了产品与成本优势，通过提供优质平价商品以及会员制获得了顾客的信任与忠诚（伴随着戴永红的三大战略转向），由更多顾客带来的赚钱效应吸引更多的加盟商加入，更多的加盟商又形成了更大的销售规模，更大的销售规模提高了戴永红零食与优质供应商的谈判地位，让优质低成本的供应链体系得到不断优化，而更优势的供应链与更大的销售规模，让戴永红零食的成本越来越低，越来越低的成本、越来越优质的供应商，让戴永红零食能够向顾客提供更优质平价的商品，更高性价比的商品又能为戴永红零食带来更多顾客，如此往复不断良性循环下去……这就是戴永红零食的增长逻辑闭环，它像一个自动旋转的飞轮，商业势能像滚雪球一样越滚越大，只要把飞轮的每个环节执行到位，并及时消除可能遇到的阻力，这个飞轮就会像永动机一样，不断地良性运转下去，让戴永红零食越做越大、越做越强。

以企业个性为切入点，前文阐述了商业势能（以企业自身势能为内核，借势外部杠杆能量，以滚雪球效应形成巨大商业势能）、企业的本质（构建利益共同体）、企业战略与顶层设计（从解决社会问题或需求，到愿景与使命，再到战略与经营管理）、商业信任、增长逻辑闭环等商业共性，接下来分析**零食零售业的主要行业属性以及戴永红的应对策略。**

（1）行业集中度低，属于典型的分散型行业，头部品牌市场占有率不高

对策：①分散型行业要做大做强，核心方法是连锁、整合；②与高集中度行业尤其是寡头垄断行业不同，分散型行业的竞争对手很多而且往往很不确定，所以无须针对特定对手制定竞争策略。以戴永红零食来说，虽然零食很忙、良品铺子、好想来等都是其直接同类竞争对手，但是遍布各个角落、密度远大于直接竞争对手的小商店、便利店、士多店，实际上才与戴永红零食的竞争更直接。相比这些个体户门店，戴永红零食的优势更加明显，主要体现在商品品质与食品安全、选择多样性（零食丰富性）、门店形象与购物环境、价格等方面。

基于对这一行业属性的深刻理解，戴永红并不把心思放在竞争上，而是放在如何创造顾客价值、如何通过提高效率来降低成本、如何为顾客提供高性价比的零食上。

我一直和客户强调（他们所在的行业很少是寡头垄断行业），不要把太多心思放在竞争对手上，大部分企业错误地过分强调竞争（类似战争），然而战争与商业本身是有很大区别的：战争只有一个敌人，打败这个敌人领地就是你的，而商业通常有很多竞争对手；战争是零和游戏，存量争夺，而商业是竞合关系、会创造增量市场，所以商业除了竞争，还有合作、互补、共同做大蛋糕（香港迪士尼与香港海洋公园就是例子）。在这一点上，埃隆·马斯克的理解是最深刻的：与国内99%的企业的思维不同，他把自己的技术、代码都免费开源给特斯拉的竞争对手，因为他深知，虽然智能电动车企是特斯拉的直接竞争对手，但是特斯拉更大的竞争对手却是燃油车企，只有联合智能电动车企一起来做大新能源汽车市场，一起去抢占燃油车的巨大市场（而不只是去抢本来份额就小的新能源汽车市场），让智能电动汽车成为一种时代潮流，作为龙头的特斯拉才有未来，这才是有大格局的企业家都应该具备的竞合思维。

（2）从生意类型来说，戴永红做的既是规模生意，也是典型的范围生意

站在总部角度来说，戴永红零食的自研自制产品、连锁门店都属于规模生意，需要通过规模效应来形成成本、品牌等优势，然而对于每一个门店来说，戴永红零食却是典型的范围生意，这包括两方面的含义：

一方面是每个门店的辐射范围是有限的，辐射范围内潜在顾客总量是一定的，这是所有实体店的核心特征，这种方圆一两千米范围内的生意，营销（触达顾客）一点都不难，难的是持续的回头客、忠诚顾客，几乎所有实体店倒闭都是回头客不足导致无法持续经营。戴永红对此理解非常深刻，采取了一系列对应策略：优质、放心、丰富且精选的产品，实在的价格，会员制（积分兑换与会员日等），优质的服务等。

另一方面是门店的经营范围，对于实体店来说，产品经营范围是一个重要的定位决策，由此诞生了不同的零售业态：像沃尔玛的大型超市、像7-11的便利店、像广州百货的商场和众多的个体商店等，不同的零售业态就决定了产品经营范围、门店能够辐射的范围、顾客需求的场景等的不同，而对戴永红零食来说，品类聚焦于零食，范围聚焦于社区0.5～2km（视具体情况而定），采用中型门店（100～150㎡），并使SKU数量与门店面积匹配，在新开一家门店时，戴永红需要考虑的因素非常多，包括门店辐射范围内的人口数量、人口结构与需求密度，SKU的数量，门店面积，门店的位置与自然流量，竞争状况等，而且这些因素之间的关系必须是逻辑一致的，这就是基于数字的单店盈利模型。正因为对新开门店的全面深入研究、精准预测和严谨把关，才保证了戴永红加盟店的成功率远高于竞争对手。

实际上，戴永红的成功，很大程度上得益于遵循了一个重要的商业共性规律，就是局部规模效应，这与绝味鸭脖很相似（绝味鸭脖是所在之处都有局部规模效应，而戴永红的局部规模效应主要在湖南）。

戴永红零食的局部规模效应，是规模比它更大的良品铺子、零食很忙很难在湖南撼动其地位的主要原因，形成这一局部规模效应，戴永红是通过：

用门店高密度布局、进入一个城市“打透”一个城市的策略来实现的。

以“发家地”株洲来说，一个总人口不到400万的地级市，戴永红零食的门店数量接近200家，而这一门店布局的密度，远高于任何一个竞争对手，这种策略就给戴永红零食带来了一系列的局部规模效应：

①品牌优势。在既定的范围内，门店数量越多，因为汇聚效应，品牌影响力就越大。

②物流配送优势。高密度的门店布局，极大地提高了物流配送的效率、降

低了物流配送的成本。

③拓展与管理优势。在招商与加盟拓展、加盟店的巡查管理等方面，门店越密、越集中，效率就越高。

④触达优势。门店布局越密，离顾客就越近，就越方便顾客购买和高频交易，而便利就是零售业的起源和本质，是零售业存在的理由与价值。

对于规模效应，绝大部分人认为总体规模越大，优势就越大，这是一个误解。为什么行业巨头难以打败“地头蛇”、细分领域龙头？因为在局部方面（包括区域市场、细分市场等），聚焦的企业拥有更大的局部规模优势和竞争力。在全国开5000家门店的企业，远不如在湖南开1000家门店的企业在湖南更有规模优势和竞争力。

基于对局部规模优势的深刻理解，戴永红的策略就是“密集开店”，而不像很多全国性竞争对手，在湖南每个地级市都有加盟店，但每个地级市只有几家店。这种“谁申请加盟就批准谁开店”的做法缺乏规划，既没有局部规模优势，也无法让一个品牌在既定城市产生商业势能。

（3）从购买频次来说，零食零售属于典型的高频购买行业

对于高频购买行业来说，有四点非常重要：

①性价比是基础，没有性价比的产品，顾客可能会因为信息不对称购买一次，但不会再次购买。而且顾客与商家属于多次博弈，信息相对透明，所以经得起考验的性价比对高频交易来说十分重要。

②公司的品格非常重要，顾客一旦发现商家欺骗了他，商家就可能永远失去了一位可以带来持续贡献的顾客，而实体店辐射范围内的顾客总数是一定的，持续流失顾客会让实体店的客源很快枯竭。

③交易频次越高，顾客就越容易形成购买惯性，顾客无须思考的潜意识购买是所有企业都梦寐以求的，而且交易频次越高，积累的信任度就越高、情感就越深，直至顾客形成一种对企业的信念。这点从麦肯锡·唐信任公式（信任=专业度×可靠度×亲密度/自私度）和影响力方程式［影响力=对比度×（触达率+曝光度+表达方式+信任度+共鸣水平），其中曝光度指的就是接触频次］中都能得到有力证明。

④高频购买的关键是获得顾客忠诚度，戴永红的会员制就是提高顾客忠诚度的主要方法之一。

从本节的描述不难看出，戴永红在以上四个方面的表现都十分优秀。

（4）同质化是零售行业的一个主要特征

绝大部分零售企业卖的商品与其他商家是一样的，那么戴永红是如何实现差异化的呢?

①戴永红有相当一部分商品完全是自研自制的。这是戴永红做炒货出身的基因优势，而主要竞争对手要么拿供应商产品直接卖，要么只是贴牌销售。

②通过定位形成差异化。在国内零食行业，良品铺子定位于高端，零食很忙、赵一鸣零食等绝大部分零食企业都定位于低端，而戴永红零食定位于中端。定位于低端的竞争对手，为了价格竞争，对品质的要求远不及戴永红零食，与戴永红零食合作的供应商基本上都是有较高性价比的知名品牌，高端的产品配上中端的价格，就让戴永红拥有很高的性价比。虽然都卖零食，但是戴永红零食的产品结构与主要竞争对手存在明显区别（包括主要供应商品牌和自研自制产品等）。

实际上，除了以上两个主要区别，在经营管理和顾客价值层面，戴永红零食与主要竞争对手还有一系列的差异化。

（5）从生产要素密集度来说，零食零售属于“资本密集型+人力密集型”

①零售占用的资金量是很大的，因此资金的周转率、库存周转率是零售业效率的核心指标。为了提高资金周转率与库存周转率，戴永红采取了一系列措施，包括选择高流动性的畅销产品且不断动态调整优化商品组合、采取薄利多销的策略等方式。商品（库存）的高速周转，不仅是对资金的高效利用，也是对昂贵货架商业空间的高效利用，这是零售经营的关键，因为（商品占用的庞大）资金、昂贵的货架商业空间是零售业的两大核心生产要素。

②对于人力密集型的企业来说，人效就是关键的考核指标，而戴永红零食的人效远高于同行，高人效来源于正确的战略、优秀的企业文化、卓越的制度（尤其是业绩考核制度）、精细化的SOP、强有力的管理团队等。

（6）从生意模式来说，戴永红零食店属于配套模式，而非引擎模式

社区内有现成的零食需求，戴永红零食店是给社区做配套的，只要戴永红零食有竞争力，这与沃尔玛等辐射范围很大的实体店不同，它们需要自造流量引擎，才能把远距离的客源吸引过来。戴永红零食门店经营的核心指标是自然流量的转化率、复购率，以及辐射范围内的顾客触达率，且离门店越近的顾客对戴永红零食来说越重要。

以上分析完零食零售的行业特性，再来分析**零食零售的生意本质**。

实际上，零食零售与其他零售没有本质区别，唯一区别在于零食零售聚焦于零食而已。以行业本质模型来分析，**零售的行业本质：便利、便宜、精选。**

对于零售，亚马逊创始人贝索斯有一句名言：

> *无论社会如何发展，顾客要的永远是更低的价格、更多的选择和更快的触达。*

贝索斯的这句话深刻地揭示了零售业的本质（无论是线上零售还是线下零售）。贝索斯想要表达的是，巨变的世界有万变不离其宗的“宗”，与其去追逐变化，不如都放在确定性的事情上。正像本书的一个观点：一切流变的都是“术”，一切不变的才是“道”。环境的变化，只是企业实现“道”的方式（“术”）变了，正像电商只是改变了企业触达消费者的方式（流量获取方式），零售企业的最终目标还是便利、便宜、精选。

便利是所有零售业的第一本质。这是零售业的起源与存在的意义，因为零售业的社会职能就是方便顾客触达商品。从这点来说，戴永红密集开店的策略，无疑抓住了零售业的核心本质。

便宜是零售业的第二本质。从商业分工来说，零售业本身并不创造商品的核心价值，而是主要传递商品的价值，因此（传递价值的）效率才是零售业经营的关键，这是为什么拥有丰富零售业经验的卫哲会认为商业的本质就是效率，这也是为什么戴永红的经营管理会以效率为核心。销售相同商品的零售企业，比拼的就是谁的效率更高（包括人效、钱效、坪效等），谁的总成本就更低（当然广义的效率也包括规模效率）。这里的便宜指的是同种商品（当然也包括商品与价格的组合策略，并非所有商品都绝对更便宜），更准确地说是性价比更高（因为离开商品价值只谈商品价格是没有意义的），这就是为什么“品质、平价、放心”是戴永红零食的核心价值，这也是戴永红零食定位于中端的核心依据：在保障高品质的前提下，物超所值的商品让每个家庭都消费得起。

精选是零售业的第三本质。为什么是精选而不是多选呢？这是基于有限商业空间的高效利用、有限资金的高速周转、潜在目标顾客需求的最大公约数、单个商品的规模效应、管理的复杂度等多方面综合考量的，精选与顾客需求最大公约数、店面大小、经营范围等高度相关，是一门很深奥的技术活，实际上很少有零售企业真正进行过深入的量化分析与评估，店面大小的确定、商品SKU数量等的确定，都是凭经验与直觉、借鉴同行或者是通过试错总结出来的（但不一定是最优的），如果想要科学地经营管理，应该要运用数学模型。幸好，戴永红零食在精选方面做得很好，这就是戴永红近30年行业经验的价值。

零售业无论怎么发展，零售企业的战略与经营管理都必须围绕这三个核心本质展开。

那么零食的本质又是什么呢?

在很多人看来，研究零食是生产商的事情，零食连锁企业只要研究零售业就够了，这个观点显然是不对的，尤其对于有自研自制产品的戴永红来说更是如此。虽然产品本身是由生产商决定的，但零售企业也应该通过自己的零售环节，来为顾客提供差异化的附加价值，主要是因为：

①各行各业产品高度同质化的今天，要实现产品差异化越来越难，即使实现了产品层面的差异化，能够维持的时间也很短。

②在物质丰饶的今天，处于马斯洛需求层次底端的实用性的物质理性需求，已经少有能打动消费者的了。心理层面的感性需求成为商品的“必需”。

并不是说产品本身不重要，也不是说价格不重要，而是企业要“做更多”才能让顾客选择自己，形成竞争优势。

必须提到本书另一个重要的商业共性规律：**性价比。**

绝大部分人对性价比的理解，仅仅停留在“实体产品”层面，只是聚焦于产品的实用性价值，把性价比仅仅理解为性能除以价格。实际上根据本书提出的性价比系统模型：

性价比=顾客总价值体系/顾客总成本体系

顾客总价值体系范围要比性能广泛得多，它既包括实用性这一理性价值，也包括满足精神、心理需求等感性价值；它既包括产品实体，也包括产品实体之外的很多服务与体验。性价比系统模型才是对性价比全面、深刻的理解，才符合顾客购买的真实情形。**掌握了性价比系统模型，企业就能够为顾客创造更多的有效价值，就比对手拥有了更多的竞争武器。**

广义上的性价比包括绝对性价比和相对性价比，而我们通常讲的性价比只是狭义的绝对性价比，即商品的价格低、利润低。绝对性价比生意的核心是成本控制能力，而做相对性价比生意，却有更多的竞争武器：强势品牌、领先技术、控制价值链等，这样才能让企业实现稳定持续的高额利润（并不一定是毛利高，可口可乐毛利不算高，但盈利能力却很强）。**企业经营的重点与难点，是不断由绝对性价比生意向相对性价比生意移动**，就像华为手机。

回到零食的本质的讨论上。**零食作为三餐之外的食物，重点在“零”，即随时随地随心。**它有四重代偿机制（或核心功能）：

①能量代偿。当饿了、困了时容易吃零食，就是生物的能量补偿需求。

②无聊代偿。吃零食是对闲暇的补偿，嚼口香糖、嗑瓜子等行为往往因为无聊。

③无味代偿。人们经常会因为嘴里无味而寻找味觉刺激，吃槟榔、喝可乐、吃辣条等往往基于这种补偿，这种解决无味补偿的最好方案是吃上瘾性食品。卤味“四大天王”（湖南绝味、湖北周黑鸭、江西煌上煌、四川紫燕百味鸡）都来自典型的吃辣省份，川菜、湘菜成为全国最流行菜系的前两名，卫龙辣条能够成为零食中罕见的现象级单品，背后的底层逻辑都是因为辣属于上瘾性刺激。

④情绪代偿。人们需要调节情绪时往往容易用吃零食的方式来解决，生物学家与心理学家已经研究清楚食物的酸、甜、苦、辣、鲜等味道，以及软、酥、脆、硬等口感与情绪的关系。

这四种代偿是零食的主要消费场景，由此，能够得到一个关于零食本质的结论：

零食的本质是一种代偿。

戴永红基于对零食本质的深刻理解，进行了一系列独特体验设计，而且这一系列体验设计的范围远超产品本身，它能够为戴永红带来巨大的差异化优势，例如：品牌调性的娱乐化、游戏化（这是零食对无聊的补偿），零食情绪化（通过各种体验设计，为顾客提供情绪价值），加大上瘾性商品比例（戴永红的葵花籽就是典型的上瘾性产品，戴永红把它做到极致），还有把香格里拉的气味营销应用到店面，为顾客创造情绪价值，还能让顾客到店“上瘾”（目前主流营销只关注视觉、听觉，对于味觉、嗅觉、触觉的营销方式知之甚少）等。

关于零售业的行业本质与零食的产品本质，为什么说这么多呢？一是因为理解这两个本质太重要，它们几乎会深刻影响零食企业从战略到经营管理的每一个环节；二是因为对于如此重要的课题，从业企业能够真正系统、深入去研究的少之又少，能够深刻理解的更是凤毛麟角，所以这里蕴藏着巨大机会。

戴永红的企业能够“长红”近30年，且竞争对手无法撼动其在湖南的地位，是因为企业核心竞争力。**戴永红零食究竟有哪些核心竞争力呢？**

从“**5+2”竞争力模型**来看，我认为，戴永红零食最大的核心竞争力（图4-11）来自创始人戴永红良好的初心、踏踏实实做实业、利益共同体理念。具备上述条件，才会有优秀的核心团队、优秀的企业文化和制度流程这些管理层面的核心竞争力，也才会有战略与经营层面的成功。

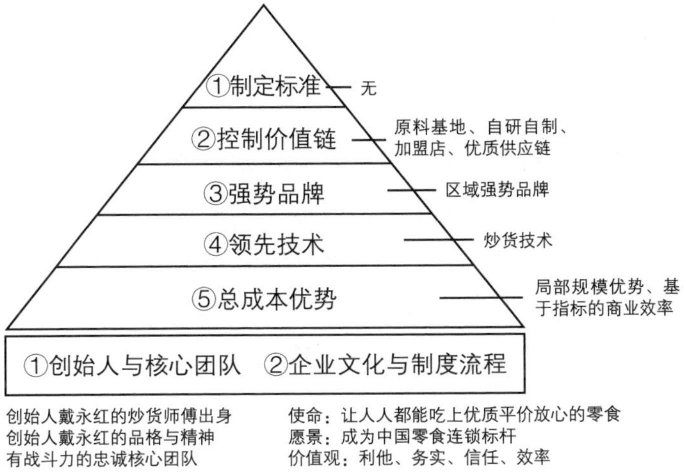

图4-11　戴永红核心竞争力分析

在经营层面，戴永红零食的核心竞争力主要表现在强势品牌、总成本优势与局部规模效应、供应链体系（包括自研自制商品）等。在戴永红零食立足的湖南的主要市场，戴永红零食基本上是当地消费者的首选品牌，拥有很高的品牌知名度、美誉度和忠诚度，在这些市场中戴永红零食锁定顾客的能力，远非竞争对手可比。而戴永红零食现在的核心竞争力是戴永红零食企业个性的主要组成部分，这是企业个性的演化，这一演化过程是戴永红商业势能不断积累的过程。

戴永红零食是典型的系统竞争力（在本章第4节“五级竞争力模型”中讲到的），看似不起眼、哪方面都不十分突出，但整合了创始人与核心团队、企业文化与制度流程、多年零食与零售行业Know-How的有机系统，让戴永红零食形成了宽且深的“护城河”。

总结

通过戴永红零食的案例，我以商业三性理论框架，结合戴永红零食的企业个性（戴永红的企业实际情况），从零食零售的行业特性模型（主要分析了行业集中度、生意类型、购买频次、产品同质化、生产要素密集度、生意模式等6个行业属性），以及商业共性［主要分析了商业势能（含杠杆）、商业的本质、性价比、企业战略与顶层设计、商业信任、核心竞争力、定位、竞争、生意的支点、企业文化等商业共性规律］，来深入分析戴永红零食如何由一个小作坊成为区域性商业巨头的。

任何企业都脱离不了商业三性。遵循了商业三性，企业成功是早晚的事情。

特别提醒

在本书中，我一直强调“我们所学的知识都是被简化过的”这一观点，正像一个企业的成功绝不是一个或少数几个要素的成功，而是系统的成功，然而所有的商业理论或案例都只会把它归结为少数几个要素，这只是为了强化想强化的要素、便于传播与记忆等，并非事实的全部真相。同样，戴永红零食的成功，也是战略与一整套内部逻辑自洽的独特经营活动的成功，本案例只是点到为止。

第5章

行业特性：30组主要行业属性

01 行业特性

行业特性是由于行业的社会角色或功能、在产业链的位置、资源和技术使用、市场需求、竞争态势、行业结构、商品特点、顾客类型、行业进化、增长和盈利特性，以及政策和法规等的不同，形成的各个行业的独特性质。**如果说商业共性就是商业的底层规律，那么行业特性就是行业的规律。**只懂商业的共性规律，而不懂行业的特性规律，是很难把生意做好的。

懂行，就是按行业规律办事

行业特性是企业战略与经营管理策略的主要依据，也是不可违背的行业规律。不同的行业特性，需要不同的企业战略与经营管理策略。不了解一个行业的特性，企业就不可能制定正确的战略与经营管理策略。

一个行业的行业特性，是由一系列行业属性组合而成的。例如：零售业的行业特性就是由“轻资产+高变动成本+高频购买+低市场集中度+低进入与退出壁垒+高商品同质化+……”等行业属性组合而成的。

无论一个行业如何特殊，这个行业与其他很多行业都有大量的共同属性。企业自认为的行业特殊，只不过是某些属性与一部分行业不同而已，而与另外一部分行业却是相同的，因此并没有什么特殊的行业。

行业研究的核心就是研究行业的特性。把行业特性研究清楚了，处在该行业的企业所需要遵循的行业规律也就基本清楚了，这对于企业制定正确的战略与经营管理策略极为重要。

行业研究的范式转变：从算盘到计算机

发现与提出行业特性模型，是行业研究的一次范式转变，其重大意义在于：

以终为始，目标明确。过去做行业研究（包括商业咨询公司、证券研究机构、管理专家或学者等），都是通过二手资料收集、调研与访谈等方式，试图“临摹”出一个行业的画像，至于这个画像（或画像中的一部分）具体能用来干什么，研究者事先并不知道或不确定，而是先“按流程”临摹了再说（这多少有点像为完成任务而完成任务）。而行业特性模型采用了完全不同的研究思路：目标明确，以终为始（行业研究的核心是研究行业特性，并根据行业特性制定相应的企业战略与经营管理策略）。直接从研究行业特性开始，把所有的行业属性都整理出来，并且针对每一个行业属性整理出对应的战略与经营管理策略。使用者只要直接套用就行。

高效、全面、准确。过去做行业研究费时费力，行业研究成果还只能作为企业战略与经营管理策略的参考依据，而行业特性模型不但让行业研究变得简单、高效，而且让行业研究变得准确、系统、全面。更为重要的是，行业特性模型能够直接给出与行业规律有关的企业战略与经营管理策略，这是行业研究**"从算盘到计算机"的飞跃。**

引起企业重视。以我二十年来对大量企业的观察，绝大部分企业从未对自己所在行业的行业特性进行过全面深入的研究（即使在一个行业"摸爬滚打"多年的企业也是如此），更别说根据行业特性制定针对性的战略与经营管理策略，**提出行业特性模型，以此引起企业对行业特性的高度重视。**

在研究行业特性中，特别提出行业属性。但鉴于语言本身的局限，行业属性这个词并不能完全准确表达我想表达的意思，需要加入一个辅助概念，叫"生意类型"，以涵盖少数不适合用"行业属性"表述的"行业属性"（尽管把它们都归入行业属性，但它们是否称作行业属性并不重要，重要的是它们能够让我们根据这种生意类型发展出一套针对性的战略与经营管理策略）。例如：价值型生意与价格型生意，用生意类型来表达，就比用价值型行业和价格型行业来表达准确多了，因为价值型或价格型本身并不是行业属性，而是一种生意类型。在同一个行业中，既有做价值型生意的企业，也有做价格型生意的企业：白酒行业的茅台做的是价值型生意，而江小白做的是价格型生意；手机行业中苹果做的是价值型生意，而小米做的就是价格型生意。价值型生意的核心战略与能力是塑造高价值，成本并不是主要考量因素；价格型生意的核心战略与能力是成本控制，非塑造高价值（基于目标消费群对价格的敏感度和低要求特征，价格型生意往往不是提高价值，而是降低某些对目标客群来说并不太在意却又会增加成本的价值），这点在前文"商业的本质"中已经说过。[1]

1 需要特别注意：语言在人类的交流与传递知识方面做出了巨大贡献的同时，也极大地限制了人类的思维，它把原本连续的、关联的世界人为地割裂为概念、专业、学科、行业、领域等，只有突破语言的局限，才能还原世界的本真。

02　30组行业属性之财务特征

这一章将对每一组行业属性进行阐述，并基本上遵循定义与分类、代表性行业、行业属性的典型特征、针对性战略与经营管理策略的行文结构。鉴于篇幅限制，针对某些行业属性进行重点阐述，而其他行业属性则简述。

本章的核心目的是引发读者或企业思考：自己所处的行业究竟有哪些行业属性？针对这些属性与特征，企业该采取何种战略与经营管理策略？

资产强度：重资产与轻资产

按资产强度可以将行业划分为**重资产行业、轻资产行业。**

重资产行业指的是在日常运营中需要进行大量固定资产（如工厂、机器、设施等）投资的行业。这类行业的典型特点是对土地、建筑物、设备和其他物理资产的依赖度高，这些资产通常涉及显著的资本支出，并在财务报表上体现为公司的长期资产。重资产行业内的企业在开始生产或服务之前，需要进行大规模的资本投入，设立生产基地、购置设备和建立基础设施。

轻资产行业指的是在运营中相对不需要或只需要少量固定资产的行业。这类行业中的企业通常依赖知识、技能、品牌、客户关系和技术等无形资产创造价值。与重资产行业相比，轻资产行业的企业更加灵活，对市场变化的适应能力更强，因为它们在扩张或适应新市场条件时所需的资本投入相对较少。

重资产行业和轻资产行业各自有着一系列不同的特征，这些特点主要反映在资本需求、运营模式、盈利模式和市场动态等方面。下面是对这两种行业的主要特征的总结。

重资产行业的主要特征：

高初始投资：需要大量的初始资本投资，用于购买物理资产，如机器、设备、工厂和土地。

固定成本比重高：运营依赖大量的固定资产，因此固定成本占总成本的比例较高。

较长的投资回收期：由于高初始投资和高固定成本，投资回收期较长。

较高市场准入壁垒：高初始投资和复杂的设施建设为这些行业的新进入者设置了相对较高的市场准入壁垒。

规模经济：达到规模经济的潜力较大，生产越多，单位成本越低。

对经济周期敏感：由于固定成本高，经济下行时可能面临巨大的财务压力。

技术更迭风险较大：新技术的引入可能使现有设备和设施过时。

实体资产价值较大：拥有的实体资产可以作为财务杠杆或作为抵押获得融资。

典型的重资产行业有制造业特别是汽车、钢铁、化工等，能源、石油、矿业等资源开采与冶炼行业，包括电力、水务和天然气供应等在内的公用事业，建筑业与基础设施投资行业，包括铁路、航空、海运、桥梁和高速公路的交通运输业等，包括景区尤其是人造景区、酒店等在内的旅游实体行业。

轻资产行业的主要特征：

低初始投资：初始资本需求相对较低，不需要大量投资物理资产。

以运营成本为主：较少的固定资产，更多依赖变动成本，如人工成本、营销和销售成本等。

快速的投资回收：由于初始投资相对较低，投资回收期通常较短。

灵活性高：能够快速调整业务策略和运营模式以应对市场变化。

低市场准入壁垒：由于对固定资本的依赖较小，新企业容易进入市场。

创新和速度为竞争优势：快速适应市场变化和创新能力是成功的关键。

对技术依赖大：高度依赖信息技术和互联网，以及相关技术服务。

资本效率高：较轻的资产负债结构使得资本周转速度快，资本效率高。

典型的轻资产行业有软件和信息技术服务业、咨询服务（法律、会计、管理咨询等）业、设计与创意行业（广告、媒体、艺术等）、在线零售业、教育与培训业等。

重资产行业与轻资产行业的优缺点对比见表5-1。

表5-1　重资产行业与轻资产行业优缺点对比

分类	重资产行业	轻资产行业
优点	稳定收入来源，资产具有长期价值	低启动成本，快速上线市场
	实物资产具有实际价值，有抵押价值	灵活性高，容易调整和扩展业务
	可以产生稳定的现金流，风险相对较低	无须大量投资，降低财务风险
	资本壁垒高，竞争对手进入门槛高	利用云服务、共享经济，资源利用效率高
	适合长期投资和发展，有利于企业稳定发展	无须关注实物资产管理，减少运营成本
	规模效应强	规模效应弱
缺点	高启动成本，投资回报周期较长	盈利模式相对不稳定，收入波动性大
	需要大量资金投入，财务风险高	依赖外部平台、技术，承担的风险较大
	资产管理成本高，需要额外人力物力维护	可能面临激烈竞争和市场变化风险
	产业周期波动对企业影响较大	存在市场认知风险，产品或服务可替代性高

重资产企业的战略与经营管理策略

重资产企业面对的挑战主要源于其高额的固定投资，以及对市场需求变化敏感，这决定了企业在战略规划和经营管理时需要采取特定的方式。以下是一些适用于重资产企业的主要战略与经营管理策略：

提高资产利用率：鉴于重资产企业固定成本高，提高资产的利用率成为关键。这可以通过改进生产流程、增加班次、租赁未使用的设施或设备等方式实现。

资产管理策略：其一，深度利用数字化技术。利用物联网技术对资产进行实时监控，确保资产的安全和高效运行；借助人工智能和机器学习（ML）工具进行数据分析，预测资产维护需求，延长资产使用寿命。**其二，精细化资产管理。**建立全面的资产数据库，详细记录资产的使用情况、维护记录和性能数据；定期进行资产评估，根据评估结果调整管理策略，确保资产价值最大化。

精细化运营管理：实施精细化管理，通过持续改进（如采用精益生产）和成本控制，减少浪费，提高效率和生产力。

灵活的财务策略：重资产企业应采用灵活的财务策略，合理规划资金使用和融资渠道，以优化资本结构、降低财务成本，如通过债券、长期贷款等方式融资，或通过资产证券化等方式释放资产价值；与金融机构保持良好合作关系，确保稳定的资金来源和优惠的融资条件。

风险管理：鉴于资本密集型的特点，这些企业应建立全面的风险管理系统，涵盖财务风险、市场风险、运营风险和合规风险，确保企业能够在面对不确定性时保持稳健。

战略合作和伙伴关系：通过与其他企业的合作，建立联盟或合资企业，可以分摊风险、降低成本、拓宽市场渠道和获得新技术，以增强企业竞争力。

市场多元化：通过多元化市场和产品策略，重资产企业可以分散市场风险，减少对单一市场或产品的依赖。

专注核心竞争力：重资产企业应识别和专注于自身的核心竞争力，如高质量的生产工艺、技术优势或特许经营权等，以巩固和提高市场地位。

灵活应对市场变化：虽然重资产企业的灵活性相对较低，但仍应通过市场研究和动态规划，快速响应市场变化，调整战略和运营模式。

综上所述，重资产企业的战略和经营管理策略需综合运用多种手段，旨在优化资产和运营效率，管理和分散风险，并通过技术和市场策略创新以实现可持续发展。

普适的逆向策略

重资产企业还有一个重要的战略选择——**轻资产化**。之所以把它单独列出来，是因为**这种与同行迥异的逆向策略，是一种在行业特性模型中可以普遍采用的策略**。除重资产行业轻资产化之外，还有轻资产行业重资产化，高固定成本行业高变动成本化，标品行业非标化（定制化）与非标行业（订单型生意）标准化……

根据行业属性（或生意类型）采取与同行反其道而行之的方法，之所以能够经常有效，是因为**“在行业惯例、常识、共识这条道路上太拥挤，反惯例、反常识、反共识往往能够取得意想不到的效果”。逆向战略常常是创新商业模式的重要来源。**

重资产企业轻资产化的好处

重资产转向轻资产运营模式可以为企业带来一系列好处：

减少资本开支：轻资产模式减少了对固定资产的依赖，如厂房、机器和设备等，从而减少了大额的资本投入和维护成本。企业能够将资金用于其他重要领域，如产品开发、市场营销或技术创新。

提高财务灵活性：由于减少了固定资产投资，企业的资金不会被固定在某些长期资产上，提高财务灵活性。这使得企业能够更快地响应市场变化和把握机会。

提高运营效率：外包非核心活动可以帮助企业专注于其核心竞争力，如产品创新和客户服务，同时由专业外部供应商处理其他运营活动，这可能带来更高的效率和成本效益。

缩短市场响应时间：轻资产企业通常能够更快地调整其产品和服务以适应市场需求的变化，因为它们不需要围绕大规模的固定资产进行运作调整。

降低市场退出壁垒：轻资产企业在市场变动或业务调整时，撤出市场的成本和复杂性通常较低，因为它们不需要处理大量固定资产。

弹性的扩张能力：轻资产企业可以通过策略联盟、合作伙伴关系或加盟方式，更容易和更经济地扩展业务。例如，使用第三方生产设施或销售网络，无须在新市场直接投资，建设生产基地或销售网络。

提高资产周转率和资产回报率：减少固定资产投资会直接影响资产回报率。轻资产模式通常可以提高企业资产周转率，从而提高整体资产回报率。

以上这些好处帮助企业在竞争激烈的市场环境中更具灵活性和适应性，但转向轻资产模式也需要谨慎评估和策略规划，以确保转型过程中业务的持续性和增长潜力。

重资产企业轻资产化的案例

可口可乐。绝大部分食品饮料企业采取自建工厂的重资产模式，而全球饮料巨头可口可乐却采取了轻资产模式。

在该模式中，主要由独立的碳酸饮料灌装厂（称为独立经销商或合作的灌装厂）负责生产和在特定区域内销售，包括对零售终端的管理，这些灌装厂持有可口可乐公司授予其在特定地区生产和销售可口可乐产品的独家权利。可口可乐公司专注于品牌建设、市场战略、产品研发、营销活动和制定全球业务标准。同时，它也给这些灌装厂提供浓缩液，并从中获得收益。

正是因为采用了重资产企业轻资产化的逆向策略，可口可乐的盈利能力、ROE等远超拥有更多知名品牌的宝洁公司，而且管理复杂度比宝洁公司低得多。

WeWork的共享办公空间。WeWork提供共享办公空间服务。它租赁大型办公建筑，然后将这些建筑改造成办公区域，提供给小企业、初创企业或自由职业者使用。在这种模式下，WeWork并不直接拥有这些物理办公室，但通过租赁和重新设计，以短期租赁的形式出租给最终用户，实现了高效的资产周转和高流动性。这种轻资产化运营模式使WeWork能够在全球多个城市快速扩张，尽管它面临市场波动和运营挑战。

实际上，与传统的重资产酒店不同，亚朵、OYO等采用的是类似于WeWork的轻资产模式。绝大部分采用加盟连锁模式的总部企业采用的都是轻资产模式，把重资产的门店投资交给加盟商。

重资产企业轻资产化的主要手段或方法

外包和分包：将非核心业务活动、生产或服务流程外包给其他企业。这可以减少企业对大型设备和固定资产的需求，例如外包物流服务、生产活动或IT服务。

资产共享：通过共享经济模式实现资产利用的最大化。比如，多个企业共同使用一套设备或设施，减少各自的资本支出。

资产剥离：出售或剥离非核心业务单元或资产，专注于核心业务和更为灵活、盈利的业务模式。这不仅简化了运营结构，还可以提高资金的灵活性。

采用轻资产运营模式：例如，通过营业特许经营权（如特许加盟）代替自营方式扩张网络，企业可以扩大市场占有率而无须支出大量资本。

技术和创新：利用信息技术、互联网、大数据和人工智能等，提高生产效率和运营效率，减少对传统重资产的依赖。

基于服务的业务模式：从传统的产品销售转向以服务为核心的收入模式，如SaaS模型，这可以在不增加太多固定资产的情况下持续获得收入。

融资租赁：通过融资租赁而不是购买的方式获取所需的资产，可以减少初期投资，并可根据需要灵活更新设备。

提升供应链管理效率：通过整合和优化供应链来减少库存和物流成本，采用精益供应链管理和需求驱动模型，提高响应市场变化的速度。

PPP（公私合作伙伴关系）模式：在一些基础设施和公共服务领域，通过与政府或其他公共机构合作，采用PPP模式进行项目运作，从而降低自身的资本和运营风险。

上述每种手段或方法的适用性取决于企业所处的行业、具体条件和战略目标。实施轻资产化策略时，重资产企业应该综合考虑各种因素，找到最佳的平衡点。

轻资产企业的战略与经营管理策略

轻资产企业由于固定资产投资较低，能够以更快速、灵活的方式应对市场变化，更注重无形资产和外部资源的管理。以下是轻资产企业可采取的一些主要的战略与经营管理策略：

专注核心竞争力：轻资产企业应集中资源和精力在其最擅长的领域，将非核心活动外包给专业合作伙伴，以保持运营的轻盈和灵活。

外包和战略合作：与其他企业建立伙伴关系，通过外包或合作来减少资本支出，拓宽服务范围和扩大市场覆盖面。

品牌和声誉管理：由于轻资产企业高度依赖无形资产，因此需要重视品牌建设和维护，确保品牌形象正面且吸引力强。

创新和灵活性：持续推动产品和服务的创新，及时调整商业模式来适应市场变化，快速抓住新的机遇或回应挑战。

知识产权保护：由于依赖专利、版权和商标等无形资产，轻资产企业应采取措施保护其知识产权，并有效利用这些资产创造收入。

信息技术和数字化投资：在信息技术和数字化方面进行持续投资，以优化运营效率、提高产品质量和增强客户体验。

连锁商业模式：轻资产企业要善用连锁商业模式，通过输出核心技术与产品、SOP等，借助外部的人力、资金、本地化等优势，实现低成本快速扩张。

市场多元化：利用轻资产模式的优势，拓展至不同地区和市场，分散风险，提升增长潜力。

资本和财务管理：优化资本结构，保持财务灵活性，以备不时之需，并使用各种金融工具来应对风险。

人才和文化：吸引和留住关键人才，建立创新、开放和协作的企业文化，这对轻资产企业的竞争力至关重要。

客户关系和服务：通过优质的客户关系和服务管理，提高客户满意度和忠诚度，巩固市场地位。

网络效应和平台化战略：对于依赖平台的轻资产企业而言，构建强大的用户基础并促进网络效应，可以在市场上形成竞争壁垒。

通过上述策略与战略的实施，轻资产企业可以有效地利用和增强其无形资产，对抗竞争压力，同时保持战略灵活性和运营效率，以实现可持续的增长和发展。

轻资产企业重资产化

轻资产企业转向重资产化是比较少见的策略，因为大多数现代企业更倾向于保持灵活性和降低固定成本。然而，某些情况下，轻资产企业可能会选择向重资产化转变，以增强对供应链的控制、提高生产效率或响应长期战略需求。以下是几种可能导致轻资产企业重资产化的情况和相关策略：

增强供应链控制：轻资产企业如依赖外部供应商或制造商，可能会对关键组件或服务的控制不足。在这种情况下，通过内部化生产或购买供应链上的关键公司来控制更多的生产过程，可以降低运营风险。

提高产品质量：如果外包供应商提供的产品或服务无法持续满足企业标准，企业可能会选择自行生产，确保产品质量和稳定供应。

应对规模经济需求：当企业规模扩大到一定程度时，自有生产设施可能比外包更具成本效益。自建工厂和购买重资产可以在一定程度上降低单位产品成本。这就是为什么比亚迪采取产业链垂直整合的模式，而造车新势力大部分采取外包模式。

保护核心技术或增强市场壁垒：通过投资研发和制造设施，企业可以更好地保护其技术不被仿制或泄露，同时增强市场竞争力。

提高对市场变化的反应速度：拥有生产资源可以使企业更快地响应市场变化和客户需求，特别是在市场竞争激烈的行业中。

轻资产企业重资产化的案例

苹果。苹果虽然仍是一家以设计和技术为主的轻资产公司，但近些年来开始在美国建设自己的制造基地，如2013年开始生产某些Mac型号的产品和最近投资建设制造晶片的设施。此举旨在增强对产品生产的控制和提高供应链的安全性。

特斯拉。特斯拉最初依赖外部供应商生产车辆组件，随着生产规模的扩大，特斯拉选择建立自己的超级工厂来集中生产电池和部分关键零部件，以确保生产效率和成本控制。

比亚迪。与很多整车厂外购零部件不同，更与很多造车新势力采用委托生产的方式不同，比亚迪采取全产业链战略。除了轮胎和门窗玻璃之外，其他零部件基本由比亚迪自己生产。这种重资产模式虽然需要庞大的资本支出，但给比亚迪带来了巨大的优势：不依赖任何外部供应商，所有生产环节的利润都留在内部，让比亚迪的毛利率（21.88%，2024年一季度）远高于任何一家智能电动汽车整车厂，甚至比单车平均售价是其两倍左右的特斯拉的毛利率（17.4%，2024年一季度）还高4.48%，这使比亚迪能够轻松应对任何竞争对手发起的价格战。比亚迪的重资产全产业链战略，适合具有规模优势的行业头部企业。

以上例子说明，在特定情况下，轻资产企业转向重资产化可以是一个战略，以提高市场竞争力和应对市场需求。不过，这种转变需要谨慎评估，以确保不会因增加固定投资而影响企业的财务灵活性和长期盈利能力。

两点重要说明

其一，在“重资产与轻资产”的行业属性中，对**逆向策略**的解释相对详细，在后面的行业指标中的每一对相反行业属性（轻与重、强与弱、大与小等），企业都可以考虑采用逆向策略，**这一逆向策略是创新商业模式、改变行业游戏规则、赢得竞争优势的重要来源。**读者可自行参照“重资产与轻资产”的逆向策略，后文不再深入阐述。

其二，实际上，在重资产行业与轻资产行业之间，还有一大类——中资产行业，其投资强度、固定资产比例介于两者之间，相应的策略也介于两者之间，即需要两者兼顾，在此亦不赘述（后续的行业属性基本都有介于两者之间的情况，也做同样处理）。

成本结构：高固定成本与高变动成本

按照固定成本与变动成本的比例，可以将行业划分为**高固定成本行业**（对应的就是低变动成本行业）和**高变动成本行业**（对应的就是低固定成本行业）。

高固定成本行业

高固定成本行业是指在运营过程中需承担大量固定成本的行业。固定成本，与变动成本相对，指的是在一定时期和一定业务量范围内不会因生产量或销售水平的变化而发生改变的成本。这些成本包括设备折旧费、租金、保险费、人力成本（不直接参与生产过程的管理及行政人员的薪资）和某些公用事业支出。在这类行业中，无论企业的生产活动水平如何，这部分成本都保持不变，即便是在生产暂停或产量很小的情况下也是如此。

高固定成本行业与重资产行业常常像一对孪生兄弟。重资产行业通常都是高固定成本行业，因为重资产会带来高折旧、高财务成本、维修保养与保险等高额固定费用，这样的成本结构决定了重资产行业同时也具有高固定成本的特征。高固定成本行业通常也是重资产行业，因为固定成本往往与资产投资紧密相关，尤其是在工业或基础设施建设方面的投资。

主要的固定成本包括租金或抵押贷款支付、设备折旧费、保险费用、行政与管理人员的薪资、公共设施费用、财产税等税费、长期合同服务费、利息支出、软件许可和支持费用、安全和维护费用等。

固定成本对企业的经营具有重要影响，因为无论生产情况如何企业都要支付固定成本，这对于企业的现金流管理至关重要。企业通过把固定成本分摊于尽可能多的产品上，来降低单位产品的成本，有助于提高企业的盈利能力。

高固定成本行业的特征：

高初始投资：进入这类行业通常需要大量的资金投入，用于购买厂房、设备、机器等长期资产。

高运营杠杆：由于固定成本占比较大，这类行业的企业对销售量的变化非常敏感。营业收入的小幅变动可能会导致净利润的大幅波动。

较大的规模经济：为了分摊高昂的固定成本，这类行业的企业往往需要以较大规模进行生产，以达到盈亏平衡点并获得利润。

高市场进入壁垒：较高的初始成本和复杂的技术要求为这些行业创造了高市场进入壁垒。

高度依赖经营效率：为了保持竞争力，这类行业的企业需要高度重视提升运营效率，降低单位产品的固定成本。

高固定成本行业的典型代表有制造业、公用事业、运输行业、电信行业。

高固定成本企业的战略与经营管理策略

一般来说，固定成本高的企业面临的风险更大，尤其是在市场需求不稳定或出现波动的情况下，因为企业必须继续支付这些成本，无论其收入水平如何。要实现盈利，企业必须维持足够的产量和销售量来覆盖固定成本，导致企业需要追求规模经济。

高固定成本企业面临着一系列独特的挑战，主要源于其大量的前期投资和持续的固定支出。企业为了保持竞争力和盈利能力，需要采取一系列精心设计的战略和经营管理策略。以下是一些关键的策略：

提高产量和扩大市场份额，提高规模经济效益：A. 扩大生产规模以分摊固定成本，同时探索市场扩张机会，如国际市场和新地区的渗透，以及增强在线销售渠道。B. 创造与现有产品线相关联的补充产品或服务，增加市场多样性和增加新的收入来源。

提高设备和资源的效率：A. 优化生产流程，引入自动化和智能化设备以提升效率。B. 实施预防性设备维护计划，保持运行的高效率和减少停机时间。

提供多元化产品和服务：A. 研发新产品线或服务，细分市场并满足不同客户需求，以扩大目标市场和收入来源。B. 为现有产品添加附加值服务，如售后支持、定期维护或咨询服务。

优化成本结构：A. 通过谨慎管理和谈判租赁合同、采购协议等节省开支，实现成本节约。B. 实行节能减排措施，比如投资节能设备，使用可再生能源，以减少长期运营成本。

财务和收益管理：A. 采用精确的财务预测和细致的预算管理，灵活调整财务计划以应对市场变化。B. 利用收益管理技术，进行价格优化，根据需求调整商品和服务的价格与供应量。

精简运营流程与提升生产效率：A. 实施精益生产和流程改进，削减不必要支出，例如实行5S管理。B. 定期评估生产设备布局与工作流程，以最大化地利用空间并提升生产效率。

构建战略性合作伙伴关系：A. 与供应链上下游企业建立合作伙伴关系，进行垂直整合或建立战略联盟，提高供应链整体效率。B. 计划与核心供应商和客户进行长期合作，以稳定供应和销售渠道。

固定成本变动化：将一些固定成本转化为变动成本，比如通过外包或租赁达成。

通过以上策略的整合，高固定成本企业可以更高效地分摊固定成本，同时还能够提升市场竞争力和盈利能力。然而，策略的成功实施依赖深入的市场和内部运营分析，以及对这些策略的周密规划和有效执行。

高变动成本行业

高变动成本行业指的是运营成本与产量或销售量高度相关的行业。这类行业的变动成本占总成本的比例较大，变动成本（也称可变成本或直接成本）是随着生产活动量的增减而增减的成本。换句话说，生产或销售每增加一个单位，变动成本就会相应增加，反之亦然。

变动成本通常包括：原材料成本、直接劳动成本、销售提成和佣金、包装和运输费用、电力和水费、一些间接的变动成本。

高变动成本行业的特征：

成本弹性较大：高变动成本行业的企业可以通过调整生产量来应对市场波动，因而在需求减少时能较为容易地降低成本。

价格敏感度较高：企业通常对原材料价格和直接劳动力成本的变化极为敏感，因为原材料价格和直接劳动力成本是构成其主要成本的关键要素。

产量适应性良好：由于成本与产量紧密相关，企业能够根据需求变化灵活调整产量。

对盈亏平衡点敏感：盈亏平衡点依赖产品的边际贡献（售价减去变动成本）。盈亏平衡分析对于这类企业的管理尤为重要。

高变动成本的典型行业有农业、服装制造和纺织业、食品制造和服务业等。

高变动成本企业的战略与经营管理策略

对于高变动成本企业，有效的战略与经营管理策略包含全面的成本控制、供应链优化、产品和市场策略调整，以及财务风险管理等。以下是主要策略建议：

成本和效率优化：精细管理变动成本。通过成本会计系统严格监控变动成本，审查供应链中的各环节以降低原材料、劳务成本和其他直接成本。**原料成本对冲。**采用期货合约、期权或固定价格购买协议等金融工具，以锁定长期供应价格，对冲原材料价格波动的风险。**提升操作效率。**采用精益生产方法和优化排班制度，减少生产浪费，提高资源和劳动力利用效率。

供应链和采购策略：供应链优化。与供应商建立紧密合作关系，通过批量购买和优化库存管理降低成本。**干系人协同合作。**与供应商共同开展成本节省计划，采用共享供应链管理系统以进一步压缩成本。

产品和服务管理：产品设计优化。在产品设计阶段考虑成本效益，选择成本效益高的材料和组件，简化生产工艺。**价值附加与差异化。**通过提供附加服务和强化产品特征增加产品附加值，以支持较高的定价策略。

市场定位与销售策略：动态定价机制是根据市场供求关系和客户采购行为实施动态定价。**精准营销策略**是针对最有可能产生高回报的顾客群体实施精细化营销。

财务与风险管理：强化财务分析能力，即提高财务分析能力，精确计算各个产品的成本和收益。**外包非核心活动**，即识别高成本的非核心活动，考虑外包以降低成本和提高核心竞争力。

客户关系管理：与高价值客户建立紧密关系，提供定制化解决方案和优质服务，提高客户黏性。

这些策略要根据企业的实际情况进行调整和实施，确保每一项策略都能针对企业的具体挑战和机会。企业成功的关键在于详细了解自身的成本结构、市场环境和客户需求，从而制定出最适合的战略方案。

固定成本变动化可为企业带来一系列好处，例如：实体店的租金是固定成本，本质上支付的是获客成本，将实体店的高租金选址改为低租金选址，再通过线上获客（例如美团上的某些无店铺餐饮店），将租金这一固定成本变为线上获客这一营销变动成本，这样可以增强经营的灵活性（例如遇到生意不好时，租金不能少，但获客的营销费用可以减少）。除此之外，采用云计算、设备租赁、外包非核心业务、共享经济模式、战略合作（资源共享与协同）等都是降低固定成本的有效方法。

边际成本：高边际成本与低边际成本

按照边际成本的维度，可以将行业分为**高边际成本行业和低边际成本行业。**

边际成本是指生产额外单位产品或提供额外单位服务时所增加的总成本，它是衡量成本变动的一个重要经济指标。

高边际成本行业

高边际成本行业指的是生产额外单位产品或提供额外单位服务时所涉及的增量成本相对较高的行业。在这种行业中，每增加一单位的产品或服务，所需的变动成本（如原材料成本、直接劳动成本、能源消耗成本等）显著增加。高边际成本通常与高变动成本、大规模的生产设备投资、昂贵的原材料或是复杂的生产过程有关。

这些行业的企业在增加产量时面临着较大的成本压力，可能限制它们在价格竞争或市场扩张方面的能力。

重资产行业往往与高边际成本行业有着密切的关联，但两者并不完全等同。

在重资产行业中，企业在扩大产能时需要大规模固定资产投入，此阶段属于高边际成本，而一旦初始的资本投资完成，企业的边际成本可以是相对较高或较低的。这取决于如下因素：

产量规模：很多重资产行业享有规模经济，这意味着随着产量增加，单位产品的平均成本会下降，从而可能降低边际成本。

成本结构：如果固定成本占据主导，那么一旦达到一定的生产规模，边际成本可能会变得较低，因为增加生产量所需的额外成本主要是变动成本，如原材料和能源消耗成本，而不是固定成本。

技术效率：随着技术的改进和生产效率提高，某些重资产行业的边际成本可以相对较低。

因此，虽然重资产行业有高固定成本，但其边际成本则受产量、生产效率和成本管理等因素影响。有的重资产行业在达到一定规模后会表现出相对较低的边际成本，例如电信业。不过，在实践中，很多重资产行业，尤其是资源开采和初级加工行业，由于对原料成本等变动成本敏感，其边际成本可能会相对较高，尤其是在产量扩张到一定程度之后。

高边际成本行业的主要特征

高变动成本：增加生产时，原材料成本、劳动力成本和能源消耗成本等变动成本增加，使总成本上升。

资本密集型：在产量扩张时，通常需要大量的固定资产投入，如昂贵的设备和厂房费用等。

规模经济限制：生产规模的扩大并不总能显著降低边际成本。

供给弹性低：由于生产成本的限制，对市场需求变化的响应比较缓慢，供给弹性相对较低。

价格传递性强：面对成本增加时，企业倾向于将成本上升部分转嫁给消费者，导致产品价格较为不稳定。

库存成本高：由于产品单价较高，持有及管理库存的成本也相应增加。

市场进入壁垒高：高初期投资和成本的情况下，潜在的新竞争者难以进入市场。

对定价策略限制强：企业的定价空间受边际成本的限制，可能难以通过降价策略来吸引更多顾客或抵御竞争。

典型的高边际成本行业有能源和资源开采业、化工行业、公共事业、农业、航空航天业、建筑业等。

高边际成本企业的战略与经营管理策略

高边际成本企业的战略与经营管理策略的制定需要考虑其所在行业的特点和市场环境，以下是一些针对性的策略建议：

有针对性的产能管理：实施精益生产和库存控制策略，例如“准时制生产”（Just In Time，JIT）策略，以减少库存成本和浪费；优化生产计划，避免无效或过剩的产能。

定制化和小批量生产：专注于定制化服务或小批量生产，以最大限度地减少无效生产和库存积压；利用先进制造技术如3D打印进行定制化生产，以提供个性化产品且保持较低的生产成本。

运营成本的精细化管理：对生产流程进行深入分析，利用ABC（Activity Based Costing）成本法确保成本核算的精确性，为降低成本策略提供数据支持；考虑外包低附加值活动，集中资源和资金于核心业务和高附加值活动。

弹性供应链设计：建立多元化的供应商网络，减少对单一供应源的依赖，以应对价格波动和供应中断的风险；加强与供应商的协作，以求取得更有利的采购价格和条件。

成本加成定价策略：如果产品或服务在市场上具有独特的竞争优势或较难被替代，考虑使用成本加成定价策略，确保每件产品的利润。

能源和资源效用优化：在生产过程中使用更高效的能量转换和资源循环利用技术矩阵，降低单位产品的能耗和资源消耗。

市场快速响应机制：利用大数据和机器学习技术对市场趋势进行实时监控，并快速响应市场变化，优化产品和服务供给。

全生命周期管理：从产品设计、制造、使用到废弃的全过程进行管理，通过生命周期评估（Life Cycle Assessment，LCA）来识别成本节约的环节。

服务融合：在产品销售中融合高附加值的服务，例如维护合同、操作培训等，提高整体利润率。

以上针对性策略需要根据企业的实际情况进行调整和实施，具体策略的有效性取决于企业所处的行业、市场环境、竞争对手和内部资源等多种因素。

低边际成本行业

低边际成本行业是指生产额外单位产品或提供额外单位服务时增加的成本非常低的行业。在这些行业中，提高生产或销售量并不会显著提高总体成本。边际成本可能会随着产量增加而逐渐减少，特别是当企业利润已经覆盖了初始的固定成本和开支之后。**以下是低边际成本行业的主要特点：**

高度自动化：使用机器和自动化流程来减少对昂贵劳动的依赖。

具有规模经济：在生产活动中，固定成本分摊在更多的产品单位上，从而降低了单位产品的平均成本。

生产数字化产品：软件、音乐、电子书和在线服务等一旦开发完成，复制和分发边际成本几乎为零。

少量物理原料：由于物质投入较少，原材料价格波动对成本的影响相对较小。

低边际成本行业通常涉及信息技术业、媒体和娱乐业、电信业、软件开发业、网络服务业和任何基于平台的业务模型行业，如云计算服务业。这些行业中的企业往往可以以极低的成本向额外的客户提供服务或产品，能够实现显著的市场扩张并从规模经济中获益。

低边际成本企业的主要策略

低边际成本企业为了有效提升利润率和市场份额，需要综合考虑规模扩张、市场策略、产品差异化、技术创新、客户关系管理等多个方面，以下是低边际成本企业的主要策略：

规模扩张与市场渗透：利用低边际成本的优势，通过增加产量和销售量来分摊固定成本，并提高利润率；采用市场渗透定价策略，在初期设置较低的价格以快速获得市场份额，随后根据市场反应和品牌定位逐步调整定价策略。

产品和服务差异化：开发具有独特特征和增值服务的产品，避免价格战，同时树立品牌形象并维护用户忠诚度；不断通过技术创新推出新的产品功能和服务模式，保持产品的技术领先地位和增加市场吸引力。

网络效应与社区建设：特别是平台型企业，通过增加用户数量来强化网络效应，提升产品价值并吸引更多新用户加入；构筑活跃的用户社区，鼓励用户互动，利用社区力量提出改进建议，增强用户黏性。

强化客户关系与个性化服务：通过提供个性化服务和优化客户沟通渠道，提升客户满意度和忠诚度；采用数据分析和机器学习技术，洞察客户需求，个性化推荐产品，提升客户体验。

有效的成本和运营管理：尽管边际成本低，但必须有效控制固定成本和运营成本，通过精细管理确保企业的长期盈利能力；采用精益生产和自动化技术，提高生产和服务的效率。

拓展多元化收入来源：探索通过增值服务、广告、订阅、版税等多种方式构建多元化的收入流；针对不同客户群体和市场需求，开发多样化的产品组合和服务套餐。

建立合作与伙伴关系：与其他企业或组织建立伙伴关系，通过资源共享和协同合作扩大市场覆盖面并增强竞争力；利用合作伙伴的渠道和资源，加快产品创新和市场拓展。

基于数据的决策制定：利用高效的数据分析工具和技术来指导产品开发、营销策略、定价模型和库存管理等决策；结合市场反馈和用户行为数据，持续优化运营策略和产品方向。

低边际成本企业可以通过整合和实施上述策略，在竞争激烈的市场环境中立足，实现规模化发展和盈利能力的持续增长。

财务杠杆：高资产负债率与低资产负债率

财务杠杆又叫资金杠杆，反映的是企业的资产负债率，不同行业的财务杠杆有明显差异，据此可以将行业分为**高财务杠杆行业和低财务杠杆行业。**

高财务杠杆行业是指通常需要借助大量债务资金（相对于其股权资本）来运营和扩张的行业。这些行业往往具有高固定成本和资本支出，因此需要高额的初始投资和持续的资本投入。

典型的高财务杠杆行业有金融行业、房地产行业、公用事业、能源和石油化工业、基础建设和重工业、资源开采业、航运与航空业、医疗行业等。

高财务杠杆行业通常具有一些共同的特征，这些特征反映了它们对外部融资的依赖程度，以及运用债务来推动增长和扩张的策略。**以下是高财务杠杆行业的主要特征：**

高固定成本：高财务杠杆行业往往是资本密集型的，意味着它们需要大量的固定资产来维持运营，如厂房、设备等基础设施建设。这些前期成本高昂，通常通过长期负债来筹集资金，从而增加了财务杠杆。

巨额初始投资：启动企业或扩展现有运营能力通常需要巨额初始投资，这些投资成本超过了企业自身能够产生的现金流，因而需要通过借款来实现。

较长的资本回收期：由于高财务杠杆行业的项目规模大且复杂，从投资到开始产生稳定收益通常需要较长时间，这意味着资本回收期较长。

稳定的现金流预期：尽管这些行业的债务水平高，但它们往往能够提供稳定且可预测的现金流，如公用事业和电信服务业。这种稳定性有助于企业在偿还债务利息和本金时保持财务稳健。

对利率变动敏感：由于高财务杠杆行业的企业借债较多，它们对利率变动特别敏感。利率上升会增加借款成本，对企业的利润和现金流产生负面影响。

监管环境与政策变化的影响：高财务杠杆行业如银行业、房地产业、航空业和电力行业等常受到严格的监管。政策的变化或监管环境的调整可能会影响这些行业的运营成本和盈利能力，进而影响其偿债能力。

市场需求的稳定性：一些高财务杠杆行业的产品或服务具有刚性需求，例如水、电和天然气。需求的稳定性为这些行业的企业提供了一定程度的收入保障，有助于它们管理因财务杠杆所带来的风险。

杠杆反转风险：在经济衰退或行业特定危机期间，高财务杠杆可能会成为企业的负担，增加财务脆弱性，当收入减少时，偿还债务的压力可能会导致财务困境甚至破产的风险。

高财务杠杆行业面临由高债务水平带来的特殊风险和挑战。因此，这些行业的企业需要采取特定的战略和经营管理策略来优化财务表现，降低财务风险，并保持竞争力。**以下是一些关键策略：**

①风险管理策略。建立完善的风险管理体系，包括风险识别、评估、监控和应对等环节。设定明确的风险限额，确保企业在可承受的风险范围内运营。

定期对业务进行风险评估，及时调整业务模式以应对潜在风险。

高杠杆是一把双刃剑。在形势好的时候（比如需求旺盛、低利率时期），高杠杆可以带来远超其他行业的暴利；但在形势不好时，资金断裂的风险又特别高。

②资本结构优化。根据企业实际情况和市场环境，合理规划资本结构，平衡债务和股权的比例。寻求多元化的融资渠道，降低融资成本，提高财务灵活性。除了债务融资外，还可探索权益融资、合作伙伴投资、政府补贴或其他非传统融资渠道，以降低对单一融资源的依赖。

③现金流管理。提高资产周转率是高杠杆企业的核心战略，是改善现金流的关键策略。密切关注现金流状况，确保企业有足够的现金流来偿还债务和应对突发情况。

相比一般行业（或企业），**高杠杆行业（或企业）对财务负责人的要求很高。**要求财务负责人既要有很强的融资能力，又要有很强的现金流规划与管理能力，既要充分利用闲置资金缓解高额的财务成本压力，又要确保不会出现现金流断裂风险。

④内部控制与合规性。加强内部控制制度建设，确保企业财务信息的真实性和准确性。遵守法律法规和行业规范，确保企业运营合规，避免因违规行为而引发的法律风险。

毛利率、周转率、盈利性

毛利率：高毛利与低毛利

不同行业的毛利率不同，据此可以将行业分为**高毛利行业和低毛利行业。**

高毛利行业与低毛利行业的主要特征对比如表5-2所示：

表5-2　高毛利行业与低毛利行业的主要特征对比

特征	高毛利行业	低毛利行业
品牌效应	强，品牌溢价能力强	弱，品牌影响力有限
产品/服务	独特性高，难以替代，高附加值	同质化高，差异度小，低附加值
进入门槛	高，新竞争者难以进入	低，新竞争者容易进入
技术/知识产权	技术含量高，专利或知识产权保护力度强	技术含量低，知识产权保护作用有限

（续表）

特征	高毛利行业	低毛利行业
客户忠诚度	高，客户黏性强	低，客户价格敏感度高，容易流失
竞争格局	竞争相对理性，价格战较少	竞争激烈，价格战频繁
规模效应	显著，进一步提升毛利率	依赖规模经济，通过规模降低单位成本
运营效率	重要，但并非决定性因素	至关重要，通过高效运营来控制成本
销售模式	可以依靠较低的销量获得高利润	需要依靠大量的销售来弥补低利润率
流动性管理	相对宽松	非常重要，需要谨慎管理现金流

典型的高毛利行业通常涉及产品或服务有独特价值、品牌效应强、创新能力强或者市场准入门槛较高的领域。**典型的高毛利行业**有软件和信息技术服务、制药和生物技术、医疗设备、奢侈品和高端消费品、版权和专利许可、互联网服务和平台、咨询和法律服务等行业。

高毛利行业通常具有较大的利润空间，因此企业在竞争策略和运营管理上可以较为灵活，**以下是一些主要针对性策略：**

差异化策略：利用高毛利提供的空间，企业可以有更多的余地提供差异化产品或服务。这种差异化的优势可以帮助企业在市场竞争中脱颖而出，同时可以进行价值定价，避免深陷价格战。

品牌建设：高毛利为品牌建设提供了更大的空间。强大的品牌不仅可以提升产品的认知度，还可以创造更大的溢价空间，进一步提升毛利。

市场扩展：相比低毛利行业的企业，高毛利行业的企业通常有更多的资本进行市场扩张，如开设新门店、进入新市场或扩大生产规模。

产品创新：高毛利行业通常有更大的空间从事产品和服务的创新，从而增加产品线，提高产品的价值，并为消费者提供更优质的体验。

维持产品及服务质量：企业应保持提供优质的产品和服务，质量下滑可能导致企业声誉毁损，进而影响消费者的购买行为和企业的盈利水平。

高价值策略：高毛利企业的核心能力，是塑造高价值的能力。

这些策略都直接针对高毛利行业，可以帮助企业更好地利用其利润优势应对市场竞争，同时为提高公司价值和扩大市场份额创造条件。

低毛利行业通常指产品或服务的价格比生产成本或提供服务的成本只高出很小的一部分的行业。**典型的低毛利行业**有零售业、食品和农林牧渔业、制造业、航空业与交通运输业等。

在低毛利行业进行经营，企业需要采取一些针对行业特点的特殊策略来增强盈利能力和竞争优势。**以下是一些针对性策略：**

提升运营效率：高效的运作可以帮助企业降低成本和提高盈利能力。这可以通过优化生产过程、降低废品率、加强库存和供应链管理，以及使用高效的市场营销策略来实现。

寻求规模经济：在低毛利行业，企业往往需要大量的销售额来获得可观的利润。因此，企业需要寻求规模经济，提高其产品或服务的销售量来分摊固定成本，从而降低单位成本。

产品和服务的差异化：尽管在这类行业中，商品和服务往往都是同质化的，但企业仍然可以寻求差异化，尽可能让自己的产品或服务在多样的竞品中脱颖而出。这可能涉及创新的产品设计、优质的客户服务或独特的品牌定位等。

利用自动化技术：新的技术，如自动化技术、人工智能和大数据分析技术，可以提高生产效率，降低成本，并帮助企业更好地理解客户需求和市场动态。

建立忠实客户群体：让顾客变得忠诚于企业品牌是另一种可能的策略。通过提供优质的客户服务、优惠的价格和有效的客户回馈计划，努力吸引并保留忠实客户。

管理现金流：在低毛利行业，现金流管理至关重要，因为现金流短缺可能导致企业的经营中断。因此，企业需要细心地进行财务规划，确保采购、生产、销售等各个环节都能够顺畅运作。

合作：通过与其他企业或者供应商合作，共享资源，降低运营成本。例如，共享仓储、物流等后端资源，可以降低单个企业的成本压力。

这些策略聚焦于提高效率、降低成本、增加销售和改善客户体验，可以帮助低毛利行业的企业增强盈利能力和市场竞争力。

资产周转率：高资产周转率与低资产周转率

财务视角的周转率通常包括总资产周转率、净资产周转率（也叫资本周转率）、库存周转率、应收账款周转率、固定资产周转率，实际上这些周转率都可以看作资产周转率（只是不同类型的资产），可以按资产周转率将行业分为**高资产周转率行业和低资产周转率行业**（这里的资产可以理解为总资产，也可以理解为净资产）。总资产周转率=销售收入/总资产，净资产周转率=销售收入/净资产。两者的区别在于权益乘数。净资产周转率=总资产周转率×权益乘数。

高资产周转率行业与低资产周转率行业的主要特征对比如表5-3所示：

表5-3　高资产周转率行业与低资产周转率行业主要特征对比

特征	高资产周转率行业	低资产周转率行业
资产利用效率	高，资产快速转换	低，资产周转周期长
存货周转	快，产品销售速度快	慢，销售周期长，库存积压风险高
资产结构	轻资产为主，例如服务业、软件公司	重资产为主，例如制造业、基础设施建设
销售额	高，依靠销售规模获取收益	高或低，取决于产品单价和销售量
经营策略	灵活，快速响应市场变化	可能较为固定，取决于行业特性
市场响应速度	快，能迅速适应市场需求变化	可能慢，受制于生产周期和销售周期
流动性管理	重视，需要保证充足的现金流	相对不重要，但关注长期资金的筹措
资本投资	较低	高，需要大规模的初始投资
生产周期	较短	长，可能需要较长的准备和制造周期
资产使用寿命	可能较短，取决于行业特性	长，资产折旧周期长
需求稳定性	不一定，但需要灵活应对市场变化	稳定或波动，如果不稳定则行业差
投资回收期	较短	长，需要较长时间才能收回投资
技术革新速度	可能较快，需要快速迭代产品/服务	可能较慢，技术更新换代周期长

典型的高资产周转率行业有零售业、服务业、餐饮业、服装行业、物流和快递服务业、租赁和商业服务业、网络通信技术行业等。

为高资产周转率行业的企业提供针对性强的策略，**以下是主要针对性策略：**

精细化的库存与物流管理：库存管理。采用高级库存管理系统，如电子数据交换（Electronic Data Interchange，EDI）和自动补货系统，精细化地控制库存水平，快速响应市场需求变化。**物流与配送优化。**投资最新的物流技术，优化配送路线和仓储设施布局，以缩短交货时间和降低物流成本。

供应链高效运作：与供应商建立紧密的合作关系，实施准时制生产策略，缩短生产周期，提高供应链透明度和响应速度，以便更快速、高效地满足市场需求。

高效的现金流管理：高资产周转率行业的企业，通常现金进出频繁、数额很大，因此规划好现金流非常重要，做到既不会因为现金不足影响经营，也不会因为现金过剩影响资金利用率。

灵活调整市场策略：根据深入的市场研究和消费者行为分析，灵活调整营销和促销策略，保持产品的市场吸引力和商业竞争力。实施动态定价策略，根据市场供需和消费者需求进行价格调整，优化销售。

充分利用数据分析：利用大数据和分析工具深入理解市场趋势，优化决策过程，预测需求，调整供应链和库存策略，以提高整体业务效率。

这些策略的核心在于高效地利用资产，提高资产周转速度，同时保持对市场动态快速响应。通过精细化管理、技术投资、重点关注市场和消费者需求，高资产周转率行业的企业能够保持竞争优势，并实现可持续的增长和盈利。

典型的低资产周转率行业有公用事业、石油和天然气行业、基础材料行业、重型机械行业、航空航天与防务业等。

处于低资产周转率行业的企业面临着特定的挑战，包括高额的固定资产投资、产销周期长和回收投资周期长等。这些企业需要采取一系列针对性策略来优化运营、提高资产周转率和增加盈利。**以下是一些具体的策略：**

提高资产利用率：采用多班次运营。如果可能，通过增加班次来提高设备和厂房的利用率。**设备共享或过程外包。**对于不经常使用的设备，考虑与其他企业共享，或将某些过程外包给专业公司。

采用精益生产和自动化技术：精益生产。采用精益生产原则和企业管理办法，如5S，持续改进和进行价值流分析，以减少浪费、提高效率。**自动化和智能制造。**投资更新自动化设备和信息技术，如机器人和人工智能，以提高生产效率和降低人工成本。

优化库存管理：合理库存。采用如准时制生产的策略，降低库存水平，提高库存周转速度。**需求预测。**利用先进的需求预测技术和工具，改善库存管理，以避免过剩和短缺。

增强财务管理：筹资策略。优化资本结构，利用融资租赁等财务工具减小资本开支对现金流的影响。**成本管理。**持续关注成本控制，精确成本核算，确定成本驱动因素，实施成本降低策略。

市场和产品多元化：市场扩展。探索新的市场和客户群，以扩大产品销售。**产品创新和服务。**开发新的产品和服务，特别是可以利用现有资产但边际成本较低的产品，以提高资产周转速度。

改善客户关系和服务：合同管理。通过灵活的合同管理和谈判来缩短收款周期，提高现金流。**客户服务。**提高客户满意度和忠诚度，提高“回头客”比例，增加收入。

进行战略性投资和合作：横向或纵向整合。通过并购或合作扩大市场份额，获得新技术或降低成本。**技术合作和联盟。**与科研机构或其他企业合作，共享技术、研发和市场资源。

对于低资产周转率行业的企业来说，通过实施上述针对性策略，可以提高资产利用率和生产效率，降低成本，增加收入，从而在竞争激烈的市场中保持竞争力和盈利能力。

盈利性：强和弱

一个行业内的不同企业盈利性有差别，不同行业之间的盈利性也有明显差别，所以行业天然就有“好坏”之分。按照行业的整体盈利性及其稳定性，可以将行业分为**强盈利性行业和弱盈利性行业。**

强盈利性行业与弱盈利性行业的主要特征对比如表5-4所示：

表5-4　强盈利性行业与弱盈利性行业的主要特征对比

特征	强盈利性行业	弱盈利性行业
市场需求	稳定，持续增长	饱和，增长缓慢或停滞
进入壁垒	高，新竞争者难进入	低，新竞争者容易进入
退出壁垒	低，避免过度竞争	高或低
竞争格局	集中度较高，竞争理性	分散，竞争激烈，价格战频繁
技术环境	成熟稳定，更新速度适中	更新换代快，需要持续投入研发

（续表）

特征	强盈利性行业	弱盈利性行业
政策环境	政策支持，监管环境稳定	政策风险高，监管严格，影响大
价格趋势	相对稳定	波动较大，易受竞争和成本影响
成本结构	可控，企业能够有效管理成本	成本高，压缩利润空间
创新能力	重视创新，但追求稳健回报	缺乏创新，产品/服务同质化严重
替代品威胁	低，被替代的可能性小	高，新产品/新服务容易涌现
客户需求	相对稳定，可预测	多变，难以捉摸，难以满足

强盈利性行业主要有IT技术和软件、制药和生物技术、医疗设备和服务、金融服务、强品牌消费品、互联网和社交媒体等行业。

弱盈利性行业主要有低端制造业、酒店投资业、人造旅游景区行业、航空业、传统零售行业、线上零售业（包括传统电商和兴趣电商，非平台）、传统印刷业、太阳能发电行业等。

行业盈利性的强弱很大程度上由行业结构与特征决定，强盈利性行业应该尽量用好并避免失去正面特征，而弱盈利性行业则应该尽量避免负面特征。**处于弱盈利性行业的企业，应该采取以下针对性强的策略来提升盈利能力和市场竞争力：**

创新和差异化：针对行业特点和消费者需求，进行深度的产品研发和设计，提供与竞争对手区别明显的产品或服务。例如，在传统印刷业中，可以开发特色印刷产品，如个性化定制印刷品，或者提供一站式的设计和印刷服务。

成本控制和效率提升：精细化管理企业运营，降低成本，包括采购成本、生产成本、运营成本等。同时，提高工作效率，优化流程，减少浪费，从而提升盈利能力。

拓展特定市场渠道：针对本行业的消费者群体，选择特定的市场渠道进行拓展。例如，传统零售店可以加强线上销售渠道的建设，通过电子商务平台吸引更多年轻消费者。

深度了解并满足客户需求：在客户服务方面，深入了解行业客户的痛点和需求，并提供个性化解决方案。比如，石油和天然气开采企业可以提供定制化的能源解决方案，帮助客户提高效率和降低成本。

开展行业内特定的多元化经营：根据行业特点和资源，拓展与主营业务紧密相关的领域。例如，影视行业可以考虑开发衍生品市场，如影视主题商品、游戏等，以增加盈利点。

寻求行业内或跨行业的合作机会：与行业内的其他企业或相关产业进行合作，共同开发新产品或市场。例如，铁路运输企业可以与旅游公司合作，推出联名旅游产品，吸引更多乘客。

03　30组行业属性之行业结构与竞争格局特征

行业竞争格局与行业集中度

按照行业竞争格局，可以将行业分为**完全垄断行业、寡头垄断行业、垄断竞争行业、完全竞争行业。**

电力、自来水、燃气行业都属于完全垄断行业，电信、手机、电商、外卖属于寡头垄断行业，大家电、个人电脑属于垄断竞争行业，餐饮、食品、广告、线下零售属于完全竞争行业。

行业竞争格局，通常以**行业集中度**（Concentration Ratio，CR）来表示，CR1、CR3、CR5表示行业的领导者、前三名、前五名分别占市场份额多少，其所占市场份额越高，行业集中度就越高。

不同行业竞争格局的策略

在不同行业竞争格局中，不同的行业应该采取的策略是不同的。

完全垄断行业的核心策略是扩大客户群体，挖掘市场需求，把行业的蛋糕做大以抢占其他行业的客户预算；寡头垄断行业的企业核心策略是紧盯竞争对手，因为客户的选择很少；垄断竞争行业的企业需要同时兼顾竞争导向与消费者导向；完全竞争行业则以客户导向为主、竞争导向为辅，因为对手太多，很难确定谁是自己的主要对手。

零散市场战略

当行业集中度很低时（如CR5＜30%），该行业属于零散行业。造成行业零散的原因非常多，主要原因有进入壁垒低、缺乏规模效应、高运输成本、销售波动大、多样化市场需求、极端的产品差异化等。零散行业做大做强的核心是克服零散，形成集中化，主要方法有创造规模经济，使多样化需求标准化（或者选择只服务于能接受标准化商品的客户）；通过连锁复制模式，分离造成零散的主要因素；通过收购获得临界批量；等等。中国茶叶行业是一个典型的零散化行业，小罐茶通过标准化产品、统一品牌、统一价格等手段，快速成为行业龙头。

从企业视角来看，不是要给出有关竞争格局与行业集中度的针对性策略，而是要针对不同行业格局中不同类型的企业，合理判断其应该采取何种策略。行业集中度较高的行业，通常存在实力强劲的行业领导者、有野心实力强的行业挑战者和一些实力弱的行业跟随者，而行业集中度低的行业，通常没有领导者、挑战者，以跟随者、市场利基者居多。**行业中不同定位的企业，其针对性战略不同**（表5-5）。

表5-5　企业定位与主要针对性战略

企业定位	主要战略
领导者	市场领导地位巩固：防御性定价策略、客户忠诚度计划、渠道优化与拓展
	创新驱动发展：研发投入强化、技术合作与联盟、创新文化培育
	生态系统构建：产业链整合、平台化运营、跨界合作与融合
	扩大市场需求：引导和教育消费者、做大市场蛋糕、驱动行业发展
挑战者	明确差异化竞争优势
	聚焦细分市场与目标客户
	创新产品与服务
	制定灵活的价格策略
	攻击领导者的软肋
跟随者	差异化跟随：独特的产品与服务、快速响应、客户培训
	聚焦特定市场或客户群体
	专注策略：垂直/水平专业化、地域专注、客户专注

（续表）

企业定位	主要战略
跟随者	模仿和创新：创新跟随战略、根据用户反馈研发
	竞争策略：差异化产品与服务、价格跟随+附加价值
市场利基者	精准定位目标市场：深度分析市场、定义明确的客户画像、专注特定产品/服务
	构建差异化竞争优势：产品专业化、服务定制化、品牌差异化
	建立进入壁垒：深耕客户关系、技术领先、信息优势
	高效运营管理：成本控制、灵活应变、专注核心竞争力

生产要素密集度：资本密集、人力密集、技术密集

按照生产要素密集度，可将行业分为**资本密集型行业、人力密集型行业、技术密集型行业。**

资本密集型行业的核心是资金的效率，人力密集型行业的核心是人效，技术密集行业的核心是领先的技术与研发。

资本密集型行业

资本密集型行业可以定义为在生产过程中需要较多资本投入的行业。**这种行业的特点主要体现在以下方面：**

高初始投入：这类行业通常需要大量的初始资本投入来购买必需的设施、设备和技术，例如重型机械、生产线、能源设施等。设施设备的购置和维护需要大量的资金支持。为了提高生产效率和降低单位产品成本，资本密集型企业往往会大量投资自动化技术以提升生产效率。

固定成本高：资本密集型行业往往有较高的固定成本，如土地成本、建筑成本、机器设备的折旧和维护费用，通常还有高昂的财务费用。

资金周转较慢：由于资本密集型行业的投资量大，且生产设备等固定资产的折旧周期长，该行业的资金周转速度相对较慢。这意味着企业需要承担较大的资金压力，并需要有良好的资金管理能力来确保企业的正常运营。

产品物化劳动比重大：在资本密集型行业中，产品成本中物化劳动的消耗比重较大，而活劳动的消耗比重较小。这意味着该行业的产品价值主要来源于生产过程中的资本投入，而不是劳动力的投入。

追求规模经济：为了分摊高额固定成本，这些行业往往追求规模经济，也就是说，当生产量增加时，单位产品的固定成本会下降。

市场进入壁垒较高：由于需要大量前期投资，新竞争者进入市场的门槛较高，导致这些行业往往由少数几家企业主导。

周期性明显：资本密集型行业的盈利性往往与宏观经济周期密切相关，受到全球经济状况、投资环境和市场需求波动的影响，其中占比很大的财务成本受利率、汇率等宏观经济因素影响很大。

长期投资回报：由于前期投资大，资本密集型行业通常需要较长的时间才能回收投资并盈利。

典型的资本密集型行业包括房地产业、石油和天然气业、采矿业、化工业、钢铁制造业、汽车制造业、航空航天业、旅游景区与酒店业，以及电力和水务等公用事业行业。

资本密集型行业的主要战略与经营管理策略

优化资本支出：由于初期投资巨大，资本密集型企业应对资本支出进行精细化管理，确保资金被用在关键处和效率最高的地方，避免资源浪费。企业应精确计算投资回报率，确保每一分钱的投入都能产生最大的经济效益，高效利用大量的资本是关键。

缩短资本回收期：通过研究提高产品的市场接受度或优化生产流程，以缩短资本投资的回收周期，从而提高企业的现金流和财务稳定性。

动态产能管理：采用高灵活性的生产计划和供应链管理，以适应市场需求的波动，避免产能过剩或供应不足。

追求规模经济：追求规模经济是资本密集型企业成功的关键。通过增加生产规模来分摊固定成本，从而降低单位成本。

提高运营效率：由于资本成本较高，提高资本设施的利用率和运营效率至关重要。这可能涉及精益管理、持续改进流程和采用自动化技术。

落实成本领先战略：尽可能最小化运营成本，尤其是固定成本和变动成本，如能源消耗和原材料采购成本，从而在价格竞争中占据优势。

资产优化和维护：由于依赖重资产，确保这些资产保持最佳工作状态，以延长其使用寿命和提升效率，这是关键战略之一。

投资决策的严谨：收集和分析大量数据来支撑决策，使用先进的财务模型和预测工具，确保投资决策的准确性。

重点关注现金流管理：由于做巨额固定投资和持有相对不易变现的资产，资本密集型企业需要着重管理现金流，以确保日常运营和长期偿债能力。

提高供应链稳定性：确保原材料和其他投入品的稳定供应，管理和减少供应链风险。

技术创新：在资本密集型行业中，技术创新非常重要。企业应注重研发和技术投入，不断引进新技术、新设备，以提高生产效率和产品质量。同时，技术创新有助于企业在竞争中保持领先地位。

以上策略着重关注的是提高固定资产和技术资产的效率，优化资金分配以及管理巨额资本带来的风险。通过这些战略，资本密集型企业可以尽可能降低单位成本，提高竞争力，同时确保长期的财务健康和可持续发展。

人力密集型行业

人力密集型行业主要是指在生产过程或服务提供过程中，相对于资本、技术等投入，需要更多劳动力投入的行业。在这些行业中，劳动力是主要的生产要素。**人力密集型行业的主要特征**包括：

高劳动力需求：大量的劳动力是这类行业中企业运作的前提，需要大量员工来执行各种操作，完成服务或生产任务。

劳动力成本占比高：由于依赖人类劳动，劳动力成本在总成本中占有较大比重。

较低的技术和资本投入：相比于资本密集型行业，人力密集型行业在技术和机械设备上的投入相对较少。

易扩展性：人力密集型行业的规模扩展相对容易，主要通过增加劳动力来实现。这与高固定资产行业扩大产能时，需要大规模的资本投入是完全不同的。

服务或产品质量依赖人：服务或产品的质量很大程度上取决于员工的技能和劳动态度，人在质量控制中占重要地位。而人相比于物又有更大的不确定性，给生产效率与质量带来了不稳定性。

技能要求相对较低：与技术密集型行业相比，人力密集型行业对员工的技能要求相对较低。这意味着该类行业可以吸纳大量的初级劳动力，为就业市场提供机会。该类行业并非不需要技能或培训，而是指相对于技术密集型行业，其技能要求更为基础。

规模经济受限：由于提高产量或交付服务需要通过人力去完成，所以在最主要的人力成本环节难以形成规模效应，例如有100个理发师的理发店并不比只有10个理发师的理发店的人均人力成本更低。

地理位置灵活：由于对技术和固定设施的依赖较小，许多人力密集型企业能够相对容易地根据劳动力成本和市场需求的变化进行地理位置调整和迁移。

典型的人力密集型行业包括餐饮业、零售业、教育业、医疗和社会护理服务业、建筑业和农业等。在这些行业内能否经营成功，很大程度取决于其劳动力的管理和利用效率。

人力资源管理战略

人力密集型企业的成本和效率高度依赖其员工的数量、效率和技能。为了在竞争激烈的市场中保持竞争优势，**这些企业应该采取以下一些针对性战略：**

优化招聘与选拔方式：建立高效的招聘流程，确保能够快速、准确地找到合适的人才。重视员工的选拔过程，通过面试、测试等方式评估候选人的能力和潜力。

提供培训与提升技能：提供持续的培训计划，确保员工具备完成工作所需的技能和知识。鼓励员工参与外部培训和研讨会，以拓宽视野和提升专业水平。通过培训和教育提高员工的技能和效率，定期进行员工技能评估，提升员工技能，确保员工能适应变化。

激励员工：设计合理的薪酬福利体系，以吸引和保留优秀员工。实施绩效管理制度，根据员工的工作表现给予相应的奖励和晋升机会。创建积极向上的企业文化，提高员工的工作满意度和归属感。通过有效的激励体系（如绩效奖金、职业发展机会等），激发员工的积极性，提高员工的忠诚度和工作满意度。

优化人力资源：合理规划人力资源配置，确保员工的数量和技能与生产需求相匹配，减少人力浪费并提高灵活性。

运营管理战略

标准化与流程优化：制定标准化的工作流程和操作指南，提高工作效率和质量。不断优化工作流程，减少不必要的环节和浪费，降低成本。

团队合作与沟通：强化团队合作意识，鼓励员工之间的协作与交流。建立有效的沟通渠道，确保信息在团队内部畅通无阻。

灵活排班与调度： 根据业务需求灵活调整员工的工作时间和排班计划。在高峰期或特殊情况下，能够快速调度人力资源以满足需求。

提高劳动生产率： 采用先进的生产管理方法如精益生产、六西格玛，以提高劳动效率，并减少浪费。

简化内部流程： 优化内部流程，减少不必要的步骤，避免中断流程，以缩短生产周期并提高效率。

控制劳动力成本： 高效管理工资和福利支出，并且在保持员工满意度的基础上，寻找合理控制劳动力成本的方法。

提高适应性与灵活性： 快速适应市场的变化并随之调整人力资源配置，如需要时采用临时工或外包服务以应对生产波动。

提高员工福利与改善工作条件： 提高员工福利，改善工作条件，减少员工流失，降低招聘和培训新员工的成本。

引入技术与自动化辅助： 虽然人力密集，但通过引入技术和自动化工具，可以提高个体员工的工作效率和整体生产能力。

通过实施这些战略，人力密集型企业可以提高劳动生产率、降低成本、提升员工满意度并提高企业的整体运营效率。

技术密集型行业

技术密集型行业和高科技行业常常被交错使用，它们有着紧密的联系，但也存在细微的差别。所有高科技行业都可以被认为是技术密集型行业，但并非所有技术密集型行业都符合高科技行业的定义，高科技行业更偏重于最新的技术研发，在产业结构中属于技术密集型行业的顶层或前沿。

技术密集型行业是指在生产过程或提供服务过程中，高度依赖先进技术和知识、创新能力以及研发投资的行业。这些行业通常集中在高科技领域，与新技术的开发和应用有密切的关系。**技术密集型行业的主要特征包括：**

高研发投入： 这些行业需要持续的研究与开发投资来维持其技术领先地位，并开发新产品和服务。

技术创新与变革： 技术创新是驱动这些行业发展的关键动力，企业通常需要不断创新来保持竞争力。技术密集型行业的技术发展速度快，对企业而言，适应技术变迁的能力是其生存和发展的关键。

知识劳动比例高： 企业依赖高学历、高技能的员工，如工程师、科学家、研究员和技术专家等。

产品周期短：由于技术的快速迭代，产品和服务可能面临较短的生命周期。

全球竞争：这类行业往往面临全球性的竞争，与此同时，跨国公司和国际合作在高科技领域十分常见。

重视知识产权的保护：尤其注重专利、商标和版权等知识产权的保护，因为这些是企业竞争优势的核心。

市场进入壁垒高：技术门槛和巨额初始研发投资构成了进入市场的障碍，常常导致行业内出现寡头垄断的局面。

政策支持：这类行业常常因其对提升国家竞争力和促进经济发展的重要性，可获得政府的政策支持，包括补贴、税收优惠和研发资助等。

典型的技术密集型行业包括半导体制造、生物技术、航空航天、制药、信息通信技术、可再生能源技术和新材料制造等行业。这些行业中的公司常常是市场上的创新领导者。

技术创新与研发策略

技术密集型企业，即以技术为核心竞争力的企业，**应该采取以下针对性策略：**

持续技术创新：加大研发投入，鼓励技术团队不断探索新技术、新工艺。设立创新基金，支持内部创业和新技术孵化。

产学研合作：与高校、科研机构建立紧密的合作关系，共同研发新技术、新产品。利用产学研合作平台，共享资源，加快技术转化和应用。

保护知识产权：重视知识产权的申请和保护工作，确保企业核心技术的安全。建立完善的知识产权管理制度，防范技术泄露和侵权行为。

人才培养与引进策略

引进高端人才：积极引进国内外顶尖技术人才，提升企业整体技术实力。提供具有竞争力的薪酬福利，吸引和留住人才。

优化内部培训与畅通晋升通道：定期组织技术培训和交流活动，提高员工的技术水平和创新能力。设立技术晋升通道，鼓励员工在技术领域深耕。

市场开拓与品牌建设策略

专注高端市场：瞄准高端市场，提供高品质、高技术含量的产品和服务。通过精准营销，树立企业在高端市场的品牌形象。

国际化拓展：积极参与国际竞争，拓展海外市场。加强与国际同行的交流与合作，提升企业的国际影响力。

组织管理与文化塑造策略

扁平化管理：采用扁平化管理模式，减少管理层级，提高决策效率。鼓励员工提出创新意见和建议，营造开放、包容的工作氛围。

创新文化建设：倡导创新精神，鼓励员工勇于尝试、敢于失败。定期组织创新竞赛和技术交流活动，激发员工的创新热情。

通过实施这些针对性策略，技术密集型企业可以不断提升自身的技术实力和创新能力，从而在激烈的市场竞争中脱颖而出，实现可持续发展。

行业进入与退出壁垒：高和低

行业壁垒分为**进入壁垒和退出壁垒，进入壁垒有高与低，退出壁垒也有高低之分。**分析行业壁垒的核心目的是为企业选择进入新行业时提供洞见，以及当企业身处某种壁垒类型的行业时，判断其应该采取哪些针对性策略。

进入壁垒

行业进入壁垒是指阻止或阻碍新的竞争者进入某个特定行业的障碍。它们可以是结构性的，也可以是战略性的，并对现有企业和新进入者产生重大影响。以下是两种主要类型的进入壁垒：

①结构性壁垒：

规模经济：当企业的生产规模扩大时，单位成本会下降。这使得新进入者难以与已建立的、享有规模经济效益的企业竞争。

范围经济：当企业生产多种产品或服务时，成本会低于分别生产每种产品或服务的成本。这使得新进入者难以与提供多种产品或服务的现有企业竞争。

网络效应：当产品的价值随着使用它的人数增加而增加时，就会出现网络效应。这使得新进入者难以与拥有大量用户基础的现有企业竞争。

高转换成本：当客户从一个供应商转向另一个供应商的成本很高时，就会出现高转换成本。这使得新进入者难以吸引现有企业的客户。

资本密集型行业：某些行业需要大量前期投资，例如制造业或自然资源开采行业，可能会阻止资源有限的新进入者。

技术壁垒与知识产权：高科技行业通常具有很高的技术壁垒，专利、商标和版权等知识产权可以保护现有企业的创新成果和品牌资产，使其更难被复制。

政策壁垒：许可证、配额和关税等政府政策，以及相关行政法规，可以为新进入者制造障碍。

②战略性壁垒：

定价策略：现有企业可以使用掠夺性定价等定价策略来阻止新进入者。

品牌与产品差异化：现有企业可以通过强大的品牌和差异化产品建立客户忠诚度，从而难以被新进入者取代。

控制分销渠道：现有企业可以通过与分销商签订独家协议或控制关键分销渠道来限制新进入者。

研发投资：现有企业可以通过持续投资研发来保持竞争优势，这使得新进入者更难跟上。

广告和营销：现有企业可以通过积极的广告和营销活动建立强大的品牌知名度和客户忠诚度，这使得新进入者更难以获得立足点。

对企业的影响：

对现有企业的影响：进入壁垒可以保护现有企业免受竞争，使它们能够获得更高的利润率。

对新进入者的影响：进入壁垒会使其进入新市场变得困难且成本高昂。

了解行业进入壁垒对于企业制定有效的竞争战略至关重要。现有企业可以利用这些壁垒来保护自己的市场地位，而新进入者则需要找到克服这些壁垒的方法，才能取得成功。

高进入壁垒与低进入壁垒行业的主要特征对比如表5-6所示：

表5-6　高进入壁垒与低进入壁垒行业的主要特征对比

特征	高进入壁垒行业	低进入壁垒行业
资本需求	高，需要巨额初始投资和运营资金	低，初始投资少
规模经济	显著，大企业具有成本优势	不明显，小企业也能参与竞争
技术门槛	高，需要特定的技术、专利或专业知识	低，技术要求简单，易于复制或获取
品牌忠诚度	高，现有品牌具有较强的市场影响力	低，品牌影响力较弱
关键资源	被少数企业独占或控制	资源获取容易，竞争较为分散
渠道壁垒	高，现有企业控制销售和分销网络	低，进入相对容易

（续表）

特征	高进入壁垒行业	低进入壁垒行业
网络效应	强，用户越多，产品或服务价值越高	弱，用户规模对产品价值影响不大
转换成本	高，用户更换供应商成本高	低，用户可以轻松更换供应商
政策与监管	严格，需要复杂的许可程序和合规要求	宽松，监管较少
竞争反应	快速，现有企业会阻止新进入者	激烈，容易进入，竞争激烈
其他特征	高利润率、低竞争强度、市场集中度高、产品/服务差异化明显	低利润率、高竞争强度、市场分散、产品/服务同质化严重

进入壁垒较高的行业主要有制药、航空航天、能源与公用事业、汽车制造、电信、金融服务、石油和化工、半导体、军工、铁路交通等行业。

进入壁垒较低的行业有餐饮、零售、家庭服务、内容创作与数字出版、个人美容与健身服务、在线销售、咨询服务、手工艺品和艺术品制作、房地产代理、便利服务等行业。

对于处在其中的企业来说，高进入壁垒意味着减少竞争，保护市场份额，有较高的边际利润，有更大的投资回报，有更大的战略自由度，提供品牌建设的时间。

对于打算进入的企业来说，高进入壁垒意味着较大的初期投资、前期高昂的运营成本、复杂而漫长的法规审批、持续的研发投入、艰难的客户获取、紧缺的高端专业人才、潜在的供应链问题，以及市场渗透难度大、风险和不确定性高等；意味着需要对冲和克服一系列挑战，才能成功进入市场并在其中生存和发展，需要冒较大的前期进入风险。

对于身处其中的企业来说，低进入壁垒意味着激烈的竞争、价格压力、不断创新的需求、对效率的重视、客户忠诚度挑战、市场适应性需求、较多的市场机会、品牌差异化难等。在低进入壁垒行业中，企业需要快速反应、持续创新、紧密关注成本管理和客户服务，同时还需要不断寻求差异化和增值服务来维护自身的市场地位。

高进入壁垒行业的在位企业策略，是持续强化进入壁垒建设，让新进入者难以进入。从在位企业的角度来说，这种针对新进入者的进入壁垒，是在位企业的“护城河”。**高进入壁垒行业的新进入者策略，是突破这些进入壁垒。**

退出壁垒

行业退出壁垒是指阻碍企业退出某个特定行业的障碍。它们可能导致企业在无利可图甚至亏损的情况下，依然难以退出或被迫继续经营。以下是一些主要的退出壁垒：

①经济性壁垒：

沉没成本：这是指已经发生且无法收回的成本，例如专用设备、研发费用等。高昂的沉没成本会使企业即使在持续亏损的情况下也难以退出。

资产的专用性：如果企业的资产高度专业化，只能用于特定行业或用途，那么在退出时很难将其出售或转用于其他用途。

退出成本：关闭工厂、解雇员工和处理剩余库存等退出成本可能非常高，导致企业难以做出退出决定。

②战略性壁垒：

长期合同：与供应商、客户或员工签订的长期合同中可能有巨额的违约金条款，使退出变得昂贵。

政府监管：政策法规，例如环境清理责任或对关闭工厂的限制，可能会增加退出的成本和难度。

声誉损失：退出一个行业可能会损害企业的声誉，尤其是在该企业是主要雇主或对当地经济至关重要的情况下。

③情感性壁垒：

对企业的个人依恋：企业的创始人或所有者可能对企业有很深的感情，即使在企业经营不善的情况下也不愿放弃。

对员工的责任感：企业所有者或管理者可能对员工的生计感到责任重大，不愿因关闭企业而导致员工失业。

对企业的影响：

阻碍产业结构调整。退出壁垒的存在会导致企业即使在无利可图的情况下也继续经营，这会阻碍产业结构的调整和资源的优化配置。

降低产业整体吸引力。由于缺乏竞争压力，依靠退出壁垒生存下来的企业会加剧行业的竞争，最终导致产业的吸引力下降。

增加企业经营风险。退出壁垒会使企业在面对市场变化时更加脆弱，因为它们更难以及时调整战略或退出无利可图的业务。

应对策略：尽早识别潜在的退出壁垒，并在制定进入战略时将其考虑在内；与供应商、客户和员工订立更灵活的合同条款；多元化经营，减少对单一行业的依赖；与政府保持良好沟通，争取政策支持。

了解行业退出壁垒对于企业的长期发展至关重要。企业应该在进入一个行业之前就充分评估潜在的退出壁垒，并制定相应的策略来降低其负面影响。

高退出壁垒行业的典型特征如下：专门化资产占比高、退出成本高、情感性壁垒存在、政府和社会限制，以及长期合同代价和供应链关系影响大等。这些特征使企业在考虑退出时需要权衡多方面的因素并付出高昂的代价。高退出壁垒会导致企业在面对市场衰退或严重亏损时依然选择继续经营，因为其退出成本远远高于继续运营的边际成本。这又称为**"锈蚀的陷阱"**现象，即企业即使在竞争力下降的情况下也会继续留在市场中，这对于行业内的所有企业来说，都是一种灾难。

典型的高退出壁垒行业有能源行业、电信行业、公用事业（包括水、电和天然气供应等）行业、航空制造业、钢铁制造业、汽车制造业、制药行业、化工行业等。在这些行业中，退出市场通常意味着巨额的沉没成本、设备解体和环境修复费用，以及可能的合同违约款，因此企业需要谨慎考虑投资决策，并为长期稳定运营做好规划。

面对高退出壁垒的行业，企业需要采取一系列策略以确保竞争力、灵活性和长期可持续性。以下提供一些**具体的针对性策略：**提高运营效率、加强财务管理、风险多元化管理、投资研发、做灵活的战略规划、建立稳固的客户关系、合理利用政策和法规、准备退出策略、灵活的劳动力管理等，通过采取这些策略，处在高退出壁垒行业中的企业可以提高其适应性和竞争力，同时减少因市场变化或其他外部因素导致的风险和损失。

低退出壁垒的行业使企业能够较为容易、快速且成本较低地退出市场，**通常有如下特征：**低固定资本投资、资产灵活、采用短期合同、可转移的技能和知识、最小化遗留成本、较少的法规限制、无须品牌或声誉维护、高流动性等。

低退出壁垒行业的基本特征是开始业务和结束业务的成本相对较低，容易进入和退出市场。这类行业中的企业不需要进行大量的固定资产投资，且市场监管相对宽松。典型的**低退出壁垒行业有**在线业务、零售、咨询服务、软件开发、内容创作、手工艺和艺术品销售等行业。这些低退出壁垒行业允许企业在较短时间内根据市场需求的变化来调整其业务战略。

由于退出壁垒比较低，低退出壁垒行业并不需要采取特定的策略。

壁垒组合

进入壁垒与退出壁垒可以形成以下组合（表5-7）：

表5-7　进入壁垒与退出壁垒组合

壁垒程度	退出壁垒高	退出壁垒低
进入壁垒高	较好生意	完美生意
进入壁垒低	垃圾生意	红海生意

进入壁垒与退出壁垒的组合，揭示了一个行业的好坏。最理想的行业是进入壁垒很高但退出壁垒很低，因为这样的组合竞争通常不激烈，例如固定资产投资小的高科技企业普遍属于这种类型；最差的行业进入壁垒很低但退出壁垒很高，因为这样的组合竞争非常激烈，国内酒店行业接近这种组合，所以投资回报率常年很低（指的是投资业主方而非单纯的运营方）。以上两种情况都相对较少，更常见的组合是进入壁垒高、退出壁垒高（如航空公司、汽车制造）与进入壁垒低、退出壁垒低（如咨询业、餐饮业）。

经济类型：规模经济与范围经济

按照行业经济类型，可以分为**规模经济生意**和**范围经济生意**。

规模经济（Economies of Scale）

规模经济是指企业的生产或销售规模扩大时，**单位产品成本或营销成本**下降的现象。也就是说，随着产量的增加，生产或营销每单位产品的成本会降低。

规模经济产生的原因：

有效分摊固定成本：更高的产量可以将固定成本（如租金、设备成本）分摊到更多的产品上，从而降低单位成本。

议价能力强：大规模企业通常对供应商具有更强的议价能力，可以获得更低的原材料和零部件价格。

专业化程度高：大规模生产允许企业进行更精细和专业化的劳动分工，提高生产效率。

范围经济（Economies of Scope）

范围经济是指企业生产多种产品或服务时，**总成本**低于分别生产每种产品或服务的成本总和的现象。

范围经济产生的原因：

资源共享：不同产品或服务可以共享相同的投入要素，例如设备、技术、分销渠道等，从而降低总成本。

技能和知识转移：生产一种产品或服务所获得的技能和知识可以应用于其他产品或服务的生产，提高效率并降低成本。

交叉销售：企业可以利用现有的客户关系和分销渠道进行交叉销售，推广其多种产品或服务，降低营销成本。

总结：

规模经济关注的是**单一产品**的产量与成本之间的关系，强调“做大”。

范围经济关注的是**多种产品**的生产与成本之间的关系，强调“做多”。

规模经济与范围经济的主要特征对比如表5-8所示：

表5-8 规模经济与范围经济主要特征对比

特征	规模经济	范围经济
定义	随着生产规模的扩大，单位成本下降的现象	企业生产多种产品或服务时，总成本比分别生产这些产品或服务的成本总和更低的现象
来源	专业化分工	资源共享
	技术进步	技术互补
	批量采购	市场协同
	固定成本摊薄	管理协同
实现方式	扩大生产规模	拓展产品线
	提高生产效率	多元化经营
	优化供应链	整合产业链
优势	降低单位成本	降低总成本，提高资源利用效率
	提高价格竞争力	分散经营风险，增强企业竞争力
	提高市场占有率	开拓新的市场机会
局限	过度扩张导致管理成本上升	协调成本增加，管理难度加大
	市场需求变化导致产能过剩	资源配置不合理导致效率低下

（续表）

特征	规模经济	范围经济
局限	过度依赖单一产品或市场，风险较大	过度多元化导致企业失去核心竞争力
适用范围	标准化程度高的产品或服务	密切相关的产品或服务
	市场需求量大的产品或服务	具有协同效应的业务
	技术相对成熟的行业	资源可以共享的业务
	—	市场可以互补的业务
典型例子	汽车制造	宝洁公司生产多种日化产品
	钢铁生产	亚马逊公司同时经营电商、云计算、物流等业务
	芯片制造	迪士尼公司同时经营电影、主题公园、衍生品等业务

两者联系：规模经济和范围经济都是企业降低成本、提高效率的重要途径。

两种经济效应可以相互促进，例如，企业通过扩大规模实现规模经济，同时可以利用规模优势拓展产品线，实现范围经济。

两者区别：规模经济侧重于单一产品或服务的规模扩张，范围经济侧重于多种产品或服务的协同效应。规模经济的实现方式主要是扩大生产规模，范围经济的实现方式主要是拓展产品线或多元化经营。规模经济涉及的行业是纵向的，范围经济是横向的。在营销环节，规模经济就是把同样的东西卖给更多人，侧重于经营产品；范围经济则是卖给同样的人更多的东西，侧重于经营用户。

规模经济生意与范围经济生意的策略对比如表5-9所示：

表5-9　规模经济生意与范围经济生意的策略对比

特征	规模经济生意的策略	范围经济生意的策略
策略重点	扩大生产规模	拓展产品线或服务范围
	提高生产效率	实现资源共享和协同效应
	降低单位成本	分散经营风险，开拓新市场
具体策略	投资先进设备和技术，提高自动化程度	开发与现有产品/服务相关的产品/服务
	优化生产流程，减少浪费	整合产业链，实现上下游协同
	加强供应链管理，降低采购成本	利用现有资源和能力拓展新业务

（续表）

特征	规模经济生意的策略	范围经济生意的策略
具体策略	精细化管理，控制运营成本	建立统一的品牌形象和营销体系
	积极开拓市场，扩大销售规模	加强内部沟通协调，优化资源配置

总结：

规模经济生意的策略侧重于内部效率提升，通过扩大生产规模、提高生产效率和降低单位成本，增强价格竞争力和提升市场占有率。

范围经济生意的策略侧重于外部扩张和协同效应，通过拓展产品线、整合产业链、共享资源和能力，实现多元化经营，分散风险，开拓新市场。

需要注意的是，两种策略并非相互排斥，企业可以根据自身情况和市场环境，将两种策略结合起来，实现效益最大化。

产业链位置、政策风险与行业监管、行业规模与需求密度

产业链位置：上游、中游、下游

根据行业在产业链的位置，可以分为**上游行业、中游行业、下游行业**（注意产业与行业的区别）。

处于产业链的不同环节（上、中、下游），行业的特征也就不同。

其一，在整个产业链中，每个行业的价值占比多少决定了生意规模的大小。例如汽车原材料、零部件、整车、销售行业的增加值，在卖给消费者的一辆汽车的价格中分别占比多少，决定了各行业的规模大小。

其二，在整个产业链中，每个行业的平均毛利率是多少，ROE是多少，这就是产业分账图，它反映了在整个产业链中，哪些环节（行业）最赚钱、最有话语权。于企业而言，在选择赛道的时候，就应该进入产业链中的高毛利行业，即使当初没有选对，也应该向产业链中的高价值环节移动。

在产业链中，不同的位置决定了企业的运营模式、市场环境、风险水平以及利润空间各不相同。上游通常涉及原材料的生产和供应，中游涉及加工和制造，而下游则与最终产品的销售和分销相关。**各类企业应采取的策略各有侧重，具体如下：**

①上游企业（原材料生产与供应）：

质量保证：确保提供的原材料或零部件质量稳定，以满足中游制造商的生产需求。

成本控制：优化生产流程，降低生产成本，增强竞争力。

科技创新：投资研发，开发更有效率或具有成本效益的原材料提取和处理技术。

长期合同与风险管理：与下游用户签订长期供应合同，以减少价格波动带来的风险。

②中游企业（加工与制造）：

提高产品价值：研发高附加值的产品，提高产品质量和技术含量，以获得更大的利润空间。

供应链管理：建立高效的供应链管理系统，确保原材料供应的稳定性和成本效率。

多元化产品线：丰富产品线，减少对单一市场的依赖。

突出核心竞争力：专注于核心技术和市场，发展难以被替代的核心竞争力。

提高生产效率：通过引进先进生产技术和管理方法，提高生产效率，降低成本。

品牌建设：打造自有品牌，提升产品知名度和市场竞争力。

③下游企业（销售与分销）：

市场营销与品牌建设：加强品牌推广、市场营销活动，提升品牌知名度和品牌忠诚度。拓展销售渠道，利用线上线下多渠道销售，扩大市场份额。

客户关系管理：通过CRM系统等工具加强与客户的联系，提高客户满意度和黏性。

客户服务：提供优质的售前、售中和售后服务，提升客户满意度和忠诚度。

价格策略和促销活动：灵活调整价格策略和促销活动，以应对市场变换。

数字化与电商平台：利用数字工具和电商平台扩大销售渠道，提升销售效率。

市场反馈收集：及时收集消费者反馈意见，为产品改进和新产品开发提供依据。

不同行业的企业面临的具体情况会有所不同，因此上述策略需根据企业具体情况调整和定制。整体而言，每个企业都应该根据自己在产业链中的定位来优化策略，最大限度地提升自身的竞争力和盈利能力。

政策风险高低与行业监管松严

不同行业的政策风险与行业监管情况有很大区别。

政策风险高与行业监管严格的典型行业主要有金融业、新兴科技行业、能源行业、教育行业、食品和饮料行业、医疗保健与养老行业、电信行业、传媒与内容行业等。

在政策风险高与行业监管严格的行业，**企业应该采取以下针对性策略：**

加强政策跟踪与解读：设立专门的政策研究团队或委托专业机构，及时跟踪和解读相关政策动态，确保企业能够在政策调整后迅速作出反应；定期举办政策研讨会，邀请行业专家等共同探讨政策走向，以便更好地把握政策意图。

提高风险管理能力：建立完善的风险管理体系，包括风险评估、风险监测、风险应对等环节，确保企业能够在政策风险发生时及时应对；加强与保险公司的合作，通过购买相关保险产品来转移部分政策风险。

增强合规意识与合规能力：加强企业内部法务团队的建设，确保企业所有经营活动均符合相关法律法规和政策要求；定期开展合规培训，提高全体员工的合规意识和操作技能。

多元化经营与风险分散：在主营业务之外，积极拓展相关多元化业务，以降低对单一业务或单一市场的依赖，从而分散政策风险；加强与上下游企业的合作，共同应对政策风险，实现风险共担和利益共享。

加大技术创新投入：通过技术创新提高产品或服务的附加值，降低对政策的依赖；积极申请与主营业务相关的专利和知识产权，增强企业的核心竞争力。

建立良好的政企沟通机制：加强与政府部门的沟通与交流，及时反馈企业在经营过程中遇到的问题和困难，争取政府的支持和理解；积极参与行业协会、商会等组织的活动，与同行业企业共同探讨应对政策风险的策略；积极影响或参与相关政策的制定。

制定灵活的市场策略：密切关注市场动态和消费者需求变化，及时调整产品或服务策略以适应市场变化；通过市场调研和数据分析指导企业的市场决策，降低市场风险。

行业规模与需求密度：大和小

不同行业的市场规模相差很大。通常来说，大规模行业的竞争对手都比较强，那些集中度较高的行业更是如此。因此，对于中小微创企业来说，选择规模较小的行业往往更容易获得成功，因为竞争对手常常决定企业的成败。但是小规模行业的企业往往也更难获得风险资本的青睐，因为行业的天花板比较低，想象空间不够大。

处于不同市场规模的行业，对企业来说意味着什么？

这意味着不同的机遇和挑战，企业的策略、运营模式和增长潜力等方面都会有所不同。大、小规模市场行业都有各自的机遇与挑战（表5-10）。

表5-10　大、小规模市场行业的机遇与挑战

分类	机遇	挑战
大规模市场	更高的收入和更大的利润潜力	激烈的竞争
	规模经济	市场饱和风险
	更强的投资吸引力	高营销和运营成本
	丰富的客户基础	—
小规模市场	竞争相对较少	有限的市场容量
	市场细分专业化	收入波动性更大
	灵活性、适应性	资金获取难度大
	—	高端专业人才难觅

总结来说，大规模市场的企业可能需要更多地关注如何维持竞争力和规模经济效益，而小规模市场的企业则需要关注如何在有限的市场空间中实现差异化和专业化。

全球市场规模较大的行业主要有金融业、房地产行业、医药医疗健康业、信息技术和通信行业、汽车业、能源行业、食品和饮料行业、消费电子行业、零售业、基建业。

需求密度是指在特定地理区域内或特定市场中，对某种产品或服务的需求量和消费强度。这是一个衡量市场对某种商品或服务需求集中程度的指标，通常涉及需求量与地域或人群的关系。

需求密度的计算方法：需求密度可以通过将某产品或服务的需求量除以某个特定地理区域的面积或人口数量来计算。例如，如果一个城市有100万人，该城市对某手机应用的下载量是20万次，那么该手机应用在此城市的需求密度

为0.2次/人。

需求密度的意义：

市场定位：通过分析需求密度，企业可以确定产品或服务在哪些区域更受欢迎，从而更精确地定位市场和规划销售策略。

资源分配：需求密度数据帮助企业决定在哪些地区增加广告投入、建立更多销售点或增加物流资源。

市场潜力分析：需求密度可以用来评估某个地区市场的开发潜力。低需求密度表明可能有增长空间，鼓励企业在该区域加大市场推广力度。

竞争分析：通过比较同类产品在不同区域的需求密度，企业能够识别竞争对手的强势区域和自身的潜在增长区域。

需求密度不仅是一个重要的市场分析工具，它还帮助企业制定更有效的市场扩展策略和资源配置决策，以优化企业的市场表现和竞争力。

很多产品看似很好但缺乏商业价值，并不是因为总体需求不够，而是因为需求密度不够。**需求密度不够，会导致一系列问题：**获客成本很高、流量有效转化率低、辐射范围内需求不足导致无法生存、规模经济性弱等。

04　30组行业属性之市场和顾客特性

购买频率：高与低

按照购买频次，可以将行业中的生意分为**高频购买生意**和**低频购买生意。**

高频购买生意

高频购买生意指的是经营顾客购买频率较高的产品或服务。这些业务有一些**主要的共同特征：**低单价、日常需求大、快速消费、宽广的目标市场、竞争激烈、重视品牌忠诚度、分销网络广泛、存货周转率高、营销和广告策略关注度高、重视顾客体验和便捷性。

典型的高频购买生意包括食品和饮料、个人护理与美容产品、清洁和家居用品、药品与保健品、快时尚服饰、烟草制品、宠物用品、通信服务、娱乐与数字产品生意等。

低频购买生意

低频购买生意通常涉及的产品或服务呈现以下**主要特征：**长购买周期、高价值交易、重要性和风险性更高、决策过程更复杂、购买前的考虑和研究更久、售后服务重要性高。

典型低频购买生意包括汽车、房地产、家用大电器、豪华和高端商品、家具和装修材料、大型户外设备、婚礼和其他重要活动服务、贵重金属和投资产品、家庭装修和建筑服务、耐用设备和工业机械生意等。

高频购买生意与低频购买生意的主要策略对比见表5-11：

表5-11　高频购买生意与低频购买生意策略对比

策略类别	高频购买生意	低频购买生意
核心目标	培养用户忠诚度，提高复购率	建立品牌信任，降低购买风险
	持续低成本触达客户，扩大市场份额	提供卓越的顾客体验，创造高价值
产品策略	提供高质量产品，确保一致的体验	提供高品质、耐用产品
	产品多样化，满足不同需求	提供定制化或个性化产品/服务
	快速迭代，不断创新	关注产品安全性、可靠性和长期价值
价格策略	竞争性定价	价值定价
	周期性折扣和促销	提供灵活的金融方案
营销策略	多渠道销售，线上线下整合	打造强势品牌，塑造品牌形象
	精准营销与个性化体验	强化线上线下一体化，提供全面信息
	保持持续的市场声量	数据驱动的精准营销
顾客体验	优化顾客体验，追求极致服务	提供一流的购物体验和客户服务
	充分运用顾客反馈，持续改进	提供可靠的售后支持，增强附加价值
运营管理	快速响应的供应链与精益库存管理	关注社会责任和可持续性实践
	数据驱动的决策	数据驱动的营销

低频购买生意的注意事项

低频购买生意通常涉及寿命较长、价格较高的商品或服务，如汽车、家具、家用电器、房地产以及某些高端奢侈品等。低频购买生意要特别注意几点：

①低频购买且低价值的商品，通常意味商业价值不大。但也正因为如此，进行此类商品生意的竞争对手相对较少，如果企业能够找到低成本的获客方

式，亦能获得不错的利润。

②低频购买商品不太适合高成本的大众广告传播方式，因为投入产出不成正比，但如果商品是高价值商品则例外，例如汽车、房地产等，因为营销费用占商品价格的比例很低。

③鉴于低频购买生意的难点在于低获客成本并获得客户信任，口碑就显得特别重要。对于高价值的低频购买产品，顾客考虑的因素通常非常多，购买决策也较为复杂，这为企业在每一个环节优化体验、创造口碑提供了条件。

④低频购买生意最难点是企业不知道客户何时需要商品，例如针对家庭的装修材料生意，所有品牌很难在客户需要的时候正好及时出现，不过现在的短视频广告一定程度上能够解决这个之前无法解决的难题，短视频平台会全面监测用户的网上行为，及时发现客户正好有购买需求（如装修材料）是完全可能的。

购买风险：高与低

按照购买风险可将行业分为**低风险购买行业与高风险购买行业。**

高风险与低风险购买行业的主要特征对比见表5-12：

表5-12　高风险与低风险购买行业的主要特征对比

特征	低风险购买行业	高风险购买行业
价格	较低	高
购买频率	高频次	低频次
消费速度	快速消费	长期使用或持有
可替代性	高可替代性	低可替代性
试错成本	低试错成本，低风险	高试错成本，高风险
决策压力	低决策压力	高决策压力
购买动机	强调便利和可达性	强调功能、质量、可靠性、安全性
品牌忠诚度	品牌忠诚度影响小	品牌认知度和声誉至关重要
营销方式	营销和促销活动频繁	注重内容与口碑营销、专业咨询和定制化
生活影响	对生活影响较小	对生活影响较大
购买流程	简单	复杂，可能涉及多个决策阶段和参与者
商品复杂性	简单	复杂

（续表）

特征	低风险购买行业	高风险购买行业
需求类型	通用性	个性化
售后服务	少	多且长期
典型行业	快消品、零售、餐饮、服饰配饰、文具和办公用品、个人护理服务、线上及移动应用服务、文化休闲、图书杂志出版、简易电子设备和配件行业	医疗保健和手术、金融投资、信息技术和软件开发、高端电子产品、工业机械和设备、法律和咨询服务、航空和船舶行业

高风险与低风险购买行业的主要策略对比如表5-13所示：

表5-13　高风险与低风险购买行业的主要策略对比

策略类别	低风险购买行业	高风险购买行业
核心目标	刺激冲动性购买，提高购买频率	降低购买风险，建立信任
	建立品牌认知，提升顾客忠诚度	提供全面信息和保障，提升客户信心
价格策略	竞争性定价	价值定价，体现产品/服务价值
	周期性折扣和促销	提供融资和付款方案，减轻客户财务压力
便利性与体验	增加销售渠道，提升购物便利性	提供试用和演示，增强体验
	优化顾客体验，简化购买流程	延长退货和保修政策
	提供优质的客户服务和售后支持	提供个性化服务，提升满意度和忠诚度
品牌与营销	打造强势品牌，提升品牌认知	建立强大的品牌和声誉
	利用社交媒体营销，扩大影响力	强调质量和安全标准
	产品多样化，满足不同需求	提供第三方验证和推荐
	—	强化营销和沟通策略
客户关系	会员计划和忠诚度奖励，鼓励复购	定期进行客户教育和培训，建立长期信任关系
	—	实施全面的客户反馈机制，持续改进
运营管理	数据分析，优化营销和运营	运用数据分析了解客户需求，及时调整策略

总结：

低风险购买行业的策略侧重于便利性、价格优势、品牌认知和冲动性购买刺激。

高风险购买行业的策略侧重于降低风险感知、建立信任、提供全面信息和保障、强调品质和服务。

客源类型：配套模式与引擎模式

按照客源类型或生意驱动类型可将行业中的生意分为**配套模式生意**和**引擎模式生意。**

配套模式也叫寄生模式，即企业是为其他企业做配套的，在产业链或商圈中与其他企业形成上下游或互补关系。这种情况下，生意是寄生性、附属型的，企业不具备独立驱动业务的能力，如果依附的商业主体生意不好了，生意也就没了。也就是说，企业对自己的生意没有主导支配能力。

假设你在万达广场开一家餐厅，采用的是配套模式，因为是为万达广场做配套的，餐厅客流严重依赖万达广场的整体客流。如果万达广场没客流了，生意也就没了。配套模式生意思维常常能够让我们找到商机，如果某个商业广场没有川菜餐饮店，或目前的川菜餐饮店很弱，那么就是进入的好机会，核心是找市场空档机会。

如果你在城郊开一家农家乐餐厅，因为附近没有自然客流，你需要独立驱动主城区客流过来，这种情况下用的是引擎模式。

所谓引擎模式生意，就是企业的生意不依附于某个或少数主要外部主体，自己可以有独立引擎驱动业务向前发展，获得最终顾客。

大型旅游景区或旅游目的地采用的是引擎模式，因为它们要作客流引擎、独立驱动远距离游客前往。而它们周边的酒店、餐饮、纪念品商店等做的生意，就是配套模式的，因为其没有独立驱动游客前往的能力，是给大型旅游景区做配套的，借助大型旅游景区的客流做转化和变现，这就是“大树底下好乘凉”。

汽车整车厂采用的就是引擎模式，因为它能独立驱动消费者购买它的汽车，而整车厂的零配件供应商采用的就是配套模式。

形象地说，卖铲子属于配套模式，挖金矿属于引擎模式。

做生意一定要清楚，自己做的是配套模式生意还是引擎模式生意，因为两者的整体策略和打法完全不同，搞错的后果可能是灾难性的。对于万达广场的商家来说，核心是引流，要让来到万达广场的所有人知道你的店，并愿意尝试你的商品；对于给大型旅游景区配套的住宿、餐饮或互补旅游项目，经营重心就是把大型旅游景区的游客尽量转化，而不是去外面抓游客。引擎模式对营销的要求高得多，营销也难得多。

购买决策复杂度、客户忠诚度、需求强度、客户类型

购买决策复杂度

购买决策复杂度包括购买介入度、购买决策周期、决策者类型、是否招标采购等特征，可以组合很多行业属性类型。

对于购买介入度高的商品，企业需要通过各种渠道与潜在接触点去影响客户的认知；对于复杂的商品，销售人员往往最为关键；对于购买决策周期长的商品，销售人员的稳定性及其与客户的关系深度、持续的客户跟踪都非常重要。

复杂购买行业是指涉及多个决策因素、高定制化需求或具有较高风险和投资成本的行业。在这些行业中，购买过程通常复杂且周期较长，涉及多方的协议和审批。

复杂购买行业的主要特征有多层次多主体的集体决策、高价值交易、长销售周期、强调定制化和技术规格、风险性较高、强调关系和信任、需求详细的后续服务和支持、合规性。

典型的复杂购买行业有航空航天和国防业、医疗设备和医疗技术业、能源和公用事业行业、大型基础设施业、信息技术和软件服务业、重工业设备业、交通运输系统业、电信基础设施业等。

处于复杂购买行业的企业面对的是高度复杂且通常牵涉大量资金和高风险的购买决策。因此，这些企业需要采取一系列针对性策略以应对挑战、优化销售过程和增强客户满意度。**针对复杂购买行业的主要策略有**建立专业的销售团队，进行深入的客户关系管理，加强提供解决方案，强调产品的质量和服务支持，利用案例研究和客户见证，提供灵活的融资方案，注重客户教育与引导，等等。

客户忠诚度

某些行业客户的忠诚度天然就比较高，例如CRM软件业、美容美发业、电信运营业等，高忠诚度可能源于行业内客户的转换成本高或风险大、可选择性低、上下游业务深度融合等；也有一些行业客户的忠诚度天然就比较低，例如旅游业、足疗按摩业、航空服务业等，低忠诚度主要是因为客户求新求变、客户可选择对象多、转换成本低或风险小、商品高度同质化等原因。虽然行业的客户忠诚度天然有别，但是每个行业还是有很多方法来提高客户忠诚度，例如航空公司推出里程积分、实体店的会员制等。

客户忠诚度反映的是企业锁定客户的能力，任何生意本质上只涉及两件事情：开发客户、锁定客户（重复购买）。鉴于不同行业的客户忠诚度天然不同，以及企业能够挖掘客户忠诚度的潜力不同，在这方面策略不同，发力大小也应不同。

高客户忠诚度行业通常的特征是拥有长期的客户关系、较少的供应商替代选项，以及客户对品牌或产品的强烈依赖。**以下是一些表现出高客户忠诚度的行业：**

银行和金融服务业、保险业、管理软件业、汽车制造业、奢侈品和高端零售、技术和电子产品行业、订阅服务行业、专业服务行业等。

处于高客户忠诚度行业的企业通常面对较低的客户流失率和较高的客户保持率。为了维持这种优势并进一步提升客户忠诚度，**企业可以采取以下几种针对性策略：**

提供卓越的客户服务，增强客户体验，建立奖励和忠诚度计划，进行定期的沟通和关系维护，使用数据分析来深化客户了解，提供个性化体验，应用社交证明和推荐，重视客户反馈和投诉处理，等等。

通过实施这些策略，企业不仅能够提高现有客户忠诚度，还能吸引新客户加入，并从整体上提升品牌的声誉和市场竞争力。这种以客户为中心的方法是持续成功的关键。

典型的低客户忠诚度行业主要有：

航空服务业、部分消费品行业、物流业、旅游业、零售业等。

处于低客户忠诚度行业的企业需要采取一系列策略来提升客户忠诚度，减小流失率，并增强市场竞争力。**以下是一些有效的策略：**

强调差异化，增强客户体验，建立品牌认同，实施忠诚度和奖励计划，利用数据分析，用极致化服务感动客户，加强客户参与和社区建设，持续创新，等等。

通过实施这些策略，企业不仅能够在竞争激烈的市场中稳定客户基础，还能逐渐提高客户忠诚度，从而提高企业的整体盈利能力和市场份额。

最后需要特别说明的是，客户忠诚度不只与行业相关，也与客户自身性格高度相关。

需求强度

按需求强度，行业可分为**刚需行业**和**非刚需行业**。

刚需行业与非刚需行业的主要特征对比见表5-14：

表5-14　刚需行业与非刚需行业的主要特征对比

特征	刚需行业	非刚需行业
商品属性	生活必需品或服务	非生活必需品或服务
	不可或缺，难以替代	可替代性强
	需求弹性大，经济周期影响小	需求弹性大，经济周期影响大
市场规模	市场规模通常较大且稳定	市场规模不确定
	用户基数大，增长相对稳定	用户基数不确定
	—	市场增长波动性较大
竞争格局	竞争激烈	取决于具体行业和细分市场
	以价格战为主，以差异化竞争为辅	突出差异化、品牌、营销力
盈利能力	利润率通常较低，但营业额较高	利润率高或低
	注重成本控制和运营效率	受需求和竞争影响较大
	追求薄利多销	部分行业存在高利润空间
营销策略	大众化营销，覆盖面广	品牌、情感、体验式等营销
	强调商品可靠性和安全性， 注重性价比和实用性	强调独特性、差异化和附加价值
	注重性价比和实用性	—
典型行业	水、电、燃气等公共事业	奢侈品业
	食品、日用品等生活必需品行业	高档餐饮业
	交通、医疗等基础服务行业	旅游娱乐、美容健身业

刚需行业和非刚需行业面临不同的市场环境和挑战，因此它们应采取各自适合的策略来最大化收益和市场份额。以下是刚需行业和非刚需行业针对性策略的对比（表5-15）：

表5-15　刚需行业和非刚需行业针对性策略对比

策略类别	刚需行业	非刚需行业
核心目标	提供稳定、可靠的基本商品	追求差异化和创新
	注重成本控制和运营效率	提升品牌价值和顾客忠诚度
	—	灵活应对市场变化
策略重点	成本控制	创新和差异化
	质量和可靠性	灵活的定价与市场策略
	增加附加值	强化品牌和营销
	提高分销和供应链效率	市场细分，重视顾客体验与服务
具体策略	规模化生产，降低单位成本	持续进行产品/服务创新
	优化生产流程，提高效率	根据需求和竞争灵活调整价格
	建立完善的质量管理体系	打造品牌，提升知名度和美誉度
	拓展销售渠道，提高市场覆盖率	精准定位客户，差异化营销
	提供增值服务	关注市场变化，及时调整策略
	—	提供优质服务，提升满意度和忠诚度

对于非刚需行业来说，**嫁接刚需行业**（增强非刚需行业的刚性），进行跨界融合创新是一个不错的选择。将非刚需的儿童乐园与刚需的幼儿园合二为一，极大地提高了资产利用率和收入，将刚需的餐饮嫁接到非刚需的驻场秀演出，让观众边看演出边吃饭，这都是我过去帮客户做的非刚需嫁接刚需的创新案例，效果非常好。

客户类型

按客户类型可以将市场分为**2C市场（消费者市场）**、**2B市场（商用市场）**、**2G市场（政府市场）**。

三大客户市场各自的特点如表5-16所示：

表5-16　三大客户市场的特点对比

特征	2C（消费者市场）	2B（商用市场）	2G（政府市场）
客户群体	个人或家庭消费者	企业/组织、各种机构	政府相关部门
客户类型	数量多且不定向	数量少且定向	定向且数量多
市场触达	触达成本高	触达难度小	通常需要招标，入围资格是前提
购买动机	个人喜好、生活方式、情感诉求	商业目的，降本增效，提升竞争力	公共服务和社会效益
决策过程	个人或家庭决策，决策快、简单	集体决策，周期长，考虑多理性	程序规范，周期长，需要招标、审批
价格敏感	看商品与消费者类型	通常敏感	不敏感，更关注合规、安全、预算
专业程度	顾客通常不专业	客户通常比较专业	比较专业
关系维护	关系松散且作用较小	关系紧密且重要	关系非常重要
营销策略	大众营销，如广告、内容营销	直销，如团队销售、关系营销	参与政府采购招标
	社交媒体营销	采用案例等内容营销，开展会与论坛	建立和维护良好的政府关系
	口碑营销	数字营销，如搜索引擎优化	合规经营
合作关系	一次性交易多，忠诚度较低	注重长期合作，客户黏性较高	长期合作、项目制合作
规模/频率	小额，零散购买	大额，长期采购	项目采购，周期性和规模性需求

三大客户市场的针对性策略对比如表5-17所示：

表5-17　三大客户市场的针对性策略对比

策略类别	2C（消费者市场）	2B（商用市场）	2G（政府市场）
产品策略	易用、个性化、快速迭代	提供解决方案、稳定可靠	合规、安全、定制化
定价策略	感知价值、心理定价、促销	商业价值、差异化、关系定价	招投标定价、价值导向

（续表）

策略类别	2C（消费者市场）	2B（商用市场）	2G（政府市场）
营销策略	大众营销、社交媒体营销、口碑营销	直销、内容营销、关系营销	政府关系、政策、品牌背书
销售策略	O2O、用户体验、社群运营	顾问式、关系型、价值型销售	招投标、商务谈判
服务策略	标准化、自助服务、售后服务	定制化、增值服务、客户成功	专业、长期、合规服务

对三大客户市场策略，各用一句话总结：

2C市场：抓住用户心理，注重体验和口碑。

2B市场：提供解决方案，强调价值和关系。

2G市场：遵守规则，突出专业和合规。

05 30组行业属性之产品和服务特征

商品类型（产品主导型与服务主导型）与耐用程度（耐用品与快消品）

商品类型（产品主导型与服务主导型）

按照商品类型，可以将行业分为**产品主导型行业、服务主导型行业。**

一般来说，产品主导型行业通常具有较大的规模效应，如手机、汽车行业；而服务主导型行业通常交付的边际时间成本很高，如美容行业。服务与产品最大的不同在于，在没有购买使用前，服务是完全看不见、体验不到的，而产品通常却可以看到，而且基本可以直接体验到。这导致服务营销成为一个专门的学科，服务营销方式与产品有很大的不同，服务主导型行业更重视有形证据体系、信任。

产品主导型企业和服务主导型企业的主要区别在于它们提供的核心价值是物质的还是非物质的。这种基本的区别导致了它们在运营模式、市场策略以及客户关系管理等方面的不同。以下是两种行业的一些主要区别（表5-18）：

表5-18　产品主导型行业与服务主导型行业的区别

方面	产品主导型行业	服务主导型行业
核心	实物产品	服务
价值	产品性能	服务体验和专业能力
互动	交易有限	频繁且持续
销售	零售、在线、分销	直接销售、定制方案
定价	固定价格	按服务收费
交付	物流交付	员工或技术交付
反馈	使用后反馈	服务中反馈
质量	制造和测试控制	员工培训和服务标准
营销	强调产品特性	强调服务质量和满意度
库存	需物理库存	管理人力和时间
成本	生产、存储和物流	人力和技术成本
扩展	易于扩展	扩展较难
期望	高质量和功能	定制服务和支持
技术	依赖制造技术	依赖信息技术

以产品为主的行业和以服务为主的行业在运营和管理上有着本质的差异，因此需要采取不同的策略（表5-19）。

表5-19　产品主导型行业与服务主导型行业的针对性策略对比

战略	产品主导型行业	服务主导型行业
目标客户	大众市场或特定细分市场	个性化客户或特定细分市场
产品/服务策略	关注功能、质量和价格	专注高质量、定制化服务
	不断创新	建立标准化服务流程
	建立强大品牌和产品线	培养专业服务团队
	优化生产流程	注重客户沟通
营销策略	大众营销	关系营销
	利用线上渠道	内容营销

（续表）

战略	产品主导型行业	服务主导型行业
营销策略	建立经销商网络	参加行业活动
	—	利用搜索引擎优化和社交媒体营销
运营策略	建立高效供应链	建立CRM系统
	优化库存管理	优化服务流程
	建立完善售后服务体系	建立知识库
	—	制定服务质量标准
人才策略	重视研发、生产、营销人才	重视沟通力、服务意识人才
	注重员工技术培训	注重员工服务意识培训
	—	建立人才培养机制
财务策略	关注产品毛利率和净利润率	关注客户终身价值（CLTV）
	控制生产成本和运营成本	提高服务定价
	寻求外部投资	控制人力成本
	—	建立稳定客户关系

耐用程度（耐用品与快消品）

按照商品的耐用性，可以将商品分为**耐用品、快消品（易耗品）**。

耐用品与快消品的主要区别如表5-20所示：

表5-20　耐用品与快消品的主要区别

特征	耐用品	快消品
使用寿命	几年甚至更久	几天、几周或几个月
购买频率	低	高
价格	高	低
购买决策	理性决策，过程较长，更多比较和考虑	冲动性或习惯性购买，决策过程较短
营销重点	质量、性能、耐用性、售后服务、品牌	知名度、便捷购买、价格、包装、情感
分销渠道	较短，直接销售或通过少数经销商销售	较长，需要覆盖更广泛的市场
售后服务	售后服务是产品的重要附加值	重要性相对较低
例子	汽车、冰箱、洗衣机、电脑、手机	食品、饮料、洗涤用品、化妆品、文具

耐用品行业与快消品行业的针对性策略对比如表5-21所示：

表5-21　耐用品行业与快消品行业的针对性策略对比

策略	耐用品行业	快消品行业
目标市场	聚焦特定细分市场	大众市场导向
	关注客户长期价值	快速响应市场变化
竞争优势	产品差异化、品牌价值、售后服务	成本领先、品牌知名度、渠道优势
增长策略	产品升级和创新、市场拓展、服务增值	产品线扩张、市场渗透、品牌延伸
产品策略	高质量、强调设计与用户体验、创新	注重便捷性、快速迭代、感官体验
定价策略	价值定价、溢价定价、选择分期付款	成本加成、竞争性定价、促销定价
分销策略	选择性分销、专卖店、线上渠道	密集分销、大型合作伙伴、线下建设
客户关系管理	长期客户关系、个性化服务、社群	吸引新顾客、重复购买、多渠道互动
供应链管理	精益生产、稳定供应商关系、高效售后	高效供应链、合作关系、库存周转率
营销管理	关系、口碑、内容、线上等营销方式	大众营销、促销、渠道、品牌建设
人才管理	招聘专业人才、技术培训、绩效考核	招聘销售人才、营销培训、激励机制
财务管理	现金流管理、控制成本、客户价值	资金周转率、毛利率、市场增长

总结：

耐用品行业重品牌、重质量、重服务，追求长期价值和客户忠诚度。

快消品行业重营销、重渠道、重效率，追求快速周转和市场占有率。

商品同质化程度与商品标准化程度

商品同质化程度

按照商品同质化程度，可以将行业分为**高度同质化行业和高度异质化行业。**

高度同质化行业有矿产资源开采、瓶装水、基础农产品、大宗化工原料、普通钢材、水泥、普通玻璃等行业。**高度异质化行业有**汽车制造、消费电子产品、服装服饰、奢侈品、生物医药、软件服务、高端咨询、艺术品交易、美发等行业。

高度同质化行业与高度异质化行业策略对比如表5-22所示。

表5-22　高度同质化行业和高度异质化行业策略对比

策略类别	高度同质化行业	高度异质化行业
产品策略	降低成本，提高性价比	聚焦核心差异，持续创新迭代
	微创新，提升产品竞争力	打造差异化产品组合
	丰富产品线，满足多样化需求	—
定价策略	竞争性定价、促销定价	价值定价、溢价定价、差异化定价
	会员制，提高用户黏性	—
营销策略	品牌营销、渠道营销、促销活动	内容营销、社群营销
服务策略	标准化服务，提升服务效率	个性化服务、增值服务
	—	建立良好的售后服务体系
品牌策略	重视品牌认知度和忠诚度	品牌故事和理念，与用户建立情感连接
市场细分策略	侧重于市场细分和定位	探索新兴市场，深耕特定细分市场
	—	精准定位目标客户
创新能力策略	着眼于趋势，持续创新产品和服务	鼓励创新，迅速适应市场变化

商品标准化程度

按照商品标准化程度，可以将商品分为**标品**与**非标品。**

标品（Standardized Products）指的是具有统一标准、规格、性能、外观等产品特性的商品。这些商品在市场上通常有明确的国家或行业标准，不同品牌和供应商提供的同类产品之间差异较小。

代表性标品有电子元件，螺丝、螺母和紧固件，纸张，钢材和金属，化学品和原材料，LED灯，汽车零部件，消费电子产品，标准剂量和包装的药品，包装食品和饮料，等等。

非标品（Non-standardized Products）指的是没有统一标准、规格、性能等明确指标的商品，它们通常具有较强的个性和差异性。这些产品可能根据消费者的具体需求定制，或者在设计、材质、工艺等方面存在较大的差异，因此难以直接比较其性能和价值，例如艺术品、手工艺品、定制家具、高端服装等。这些产品往往具有独特性和创造性，每个产品都可能有所不同。

代表性非标品有定制机械设备、建筑项目、软件解决方案、专业咨询服务、艺术品和手工艺品、高端时装、定制家具、特殊化工产品、定制电子产品、个性化服务等。

标品行业与非标品行业的主要特征对比见表5-23：

表5-23　标品行业与非标品行业的主要特征对比

特征	标品行业	非标品行业
商品属性	标准化程度高，商品规格、型号、质量等都有统一标准	非标准化程度高，商品根据客户需求定制，差异性大
	可替代性强，不同企业生产的产品/服务差异小	可替代性弱，难以找到完全相同的替代品
生产模式	大规模生产，标准化作业，自动化程度高	个性化定制，柔性生产，人工参与程度高
	库存管理重要，需要预测市场需求，控制库存成本	按需生产，库存压力小
定价模式	价格透明度高，竞争激烈，利润率相对较低	价格不透明，议价空间大，利润率相对较高
	价格主要受供求关系影响，成本控制是关键	价格受商品价值、客户关系、品牌溢价等多种因素影响
营销模式	以大众营销为主，例如广告、促销等	以关系营销为主，建立长期稳定的客户关系
	注重品牌建设，提高品牌知名度和美誉度	口碑营销重要，客户推荐是重要获客渠道
	线上线下渠道并重，扩大销售规模	销售人员作用突出，需要具备专业知识和沟通能力
竞争关键	成本控制	产品/服务差异化
	品牌建设	客户关系
	规模效应	品牌价值
	渠道覆盖	创新能力

标品行业与非标品行业的针对性策略对比如表5-24所示：

表5-24　标品行业与非标品行业的针对性策略对比

策略类别	标品行业	非标品行业
产品策略	规模化生产，降低成本	个性化定制，满足客户差异化需求
	标准化生产，保证质量稳定性	持续创新，保持产品/服务领先性

（续表）

策略类别	标品行业	非标品行业
产品策略	微创新，提升产品竞争力	注重产品/服务质量和用户体验
	丰富产品线，满足多样化需求	建立产品/服务标准化体系，提高效率
定价策略	成本加成定价	价值定价，体现产品/服务价值
	竞争性定价	溢价定价，针对高端市场
	促销定价，吸引价格敏感型消费者	项目定价，根据成本和利润率确定价格
营销策略	大众营销，提高品牌知名度	关系营销，建立长期客户关系
	渠道为王，快速铺货	口碑营销，树立良好品牌形象
	价格促销，刺激消费需求	内容营销，传递产品/服务价值
	线上线下整合营销	解决方案式销售，解决客户痛点
服务策略	标准化服务，提高效率	定制化服务，满足个性化需求
	自助服务，降低服务成本	顾问式服务，提供专业解决方案
	建立完善的售后服务体系	增值服务，提升客户价值
	—	建立长期服务关系，提高客户忠诚度
人才策略	招聘生产、质量、营销等方面的人才	招聘专业、会沟通、创新型的人才
	注重员工的执行力和效率	注重员工的服务意识和解决问题的能力
管理策略	精细化管理，控制成本	扁平化管理，提高沟通效率
	流程化管理，提高效率	项目制管理，保证项目进度和质量
	数据化管理，辅助决策	知识管理，积累和共享经验

商品感知、供需模式、供应链复杂度

商品感知：感知类型与可感知功效程度

按照消费者对商品的感知类型，可以将行业分为**理性产品行业和感性产品行业。**

理性产品与感性产品的概念涉及产品的购买动机和消费者如何通过产品解决问题或满足情感需求。

理性产品（Rational Products）通常是基于功能、效能和价格进行选择的产品。消费者在购买这类产品时更多依据逻辑和实际需求，而非情感驱动。理性产品的特点是能够具体、明确地解决客户的问题，它们的优势通常在于提供实用性、性价比和功能性。消费者对这类产品的购买决策过程通常涉及详细的信息搜索和比较分析。

感性产品（Emotional Products）是指更多依赖于触动消费者情感、个性化表达和审美的产品。对这类产品的购买往往因其能够激发消费者的情感反应、提供审美愉悦感或体现个人身份和品味。感性产品的特点在于它们提供的不仅是功能上的满足，更多的是情感上的共鸣和个性化的体验。购买这类产品的决策过程可能更多依赖于冲动、情感吸引和品牌形象。

理性产品与感性产品的主要特征对比如表5-25所示：

表5-25　理性产品与感性产品的主要特征对比

特征	理性产品	感性产品
购买动机	基于理性分析和判断，例如功能、价格、性能等	基于情感、欲望、价值观等
	追求实用性、性价比、耐用性	追求愉悦感、满足感、身份认同、情感共鸣
决策过程	谨慎理性，注重信息收集和比较	冲动感性，容易受情绪、氛围、他人评价等影响
	决策周期较长，易受客观因素影响	决策周期较短，更注重个人主观感受
价格敏感度	较高，对价格波动比较敏感	较低，对价格不太敏感，更看重商品的情感价值
品牌忠诚度	相对较低，容易被性价比更高的产品吸引	相对较高，容易产生品牌依赖
营销策略	强调产品功能、性价比、专业性	情感营销，引发消费者共鸣
	解决理性诉求，提供详细的产品信息和数据	品牌故事和价值观传递
	利用口碑营销和专家背书建立信任感	体验式营销，营造消费场景
	—	关键意见领袖（KOL）/明星代言，提升品牌形象
典型例子	家电、电子产品、金融产品、2B商品	奢侈品、时尚服饰、化妆品、艺术品、2C商品

理性产品行业与感性产品行业的针对性策略对比如表5-26所示：

表5-26 理性产品行业与感性产品行业的针对性策略对比

策略类别	理性产品行业	感性产品行业
产品策略	注重功能性、实用性和性价比	注重设计感、美观性和情感价值
	强调产品质量、性能、耐用性等客观指标	强调品牌故事、文化内涵、情感共鸣等主观感受
	提供多种型号和配置，满足不同需求	打造限量版、联名款，提升稀缺性和收藏价值
	持续优化产品性能和用户体验	不断推出新品，制造新鲜感和话题度
定价策略	价值定价，价格与产品价值相匹配	溢价定价，体现品牌价值和情感溢价
	竞争性定价，保持价格竞争力	心理定价，利用消费者心理制定价格
	透明定价，清晰展示价格构成	动态定价，根据市场需求和竞争情况调整价格
营销策略	针对理性诉求，强调产品功能、优势和性价比	情感营销，引发消费者共鸣和情感共振
	提供详细的产品信息和数据，方便客户比较	品牌故事，塑造独特的品牌形象和价值观
	口碑营销，利用客户评价建立信任感	体验式营销，打造沉浸式消费场景
	内容营销，输出专业内容吸引目标客户	KOL/明星代言，提升品牌知名度和影响力
服务策略	标准化服务，提供规范、高效的服务体验	个性化服务，提供定制化、专属化的服务体验
	自助服务，方便客户快速解决问题	增值服务，提供超出预期的服务内容
	注重售后服务，解决客户后顾之忧	会员体系，提供专属权益和尊贵体验

总结：

理性产品行业侧重于功能、性能和性价比，以客观数据和专业背书说服消费者。

感性产品行业侧重于情感、体验和价值认同，以故事、美学和共鸣打动消费者。

按照可感知功效程度，可以将生意分为**高感知功效商品生意和低感知功效商品生意。**

高感知功效商品通常指客户感知功效明显的商品，以及那些提供即时或显著效果、能够满足特定需求或解决问题的产品。这些商品往往具有直接和可感知的益处，包括但不限于速效医疗产品、高性能化妆品、高效清洁产品、功能性食品与饮料、先进的健康设备、强效个人护理产品、节能高效电器、高效能工具与硬件、即时通信和数据设备、汽车和相关产品等。

低感知功效商品通常是指客户难以直观感知其效果或效能差异的商品，包括但不限于瓶装水、营养补充剂、日常保健品、抗衰老护肤品、环境友好型产品、保险服务、汽车维护产品等。

高感知功效商品生意和低感知功效商品生意的针对性策略对比见表5-27：

表5-27　高感知功效商品生意和低感知功效商品生意的针对性策略对比

策略类别	高感知功效商品生意	低感知功效商品生意
产品策略	精研功效，力求突破	注重品质，精益求精
	成分透明，安全可靠	多元化产品线，满足不同需求
	细分市场，精准定位	挖掘产品附加价值
营销策略	功效为王，突出卖点	品牌建设，树立形象
	口碑营销，引发共鸣	情感营销，建立连接
	体验式营销，增强感知	场景化营销，引导消费
	KOL/关键意见消费者（KOC）测评推荐	折扣营销，吸引购买
	科学理论支持，实际效果验证	强调情感营销、用户体验分享、社交媒体互动
服务策略	专业咨询，答疑解惑	提升服务体验，建立口碑
	跟踪服务，巩固信心	会员体系，增强黏性
	提供详细产品功效说明、使用指南	—
销售渠道	专业渠道销售，如专柜、药店等	多元化销售渠道，如电商平台、超市等
定价策略	定价相对较高，体现产品高品质和功效价值	定价相对较低，突出性价比和实用性

高感知功效商品行业和低感知功效商品行业的针对性策略侧重点总结如下：

高感知功效商品行业更侧重于**“功效导向”**，需要将产品功效作为核心卖点，并通过真实可信的方式传递给消费者。

低感知功效商品行业更侧重于**“价值塑造”**，需要在品牌、情感、服务等方面下功夫，提升产品的附加值，与消费者建立更深层次的连接。

供需模式

根据供需模式，可将生意分为**订单型生意与非订单型生意**。

订单型生意（MTO，Make-to-Order）采用的是一种生产和销售模式，企业只在接到顾客的具体订单后才开始生产产品。

库存型生意（MTS，Make-to-Stock）采用的是一种生产模式，企业基于市场需求预测来生产产品，并将这些产品存放在仓库中，以便顾客随时购买。

订单型生意和库存型生意的适用性比较见表5-28。

表5-28 订单型生意和库存型生意适用性比较

特征	订单型生意	库存型生意
产品/服务	高度定制化	标准化产品
客户需求	低成本容忍性， 愿意为定制化支付溢价	对价格敏感，期望快速交货
生产系统	灵活可调整，适应定制化需求	标准化、大规模生产，追求效率
市场需求	变化多端，难以预测	稳定可预测，可根据历史数据安排生产
生产周期	长生产周期和交货期， 客户可接受等待时间	快速交付，缩短交货时间
需求确定性	需求不确定性高， 生产计划根据订单调整	需求相对稳定，可进行准确预测
生产批量	小批量或单件生产	大批量生产，追求规模经济
价值与利润	通常是高价值产品， 利润空间较大	产品价值和利润较低， 靠销量和快速周转获利
库存管理	低库存甚至零库存，按需生产	高库存，需要有效的库存控制策略
生产计划	根据客户订单制定生产计划	根据市场趋势和销售预测制定生产计划
生产流程	生产流程变化较大，根据订单调整	生产流程标准化、固定化，变化不频繁

订单型生意和库存型生意适合于不同类型的行业，这通常依赖产品的复杂性、定制需求、生产成本、市场需求稳定性等因素。以下为两种生意各自适合的行业：

订单型生意主要适合装修与定制家具、软件开发、专业工业设备、建筑、定制时装和高级成衣行业，以及具有产品快速迭代特点的行业。

库存型生意主要适合快速消费品、电子产品、成衣制造、玩具制造、家用电器、基本办公用品等行业。

在一个以订单型模式为主的行业中采取库存型模式、在一个以库存型模式为主的行业中采取订单型模式（或定制模式），往往能够实现破局，发挥意想不到的商业潜力。事实上，在很多行业中，既有订单型模式，也有库存型模式，只是其中一种占主流而已（绝大部分时候是库存型模式占主流）。

订单型生意与库存型生意的主要区别如表5-29所示：

表5-29　订单型生意与库存型生意的主要区别

特点	订单型生意	库存型生意
生产触发	订单后生产	预测后提前生产
库存管理	无需成品库存	管理大量成品库存
生产灵活	灵活适应定制	批量生产，降低成本
定制程度	高度定制	标准化产品
风险	成本和周期管理	库存积压风险
等待时间	较长	即时获取
资本投资	个性化生产技术投资	库存储存投资

总结：

订单型生意以销定产，按需生产，高度定制化，满足个性化需求。其优势在于无须管理大量库存，风险集中在成本控制和生产周期管理上。缺点是顾客等待时间较长，对企业生产灵活性和快速响应能力要求高。

库存型生意基于市场预测提前生产，产品标准化，顾客可即时购买。其优势在于能够快速满足市场需求，顾客等待时间短。缺点是企业需要管理大量库存，面临库存积压、资金占用等风险，对市场预测的准确性要求高。

订单型生意与库存型生意的主要挑战对比见表5-30：

表5-30　订单型生意与库存型生意的主要挑战对比

挑战	订单型生意	库存型生意
需求理解	理解定制需求，转化为生产要求	准确预测产品需求，避免过剩或短缺

（续表）

挑战	订单型生意	库存型生意
生产灵活性	灵活的生产流程，满足多变需求	提高生产效率、产品吸引力和库存周转率
生产管理	管理生产周期，确保订单及时完成	快速调整生产和库存策略，适应市场变化
成本控制	控制定制产品生产成本，确保盈利	降低库存持有成本，提高库存周转率
供应链协调	采购原材料和零部件，保证生产及时性	确保原材料稳定供应，优化采购成本
质量控制	保证定制产品质量，满足个性化需求	保持产品质量标准，减少库存积压和避免过剩
项目管理	管理进度和资源分配，保证订单按时完成	高效推广与渠道策略，快速减少库存

订单型生意以销定产，避免了库存积压的风险，但需要企业有更高的生产灵活性和快速响应能力，资金回笼周期较长。

库存型生意可以使企业提前生产备货，满足市场需求，但也令企业面临库存管理、资金占用、市场预测等方面的挑战。

订单型生意与库存型生意的针对性策略对比见表5-31：

表5-31　订单型生意与库存型生意的针对性策略对比

策略类别	订单型生意	库存型生意
战略层面	差异化竞争	规模化经营
	精益求精	品牌建设
	柔性敏捷	渠道为王
产品/服务策略	定制化生产	标准化生产
	柔性生产	产品差异化
	注重服务	产品组合策略
生产策略	按需生产	预测生产
	零库存管理	库存管理
定价策略	成本加成定价	成本导向定价
	价值定价	市场导向定价
	—	促销定价

（续表）

策略类别	订单型生意	库存型生意
营销策略	精准营销	大众营销
	关系营销	渠道营销
	口碑营销	品牌营销
运营管理策略	精益生产，提高效率	供应链管理
	柔性化管理	生产计划管理
	信息化建设	质量管理
风险控制	订单风险	库存风险
	客户依赖风险	市场风险

对两类生意进行总结：

订单型生意以客户为中心，追求定制化、柔性化和高利润。

库存型生意以市场为中心，追求规模化、标准化和高周转。

供应链复杂度

按照供应链复杂度，可以将行业分为**供应链复杂行业**和**供应链简单行业**。

供应链复杂行业与供应链简单行业的主要特征对比如表5-32所示：

表5-32　供应链复杂行业与供应链简单行业的主要特征对比

特征	供应链复杂行业	供应链简单行业
产品	设计复杂，零部件多，原材料多样化	设计简单，零部件和原材料少
供应商网络	广泛，分布全球	少数供应商，地理集中
生产	高度专业化，技术复杂	流程简短，技术简单
市场需求	多变，预测复杂	稳定，预测容易
物流	复杂，需特殊条件	简便，易于储存和运输
监管	严格，需遵守多种标准、法规	宽松
风险	高，如供应中断、地缘政治风险	低，易于调整
技术与信息	依赖度高	依赖度低

典型的供应链复杂行业有汽车制造、航空航天、高科技电子产品（如智能

手机和计算机）、大家电（电视、空调等）、医药制品及时尚和服装行业。

具有代表性的供应链简单行业有基本消费品制造、标准化工业产品、部分食品和饮料制造、餐饮和美容美发等本地化服务行业。

对于供应链特别复杂的行业，企业供应链的管理能力是一种重要竞争力。面对复杂的供应链，企业需要采取一系列的策略来提高效率、降低成本、增加透明度、提高客户满意度，并确保整个供应链的灵活性和韧性。这些策略包括但不限于：

增强供应商关系管理：建立稳固的供应商合作关系，进行供应商绩效评估，确保供应商的可靠性和质量标准，以及促进供应商的可持续发展。

实施先进技术：采用ERP、SCM（供应链管理）软件、物联网、人工智能和区块链技术等，以实现供应链的自动化、智能化和透明化。

采取灵活的库存管理：运用先进的库存管理技术和策略，如准时制生产和供应商管理库存（VMI），以减少库存成本并提高响应速度。

优化物流与配送流程：根据需求和效率对运输模式进行优化，采取多式联运，并确保物流合作伙伴的质量，提高整体配送效率和客户满意度。

进行风险管理和应对：识别供应链中的潜在风险点，并制定应急计划和应对措施，包括供应链多样化、备选供应商的开发等，以减少单一依赖引发的风险。

强化合作与沟通：与供应链上下游各方加强合作与信息共享，建立有效的沟通渠道，提高整个供应链的协调性和适应变化的能力。

持续的流程改进：通过持续的供应链优化和价值流程分析，寻找减少浪费、提高效率的机会，例如采用精益生产的原则和实践。

重视供应链的可持续性和社会责任：确保供应链符合环保、伦理和社会责任标准，例如通过采购获得合规认证的原料和促进绿色供应链管理来增强品牌形象和市场竞争力。

通过实施上述策略，供应链复杂行业中的企业可以有效地面对挑战，同时把握市场机遇，实现长期的可持续发展。

06　30组行业属性之行业动态和变革特征

行业主要驱动力类型：技术驱动型、成本驱动型、品牌驱动型

依据行业发展的主导影响因素业务模式和竞争能力，可将行业分为技术驱动型行业、成本驱动型行业、品牌驱动型行业。

技术驱动型行业是在竞争中主要依靠技术创新和技术进步来获得优势的行业。**代表性技术驱动型行业有**半导体、生物医药、航空航天、新能源、人工智能、新材料行业等。

成本驱动型行业是指以成本控制为核心竞争力，通过规模经济、流程优化和效率提升等方式来实现价格竞争的行业。**代表性成本驱动型行业有**钢铁、煤炭、纺织、物流、部分零售行业等。

品牌驱动型行业是企业竞争力主要依靠品牌资产、品牌价值和用户忠诚度的行业。**代表性品牌驱动型行业：**奢侈品、时尚服装、高端消费电子产品、汽车、化妆品、香烟、酒行业等。

三种驱动力类型行业的主要特征如表5-33所示：

表5-33　三种驱动力类型行业的主要特征

特征	技术驱动型行业	品牌驱动型行业	成本驱动型行业
核心竞争力	技术创新，研发实力	品牌知名度，用户体验，用户忠诚度	低成本运营，高效供应链，规模优势
商品特点	技术含量高，更新快，性能关键	设计独特，品质优良，品牌溢价高	标准化，同质化，价格敏感
营销策略	突出产品/技术，内容营销	打造高端品牌形象，情感营销	低价促销，渠道推广，注重效率
人才战略	吸引顶尖技术人才，鼓励创新	培养营销和品牌人才，提升服务意识	注重成本控制和运营能力、执行力
代表行业	IT、生物制药、新能源汽车、AI行业	奢侈品、时尚服装、高端消费电子产品行业	钢铁、煤炭、纺织、部分零售、物流行业

总结：

技术驱动型行业以创新为核心，不断追求技术突破和产品迭代，抢占技术制高点。

品牌驱动型行业以品牌价值为核心，注重品牌建设和用户体验，建立差异化优势。

成本驱动型行业以规模和效率为核心，通过优化成本结构和供应链，提升价格竞争力。

三种驱动力类型行业分别应该采取的针对性策略对比如表5-34所示：

表5-34　三种驱动力类型行业应该采取的针对性策略对比

策略类别	技术驱动型行业	品牌驱动型行业	成本驱动型行业
战略层面	技术引领，抢占先机	品牌差异化	成本领先
	开放合作	用户至上	效率为先
	人才为本	文化驱动	风险控制
商品策略	持续研发，保持领先	打造高端形象，差异化定位	标准化生产
	关注用户需求，提升体验	注重细节，提升用户体验	优化供应链
	建立技术壁垒	讲好故事，建立情感连接	精细化管理，降低成本
定价策略	价值定价，获取溢价	溢价定价	成本加成定价
	差异化定价	价值感知定价	竞争性定价
营销策略	技术背书	品牌营销	价格促销
	内容营销	体验式营销	渠道拓展
	合作共赢	社群营销	口碑营销
运营策略	敏捷开发，快速迭代	精细化运营，提升体验	精益生产，降本增效
	数据驱动	数据化管理	供应链协同
	知识管理	品牌维护	规模化经营

总结：

技术驱动型行业主攻研发创新，快速迭代产品，抢占技术高地，构建专利壁垒。

品牌驱动型行业深耕品牌建设，优化用户体验，讲好品牌故事，提升产品溢价。

成本驱动型行业聚焦成本控制，提高运营效率，打造规模效应，发动“价格战”。

技术与产品迭代速度：快与慢

按照技术与产品迭代速度，可以将行业分为**快迭代行业和慢迭代行业。**

快迭代行业主要有消费类电子产品、软件服务、互联网、电信、生物医药、新能源汽车等行业。

慢迭代行业主要有农业、矿产资源开采行业、电力行业、基础设施建设行业、造纸印刷业、交通运输行业等。

两者主要特征对比如表5-35所示：

表5-35　快迭代与慢迭代行业的主要特征

特征	快迭代行业	慢迭代行业
研发投入	高	相对较低
创新速度	快	慢
产品生命周期	短	长
市场竞争	激烈，以速度和创新为导向	相对稳定，以质量和品牌为导向
消费者需求	变化快，追求产品新颖和潮流	相对稳定，追求产品可靠和耐用
定价策略	前期高价或差异化定价，后期价格战	高价或价值定价
营销策略	快速营销，抢占份额， 注重线上和口碑	品牌营销，长期价值， 注重线下和客户关系
典型行业	消费电子产品、互联网、软件服务行业	航空航天、能源、基础设施行业

快迭代与慢迭代行业的策略对比如表5-36所示：

表5-36　快迭代与慢迭代行业的策略对比

方面	快迭代行业	慢迭代行业
核心目标	快速响应市场变化，抢占市场先机	巩固市场地位，追求稳定盈利
产品策略	敏捷开发，快速迭代	精益求精，打造高质量产品
	注重用户反馈，不断优化产品	注重产品耐用性和可靠性
	产品线丰富，满足多样化需求	产品线精简，聚焦核心产品
研发策略	高研发投入，保持技术领先	研发投入相对稳定
	关注前沿技术，快速应用	注重技术积累和工艺改进
	建立灵活的研发机制	与高校/研究机构合作

（续表）

方面	快迭代行业	慢迭代行业
营销策略	强调产品/技术的差异化优势	强化品牌建设，提升品牌溢价
	快速铺设渠道，抢占市场份额	建立稳固的销售渠道和客户关系
	利用数字营销手段，精准触达用户	注重口碑营销和用户服务
组织架构	扁平化管理，决策链条短	层级化管理，注重流程规范
	鼓励创新和试错，容忍失败	强调执行力和稳定性
人才策略	吸引复合型人才，快速适应变化	培养专业技术人才，注重经验积累
	注重学习能力和创新精神	重视员工忠诚度和稳定性

总结：

快迭代行业要敏捷开发，快速试错，抢占先机，赢得用户。

慢迭代行业要精耕细作，构建壁垒，稳扎稳打，长期盈利。

波动性：中期与短期

中期波动性：强周期性行业与弱周期性行业

按照经济周期性（中期波动性），可以将行业分为**强周期性行业与弱周期性行业。**

强周期性行业的表现通常与经济周期的波动紧密相关，而弱周期性行业则相对稳定，受经济波动的影响较小。

强周期性行业主要有钢铁、煤炭、汽车、房地产、航空、旅游、半导体行业等。

弱周期性行业主要有公共事业（水电气）、食品饮料、医药保健、教育、日常消费品、公共服务行业等。

强周期性行业与弱周期性行业的针对性策略对比如表5-37所示：

表5-37　强周期性行业与弱周期性行业的针对性策略对比

策略方面	强周期性行业	弱周期性行业
核心目标	顺应周期波动，把握时机，实现最大利润	降低周期性影响，追求稳定增长

（续表）

策略方面	强周期性行业	弱周期性行业
产品策略	灵活调整产品结构，适应市场需求变化	注重产品差异化和品牌溢价
	注重成本控制，提高产品竞争力	提升产品质量和服务水平
	提供多样化产品线，以应对市场波动	专注于核心商品，重稳定性和一致性
投资策略	扩张与收缩并举，谨慎投资，忌盲目扩张	追求长期稳定回报，注重投资回报率
	低谷时逆周期投资，为下一轮增长蓄力	进行多元化投资，分散风险
供应链管理策略	灵活的供应链，以应对需求波动	供应链管理，减少库存风险，提高交付效率
创新策略	持续创新，以满足市场需求和保持竞争力	保持稳定产品质量和服务水平，提高忠诚度
财务策略	保持财务稳健，控制负债规模	优化资本结构，提高资金使用效率
	建立健全风险预警机制	加强成本控制，提高盈利能力
人力资源策略	弹性用工，灵活调整人力资源配置	稳定人才队伍，降低人员流动率
	注重培训，提升应对周期波动的能力	建立完善的激励机制，留住核心人才

强周期性行业的景气度受宏观经济波动影响较大，因此，企业需要密切关注周期变化，灵活调整经营策略，在扩张期抓住机遇快速发展，在收缩期做好风险控制，以实现长期稳健发展。

弱周期性行业受经济波动影响较小，市场需求相对稳定，企业可以制定长期发展战略，注重产品或服务的差异化和品牌建设，提升核心竞争力，以实现持续稳定的盈利增长。

短期波动性：淡旺季（闲忙时）明显、淡旺季（闲忙时）不明显

根据收入短期波动性，可以将行业分为**淡旺季（闲忙时）明显行业、淡旺季（闲忙时）不明显行业**。这里的短期（区别于经济周期）主要是指一年四季或12个月、一个月30/31天或一周7天、一天24小时。

淡旺季（闲忙时）明显行业主要有旅游、餐饮、婚庆、服装、农业、零售、教育培训、家装、航空运输、电影行业等。

淡旺季（闲忙时）不明显行业主要有公共事业（水、电、燃气）、医疗保健、生活必需品（食品、日用品）、互联网服务、金融服务、软件开发行业等。

淡旺季明显与淡旺季不明显行业的针对性策略对比如表5-38所示：

表5-38　淡旺季明显与淡旺季不明显行业的针对性策略对比

策略方面	淡旺季明显行业	淡旺季不明显行业
核心目标	旺季最大化盈利，淡季降低成本	保持稳定运营，提升效率，持续增长
产品策略	旺季前备足库存，满足高峰需求	持续优化产品结构，满足多样化需求
	淡季研发新品，促销清理库存	根据市场反馈及时调整产品策略
营销策略	旺季加大广告投入，提高品牌声量与吸引客户	稳定的营销投入，品牌建设和用户积累
	淡季会员营销，维护客户关系，提高复购率	采用多元化营销手段，持续吸引新客户
运营策略	旺季增加人手，提高产能，优化服务流程	优化运营流程，提高效率，降低成本
	淡季控制成本，维护设备，培训员工	加强数据分析，及时发现问题并改进
财务策略	旺季做好资金储备，应对高额支出	保持稳健的财务状况，合理控制成本
	淡季控制成本，开源节流	寻求多元化融资渠道，支持业务发展
人力资源	旺季灵活用工，满足短期用人需求	建立稳定的人才队伍，降低人员流动率
	淡季加强员工培训，提升业务能力	注重员工长期发展，提供职业规划

淡旺季明显行业需要企业根据季节性波动灵活调整经营策略，旺季抓住机会，最大限度地提高盈利，淡季则需要做好成本控制，为下一个旺季做好准备。

淡旺季不明显行业的市场需求相对稳定，企业可以专注于提高运营效率，优化产品和服务，建立品牌优势，以实现长期可持续发展。

行业生命周期：幼稚期、成长期、成熟期、衰退期

按照行业生命周期，可以将行业中的生意分为**幼稚期、成长期、成熟期、衰退期四个阶段的生意。**

行业生命周期的四个阶段——幼稚期、成长期、成熟期和衰退期，具有各自的特征和挑战，影响企业的战略制定和运营决策。以下是每个阶段的主要特征和战略重点对比（表5-39）：

表5-39　行业生命周期四个阶段主要特征和战略重点对比

类别		幼稚期	成长期	成熟期	衰退期
主要特征	市场需求	低，增长缓慢，需培育市场	高速增长，消费者逐渐接受	饱和，增长放缓甚至停滞，需求细分	萎缩，出现替代品
	竞争格局	进入者少，竞争缓和，拼技术	新企业进入，竞争激烈，价格战开始	集中度高，利润压缩，拼品牌和服务	企业减少，竞争力下降，部分退出或转型
	盈利能力	整体较弱，甚至亏损，需大量投入	快速提升，规模效益显现	达到顶峰，但增长放缓，成本控制是关键	下降甚至亏损，需转型或退出
	技术变革	技术发展快，产品未标准化，风险高	技术成熟，产品标准化，市场潜力大	技术稳定，产品高度标准化，竞争激烈	技术发展慢，产品缺乏创新，生存困难
战略重点		研发创新，开拓市场，控制风险	扩大份额，树立品牌，提高效率	巩固地位，提升质量，拓展新市场	收缩规模，降低成本，寻找新机会

对30组行业属性的总结与说明

一是30组行业属性虽然覆盖了绝大部分重要的行业属性，但并未穷尽所有，鉴于本书的篇幅限制，不可能对每一个行业属性阐述得非常深入细致（是未来写作行业特性模型的专著要做的）。本章的核心目的之一，是提醒企业重视行业属性，启发企业对所在行业的行业属性进行深入研究。

例如：是否需要持续资本支出，这也是一个行业属性。需要持续大额资本支出的行业有芯片制造业、文旅行业等，这类行业由于技术、顾客需求等的快速变化，要求企业持续进行重资产投资，导致现金流的持续性不好（也就是说，企业好不容易赚了钱，又需要投入新的技术与产品研发中），这就是巴菲特不投资台积电的主要原因。

二是要获得某个行业特性的全貌“画像”，就需要把30组行业属性与某个企业所在的行业进行适配，抓住表现明显的行业属性，形成行业属性的组合，从而得出“从行业特性角度上”企业应该采取的主要战略与经营管理策略。

三是不可教条化。每个行业属性的针对性策略，只是一些通用的策略，具体采用哪些策略，需要根据企业的具体情况和市场环境而定，这是本书一再强调的，无论是商业共性，还是行业属性，都要针对企业的具体情况（企业个性）因地制宜。正如前文所述，采取与行业主流相反的属性策略，是企业破局和商业模式创新的重要方法，如重资产行业轻资产化、轻资产行业重资产化、标品非标化、订单型生意标准化等。

四是本章只列举了典型的行业属性，实际上存在大量的中间情形，例如在快消品和耐用品之间存在半耐用品、在重资产与轻资产之间存在中资产，这时应该两者兼顾；除此之外，某个行业也可能同时兼顾某一组行业属性内的几个属性，例如芯片制造行业就同时兼顾技术密集型属性和资本密集型属性。

07 行业特性案例

关于行业特性，我选取两个案例来深入分析。

案例一：长隆集团

长隆集团始创于1989年，是一家集主题公园、度假酒店、文化演艺、特色餐饮、商务会展、科普教育于一体的大型文旅集团，拥有广州长隆旅游度假区、珠海横琴长隆国际海洋度假区两大世界级旅游度假区，共拥有六大主题乐园、八家度假酒店（房间总数超过一万间）和三座国际马戏大剧院。广州长隆水上乐园、广州长隆野生动物园、广州长隆欢乐世界、长隆国际大马戏、珠海长隆海洋王国等都是国内主题公园的标志性产品。长隆年游客量超过4000万人次，全球仅有迪士尼、默林娱乐集团（包括乐高、杜莎夫人蜡像馆等）、环球影城等少数运营商的年游客量能够超过长隆集团，2023年长隆集团游客量在全球主题公园中排第五名。

文旅行业，尤其是人造旅游景区行业，是一个盈利难度很大的行业，整个行业的平均投资回报率远低于绝大部分行业，回收周期也比大部分行业长得多。在一个普遍亏损的行业，长隆集团成为业界公认的中国旅游行业标杆，做到了叫好又叫座，持续盈利超过三十年（除了疫情期间亏损外）。长隆能够取得如此大的成就，其中一个重要原因就是其深刻理解了旅游行业的属性，旅游行业的天然硬伤与困局，并采取了针对性的战略与经营管理措施。

文旅行业特性

文旅项目尤其是像长隆这样的人造旅游景区，**主要行业特征有：**

前期建设投入巨大，固定资产非常重。国内一线主题公园，单项投资基本都在20亿元以上。

人力密集型行业，人力成本占比很高。人力成本占比一般都超过30%，一线主题公园的员工数量近千人。

低频购买、低客单价行业，平均获客成本非常高。追求新奇特是旅游行业的核心特征，因此对同一项目，游客的复购率一般都很低（很多游客都是一辈子只游玩一次）；同时，旅游景区项目主要依靠门票收入。低频购买加上低客单价，让旅游景区的获客成本非常高。

范围生意，景区辐射范围有限，游客资源容易枯竭，需要不断外拓游客。景区尤其是人造旅游景区，一般辐射范围非常有限，因为通常周边就有类似的旅游项目。辐射范围有限再加上低频消费，让人造旅游景区的游客资源很容易枯竭。要维持景区业绩，需要不断外拓游客或提高游客的复购率。

需求不稳定、不持续，游客求新求变，这就需要旅游景区不断进行产品升级或推新品，资本投入非常大。与大部分行业不同，旅游行业典型的顾客需求是追求新奇特，这就需要景区不断地升级产品、推出新产品。旅游景区的升级，不同于一般消费品、工业品、软件产品，投入非常大，很多人造旅游景区通过一期、二期、三期的高昂投入来实现产品的升级，以吸引游客重复消费。持续且巨大的资本支出，让旅游行业的现金流普遍很差。

季节性波动，淡旺季、闲忙时明显。旅游行业一年四季有明显的淡旺季，一周之内也有明显的闲忙时（工作日游客少、周末游客多）。这样的特征，不但增加了景区接待游客容量设计（游客承载力）的难度，而且对资产利用率非常不利，即淡季、闲时的人力成本高，重资产闲置或利用率很低，不利于成本控制。

固定投入与固定成本很高，变动成本相对较低。旅游行业属于资本密集型和人力密集型行业，最大化提高固定投入与固定成本的利用率，是这类行业战略与经营的核心任务。

行业集中度很低，处于垄断竞争与完全竞争之间。处于这类行业的企业，面临激烈的竞争，缺乏定价权。

文旅行业的天然硬伤

以上行业特征导致文旅行业的五大天然硬伤：

①游客需求的多变性与项目的固定性之间的天然矛盾。旅游项目一旦建成之后就基本固定了，而旅游行业与其他行业有一个很大的不同之处，是游客需求的特点是求新求变，这两者之间有天然的矛盾。如果不能解决这个矛盾，那么文旅项目的盈利性就很难持续，这就是很多文旅项目昙花一现的主要原因之一。

②高获客成本与购买低频次、低客单价之间的天然矛盾。对于文旅项目来说，很多游客购买一次就再也不购买了，而且以门票为主的收入客单价又低，这就让文旅项目摊销的单位获客成本非常高。如果不解决这个问题，文旅项目的营销成本就会很高。

③有限辐射范围、低复购率与客源可持续性之间的矛盾。文旅项目是基于物理范围的生意，旅游景区的辐射范围通常有限，尤其是人造旅游景区，因为周边的竞争对手会越来越多。如果不能提高自然辐射范围内游客的重玩率，不在自然辐射范围之外开拓新的游客，那么文旅项目的游客资源很快就会枯竭，导致收入增长缺乏持续性。

④重资产与轻营收之间的矛盾。重资产与轻营收之间的矛盾，本质上是超低资产周转率，资金效率低下。重资产投入是文旅行业的最大硬伤，因为重资产投入会带来两个严重的问题：一是财务成本高（如果是自有资金，则是自有资金的机会成本高）；二是折旧费用高，仅仅这两项就能抵销文旅项目的绝大部分收入。一个投资20亿元的游乐园，每年的财务成本就高达1.6亿元（按8%的融资成本），折旧费用至少在1亿元以上，加上人力成本基本在0.8亿元以上，还不算营销、能耗、管理、环境与设备维保等费用，每年的总成本高达3.4亿元，而国内游乐园年收入能够达到3.4亿元的并不多，绝大部分游乐园其实是亏损的。旅游行业的特点是前期大量投入，后期缓慢获得收入，这种超低的资金周转率导致文旅项目很难盈利。大部分文旅项目需要通过其他方式来盈利，比如配套房地产，前些年房地产行业掀起了一股文旅地产的热潮。

⑤季节性波动与高固定成本之间的矛盾。旅游行业的季节性非常明显，一年之中的旺季主要集中在暑假、黄金周等节假日，一周之中的忙时在周末，一

天之中的忙时在上午11:00之后，其他时间都是淡季或闲时。而旅游行业又是一个固定成本非常高的行业，固定成本主要包括高昂的折旧费用、庞大编制人员的固定薪酬、设施设备与园区环境的保养维护费用等。这两者之间就形成了显著的矛盾，在淡季、闲时或天气不好时，园区基本没有游客，但巨大的固定成本仍然存在。

即使在旺季或忙时，旅游景区也会经常面临游客过剩接待不了的尴尬，因为景区或设施设备的承载力有限，当考虑游客的安全性与游玩舒适度时更是如此。

谁能解决旅游行业的这一系列挑战，谁就能够在旅游行业脱颖而出。

长隆是如何破局的？

对于整个文旅行业的普遍硬伤与困局，大部分文旅企业并未深刻理解，或者即使理解了一部分，也缺乏有效的应对措施。**而长隆则深刻理解这些行业硬伤与困局，并找到了一系列破局的方法。**

（1） 解决游客需求多变与低频购买的问题

①低成本解决产品升级的问题。绝大部分文旅项目的产品升级主要通过二期、三期投入方式来实现，然而这种方式投入非常大，企业好不容易有盈利和现金流，又投入项目产品升级中。而长隆采取的则是引进项目的方式，长隆野生动物园在早年就通过引进各国“国宝”动物的方式，低成本解决了产品升级问题，并保持持续的市场热度，长隆先后引进我国的“国宝”熊猫、澳大利亚的“国宝”考拉、泰国“国宝”亚洲象、马来西亚“国宝”黄猩猩和马来貘、洪都拉斯“国宝”食蚁兽等。动物资产是长隆绝对的核心资源，此类资产如管理得当，是有资产再生价值的。随着动物不断的繁衍，动物明星的不断打造，其不会和其他资产一样“折旧”，反倒会不断升级，“翻新”。例如，动物园中的考拉生了全球唯一一对双胞胎考拉，从6只到60多只，八代同堂，让游客看到产品在不断自我升级，这是别的景区无法企及的，也是长隆独特的法宝。

对于游乐园产品，长隆通过引进个别标志性项目来实现升级。相比投入巨大的一、二、三期的产品升级方式，这种引进有号召力的项目方式，投入要低得多。

②通过各种节庆活动增加游客新体验。为了解决项目主要设施固定而难以吸引游客重玩的痛点，长隆不但利用一切可以利用的各种节日举办活动，而且

还制造节庆。长隆举办的影响力很大的节庆活动包括万圣节、电音节活动等，连续举办十多年的万人比基尼节更是经典。这些手段在相当程度上提升了游玩体验的丰富性和游客复购率。

如果觉得制造节庆成本高，引进合作也是法宝之一，不断地引进各类音乐节，使其成为有收入、有影响力的造势活动，最终成为收入型品牌活动。

（2）解决高获客成本的问题

在解决高获客成本问题方面，长隆把工作做到了极致，成效远超国内同行。

①与媒体深度合作。与湖南卫视进行长期深度战略合作，借势湖南卫视的高人气节目《爸爸去哪儿》、与湖南卫视合作拍摄国内第一档原创动物真人秀节目《奇妙的朋友》、让三胞胎熊猫“出演”《功夫熊猫》，以极低的成本大幅提高了长隆的知名度和品牌热度。对于文旅行业的媒体营销、借势营销，长隆深谙其道。长隆是一个天然的节目拍摄基地，其公园场地资源、世界演艺资源、酒店接待资源，吸引了众多电影、电视剧、热门综艺节目到此拍摄。这种合作成了“自来水”，以至有段时间，但凡市面上好的综艺节目，没去长隆，似乎观众都不认为其热门。

②娱乐营销是长隆的核心营销方式。长隆的娱乐营销主要包括与知名IP合作（如长隆与《英雄联盟》等的合作）、内容为王、新闻至上、品牌故事、注入情感、创造独特卖点、产品主体化等方面。与国际强品牌迪士尼等相比，长隆的IP是弱项，但大量引进各类IP，也是一个强有力的方法。

③新闻报道是长隆超低成本营销的重要手段，让同行望尘莫及。凭借与全国媒体的良好关系，长隆每1～2周必有媒体新闻报道，是国内新闻出现频率较高的企业。长隆不放过任何一次新闻曝光机会，并尽一切可能挖掘新闻。这种新闻报道的性价比和权威性是高投入的广告无法比拟的。

④打造长隆私域流量。对于旅游低频消费问题，很多文旅项目都不重视私域流量的建设，而长隆则通过私域流量把低频消费变成中频消费，极大地降低了宣传与多次获客成本。抓住流量潮，是长隆的秘诀。从开心网、微博、微信到抖音，哪里最火热，长隆就将主战场放在哪。好玩有趣的内容长隆从来都不缺，只要维护好内容，无论平台怎么变都没有问题。

（3）解决高人力成本的问题

为了解决高人力成本的问题，长隆针对旅游淡旺季特点，在淡季时保持最少的员工编制，在高峰期通过与全国中专和大专学校合作，为学生提供实习基地，从而有效地降低了人力成本。

（4）解决辐射范围有限的问题

为了解决旅游项目自然辐射范围有限的问题，长隆在全国主要交通枢纽进行大规模宣传，包括机场、高铁、高速公路、地铁等场景。

从珠三角辐射到全国，是长隆重要的战略，省内省外客源比值从当初的9∶1到现在的5∶5，长隆完成了大部分主题公园想做但又没做到的“地域化品牌向全国品牌的升级”。“来广东，必来长隆”，成为一种品牌效应。

（5）解决低客单价的问题

为了解决低客单价的问题，长隆采取了一系列措施：

①**增加二次消费。**通过高端特色酒店、餐饮、旅游商品等增加游客的二次消费，长隆的二次消费收入占总收入的比例，在全国文旅项目中处于绝对领先地位。大部分国内旅游项目的二次消费收入，占比不超过15%（即门票收入占比超过85%），而长隆平均都超过30%（不同业态项目的占比有所不同）。

②**以品牌拉动代替渠道驱动。**大部分文旅项目主要通过旅行社或OTA（携程、美团等在线旅游分销商）等渠道销售，而长隆则主要通过品牌拉动，分销渠道的旅行团客单价很低（长隆给旅行团的折扣一般为85折，而国内绝大部分景区在7折以下，而且相当一部分在5折以下），而品牌拉动的散客客单价却很高，这无疑提高了长隆的客单价。

（6）解决收入波动性问题

为了解决收入波动性带来的一系列问题，长隆采取了相应的策略：

①**在产品策略方面：**开发季节性产品，针对不同季节推出不同产品，满足消费者季节性需求。淡季产品升级，利用淡季时间，对现有产品进行升级改造，为旺季销售做好准备。

②**在定价策略方面：**根据市场供求关系，灵活调整价格，旺季适当提价，淡季进行促销活动，提高销量。在旺季来临前推出预售活动，提前锁定销量，缓解资金压力。

③**在营销策略方面：**将营销资源集中在旺季投放，提高广告转化率。利用淡季时间开展品牌推广活动，提升品牌知名度和美誉度，为旺季销售打好基础。

④**在运营策略方面：**利用淡季时间对员工进行技能培训，提升服务质量，为旺季做好人员储备。持续优化运营流程，提高效率，降低成本。

⑤**在人力资源策略方面：**采取季节性招聘，如旺季根据需要招聘临时工，缓解用工压力。淡季优化人员配置，如优化人员结构，提高团队效率。

除此之外，长隆还有很多有助于文旅行业破局的策略与措施：将过去依赖"硬投入"打造产品的理念转变为以"软创意"为核心的产品策划与研发理念；系统性地解决游客低频次购买的问题，大幅度提高游客重玩率；将提高资产利用率作为核心经营任务；鉴于旅游需求的非刚性，找到提高需求"硬度"的系统性解决方案；通过商业模式与跨界创新，找到突破性解决方案。总之，长隆在深刻理解文旅行业属性的基础上，在战略与经营管理方面"碾压"全国大部分同行。

案例二：比亚迪

比亚迪是全球新能源汽车的领导者、全球最大的锂电池制造商之一，其业务涵盖智能电动汽车、锂电池与储能、轨道交通、电子产品等。2023年比亚迪销售收入高达6000亿元，利润达300亿元，其中新能源汽车销售约302万辆，位居全球第一，锂电池市场份额超过20%，位居全球第二。

新能源汽车制造业的行业特性

以比亚迪最核心的业务新能源汽车制造为例，梳理这个行业的行业属性组合。新能源汽车制造业的典型行业属性有：

①高投入的重资产行业；②高固定成本、高变动成本；③技术密集型和产品与技术迭代快；④人力密集型行业；⑤供应链复杂，上中下游产业链很长；⑥规模经济明显，兼具范围经济特征；⑦高价值、高风险、复杂的低频购买；⑧政策导向型行业；⑨全球化运营；⑩行业处于快速成长期。

比亚迪之所以成功，是因为其遵循了哪些行业属性规律？

（1）超强的盈利能力

让人意外的是，虽然比亚迪新能源汽车的平均售价远不及特斯拉，但比亚迪的毛利率（2023年为23.02%）却比特斯拉（同期18.2%）还高4.82%，更不用说其他主流新能源汽车品牌了。在净利率方面，全球能够盈利的新能源汽车品牌，只有特斯拉、比亚迪、理想、埃安，比亚迪的利润仅次于特斯拉。比亚迪的盈利表现那么好，主要的原因有三个：

①比亚迪具有更大的**规模经济效应**。2023年比亚迪新能源汽车销量约302万辆，全球排名第一（排名第二的特斯拉销量约为181万辆，其他品牌销量基本上在50万辆以下）。庞大的销售规模，让比亚迪在巨大的固定资产投资折旧、固定成本的摊销以及变动成本的规模化采购方面，都拥有竞争对手难以企及的成本优势。

②比亚迪不但拥有巨大的规模经济效应，而且还有强大的**范围经济效益**。在所有新能源车企中，比亚迪的产品线是最宽的，而这些不同的产品通过共享、协同比亚迪的零部件、技术研发、销售渠道、母品牌等，大大降低了成本，技术、资产等通过共用的方式得到了最大化利用。

③**上中下游纵向一体化**。比亚迪是产业链垂直整合度最高的新能源车企，除了车窗玻璃和轮胎，其他零部件都是比亚迪自己生产的，这种垂直整合的生产模式，把每个环节的利润都留在了集团内部，是比亚迪高利润的另一个重要原因。为什么其他车企不采取这种方式呢？因为采取垂直整合产业链的企业需要有一个硬性条件，那就是销售规模要足够大，否则要让成本更低，还不如外购绝大部分零部件。

（2）领先的技术

智能电动汽车行业是典型的**技术密集型行业**，而在技术密集型行业，领先技术就是王道，在这方面比亚迪的优势非常明显：刀片电池、易四方与云辇技术、CTB电池车身一体化技术、高压双枪超充技术、e平台3.0等。总而言之，比亚迪在电池、电机、电控、混动、智能化等领域都拥有领先的技术，这些技术优势是其在新能源汽车市场取得成功的关键。针对新能源汽车**技术与产品快速迭代**的行业属性，比亚迪通过核心技术研发和产品迭代开发，保持了领先技术和产品迭代的持续优势。

长期销售中低端汽车的比亚迪推出的仰望U8作为国产豪车，之所以能够取得如此大的成功（销量一直处于百万级豪车的前三名），是因为其有原地掉头、汽车横移和水上漂等领先技术。

（3）超高的产能利用率

新能源车企属于典型的**重资产行业**，而重资产行业的经营核心就是将投入庞大的重资产的利用率最大化。2023年，国内产能利用率超过70%的车企仅有

5家，而比亚迪的产能利用率却高达159%，超负荷利用工厂重资产，极大地降低了比亚迪单车的固定成本。

（4）紧跟国家产业政策

发展新能源汽车是长期的国家产业战略，身处国家**政策导向型行业**的比亚迪，对政策的解读最深刻，执行起来最笃定，早在2017年比亚迪就宣布停止燃油车生产、彻底转型新能源汽车，直到现在比亚迪也是传统车企中只生产新能源汽车的唯一车企。比亚迪紧跟国家产业政策，获得了巨大的先发优势和政策红利，包括技术研发、产业配套、政策扶持、财政补贴等。

（5）消费者购买放心

新能源汽车属于**高价值、高风险购买**行业，很多消费者不敢购买销量太小的新能源汽车品牌，不仅是担心它们产品、技术、质量等的可控性、稳定性，更重要的是担心它们在未来的激烈竞争中会倒下，对于长期使用、高度依赖售后服务的耐用品汽车，这是消费者难以接受的风险。而比亚迪在这方面拥有巨大的优势，市场普遍认为，其他新能源车企都有可能倒闭，但比亚迪和特斯拉不会，这也是比亚迪和特斯拉“赢者通吃”的主要原因之一。

（6）超低的人力成本

汽车制造属于**人力密集型行业**，人力成本占比很大，比亚迪的员工总数高达70万人，而比亚迪的人均薪酬成本仅为10万元左右。为了降低人力成本，比亚迪采取了一系列措施：大量引入自动化生产设备，优化流程，开展员工技能培训，灵活用工，使用技术和智能化管理提升效率，等等。

（7）国际化战略

汽车行业是一个典型的全球化运作的行业，从原材料（如锂矿资源）到零部件，从整车厂到销售网络。比亚迪对锂矿资源和整车厂的全球化布局，以及推进全球化销售网络，都取得了初步成效。

通过对长隆和比亚迪的案例剖析，我们不难看出，深刻理解行业属性，在此基础上制定战略与经营管理策略是多么重要。

第
6
章

如何运用
商业三性理论

01　企业个性的案例

之所以把企业个性放在本章，是因为只有当企业需要运用商业三性理论时，才需要考虑企业个性。

由于篇幅有限，本书对企业个性未进行深入阐述，这部分内容留在后续版本中增订。以我多年的实践经验，企业运用商业三性理论，关键是要把企业个性纳入考虑范围。

企业个性要求企业根据自身的实际情况，针对性制定策略，既不能盲目照搬任何成功企业的经验，也不能盲目套用任何商业理论。针对这两种情况，我各举一个例子。

案例一：华为狼性文化

不少企业欣赏华为的狼性文化，但不考虑企业的实际情况，盲目照搬华为的狼性文化。例如，有的企业创始人的性格像羊一样温顺，却想带出一支狼性团队，盲目照搬华为狼性文化，结果是羊的优势丢了，而狼的优势又没学会，最终把企业做成“四不像”，因为事实上创始人的性格、思维与行为方式很大程度上就决定了企业的文化。如同不懂企业个性道理的企业家，没读MBA之前把企业经营得还好，读了MBA后反倒把企业做倒闭了，很大程度上是因为盲目照搬成功企业的经验，或盲目套用在MBA课程中学习来的商业理论。

案例二：定位理论

特劳特和里斯于1969年提出的定位理论，无疑是商业理论的重大发现，是目前在国内最流行、最被企业推崇的商业理论，也是在国内推广最成功的西方商业理论。定位理论成就了许多超级品牌，然而定位理论也有很大的局限性：

（1）定位理论不适合缺乏实力的中小微创企业

定位理论的核心是占据顾客心智，从而实现“心理预售”，更直白地说，就是品牌占据（或对应）一个概念或词语，让消费者一想到这个概念（通常是品类或需求）就想到该品牌，例如：消费者一想到怕上火，就想到王老吉；一想到果冻，就想到喜之郎；一想到要送礼，就想到脑白金……然而消费者的心智空间是十分有限的，通常在一个行业内，消费者能够记住的品牌不超过7个，能够记住的品牌定位就更少，所以行业的绝大部分品牌，根本就不可能占据消费者的心智。为解决这个问题，一些品牌采用品类创新来进行品牌定位。

定位理论占领消费者心智的核心方法是投入大量广告，不断重复广告语，这是大部分中小微创企业根本承担不起的。定位理论能够起效的脑科学原理是通过广告语的大量重复传播，在受众的脑海中建立品牌与（卖点）词语之间稳定的神经元连接。这种稳定连接一旦建立，一辈子都很难忘记，但如果投入的广告量不够，这种连接还没有达到稳定程度，那么前面所投入广告的效果就会大打折扣。真正成功运用定位理论的企业并不多（相反浪费大量广告资金或失败的却不少），主要原因就是绝大部分中小微创企业不具备大规模广告投入的资金实力。

（2）定位理论只适合部分商品

定位理论通常只适合商品价值较低、购买决策简单、一牌一品的简单产品，对于商品价值很高、消费者购买决策复杂、一牌多品的复杂产品，定位理论基本都不适合。这样的商品消费者不会仅因为一个定位（概念或卖点）就购买，因此，我们看到的成功运用定位理论的品牌，基本上是低价值、简单决策的简单产品，最典型的就是快消品，如王老吉、脑白金、喜之郎。定位理论反对品牌延伸，然而很多品牌延伸（一牌多品）的企业同样取得了巨大成功，如华为、美的、海尔、方太。

（3）定位理论不适合互联网传播新环境

定位理论要取得成功，需高度依赖声音的听觉传播，这点从定位理论在1969年被提出就不难看出。因为当时正好是电视媒体在美国快速崛起的年代，而如今电视这种大规模声音传播的媒体已没落。在互联网传播环境下，人们不再像在电视媒体时代一样被强制看广告，互联网传播即使有声音，用户也会快速刷过广告。只重视品效合一的互联网传播（实际上没有“品”只有“效”），根本不可能像电视广告那样大规模重复触达受众，互联网很难打造超级品牌，除非企业自带超级流量，像华为、比亚迪，然而国内这样的企业寥寥无几。

在互联网环境下，要让一个品牌快速崛起，成为超级品牌，运用定位理论取得成功（当然不用定位理论也一样），可选的广告媒体几乎只有电梯媒体，尤其是电梯视频，因为目前只有电梯视频广告能够同时满足：①声音传播；②强制视听；③大规模重复传播（品牌广告语）。抖音、微信、微博、小红书、B站等媒体信息都过于分散，这种分散的媒体缺乏爆发式的品牌势能，尤其缺乏持续性的品牌势能，这一点目前只有电梯视频广告能够做到。

分众传媒作为国内电梯媒体的“领导者”，之所以市值高达上千亿元（高峰时2500亿元），是因为其媒体的独特性（强制视听）、行业的主导性（电梯视频媒体市场份额超过95%），以及快速打造强势品牌的唯一选择，良好的传播效果赢得了客户的认同。自从电视等传统媒体没落后，国内快速崛起的消费品牌几乎都离不开分众，包括王老吉、喜之郎、长城汽车、元气森林、妙可蓝多、瓜子二手车、认养一头牛、简爱、飞鹤奶粉等。

很多定位理论的倡导者、支持者，“手上只有锤子，看什么都像钉子”，实际上做广告并不一定非得使用定位理论，也可以使用瑞夫斯的USP理论、奥美的品牌形象理论、大卫·艾克的品牌定位理论。当广告预算不高时，使用定位理论往往并非合适的选择，使用USP理论等其他理论可能更能打动消费者。

现实情况却是95%以上的企业并不适合定位理论，95%以上企业却盲信盲用定位理论，可见盲目套用商业理论的危害有多大。

我经常说一句话，只要你足够能说，声量足够大，地位足够高，你就可以轻易带偏99%的人，剩下的1%才是真正有独立思考的人。

02 如何运用商业三性理论解决企业问题？

运用商业三性理论解决企业问题主要有两种方法。

方法一：检视法

所谓检视法，就是用商业共性规律及其配套的商业模型和行业特性模型，去检视企业目前的战略与经营管理、企业文化与制度流程等是否吻合商业共性规律和行业属性，全面诊断企业存在的问题（给企业做一个“全身体检”），并结合企业的实际情况，采取针对性的策略（商业模型本身提供了很多策略或策略方向），以实现企业破局和战略与经营管理的全面提升，达到系统性增长的目的。

检视法基本操作流程

以商业共性规律和行业特性为出发点，用与其配套的商业模型，在商业模型中“输入”企业相应的信息（即企业个性），目的是：

①检视企业当前是否符合这些商业共性规律和行业属性，发现目前存在的问题；

②解决企业存在的问题，并发现新的商业机会；

③实现企业破局，以及战略与经营管理系统提升。

在这个过程中会自然产生制度、流程、企业文化这些“副产品”。

三步检视法

用商业三性理论解决企业的问题，具体分为三步（图6-1）。

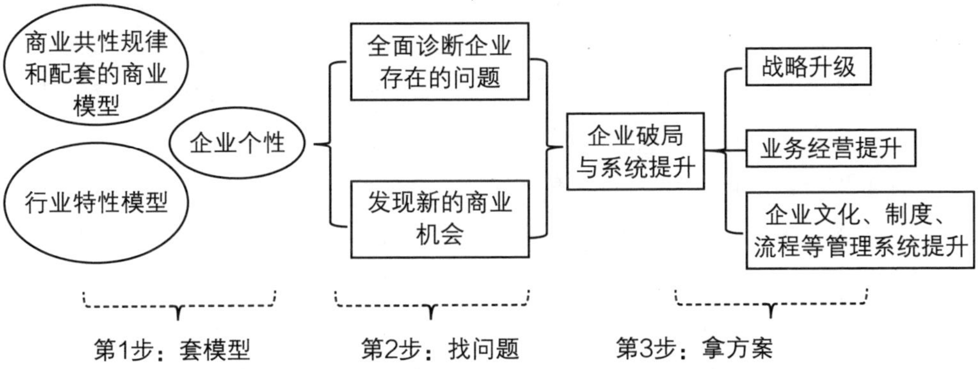

图6-1　检视法

第1步：套模型（或规律）。

套模型包括两个部分：

第一部分是套用商业共性规律及其相应的商业模型全面检视企业，即用30个商业共性规律，给企业进行全面体检与诊断，全面检验企业的战略与经营管理是否在按规律办事。

第二部分是套用行业特性模型全面检视企业的行为是否符合其所在行业的行业属性。用30组主要行业属性，检验企业的行为（战略与经营管理）是否符合行业属性。例如：对于范围生意（如实体店）来说，重购率就是生命线；对于分散型行业，集中化就是企业的核心策略；对于边际交付时间成本很高的行业（如餐饮、美容、美发等），总部企业聚焦于边际成本为零（或极低）的工作，把其他高边际交付时间成本的工作外包给他人（如加盟商）去做，这就是做大做强的核心方法。

第2步：找问题。

完成第1步后，就能全面梳理、诊断、发现企业存在的主要问题，并发现很多新的机会。例如：通过套用五级竞争力模型，发现企业经营多年，并没有有意识地培育自己的核心竞争力；通过性价比系统论模型，发现企业提供给顾客独特价值的机会。

第3步：出方案。

完成第1、2步后，就会得到大量的有关战略与经营管理的策略，也包括企业文化、制度与流程等方面的成果，但是这一系列成果都是零散的、独立的、非全局视角的。这时候，我们就需要全面梳理这些成果，以全局、关联、动态的思维，以内部逻辑自洽、协调一致、抓大放小为核心原则，把这些成果整合为一个有机的、协调的、逻辑自洽的、主次分别的、全局视角的系统整体方案。这个方案包括战略、经营管理策略、企业文化与制度流程等。

前面两步都是点或线上的分布式工作，较为容易，而第3步要拿出整体方案，则需要全面分析、系统整合，难度相对较大，对一般人来说有不小的挑战性。因为这些不同的策略之间相互关联、相互影响，有些甚至是相互矛盾和冲突的，这时候就需要全局、系统、关联、动态的思维，否则制定的方案会是各自为战的、相互矛盾的、主次不分明的。很多企业容易犯的错误是，战略是战略，经营是经营，管理是管理，企业文化是企业文化，制度是制度，这些部分之间缺乏逻辑关联和一致性。

很多人可能还是难以理解，下面“以点带面”举例说明检视法的应用。

案例：某眼科医院

我曾为一家中高端眼科连锁医院提供咨询服务，以它为例。

在套用30组主要行业属性指标后，不难发现医疗行业是一个典型的高风险、高试错成本、高价值购买行业（以这个行业属性来深入说明）。患者对医院的信任是极为重要的，比绝大部分其他行业都要重要得多，这属于行业特征特别突出的属性，是企业在制定战略与经营管理时要抓住的核心属性。在梳理这点的时候，客户公司的董事长和我都很兴奋，但是在没有梳理之前，他并没有意识到信任是一个具有战略高度的要素（在一个行业待久了，从业人员容易“钝”化，看什么都很麻木，这是一个普遍现象）。

既然信任如此重要，那么该如何落地呢?

此时要用一个重要的商业共性规律“商业信任”。解决商业信任问题最好的商业模型是“麦肯锡·唐信任公式”：商业信任=（专业度×可靠度×亲密度）/自私度。解决专业度与可靠度的问题，主要套用我提出的“有形证据体系”商业模型，并在运营管理中落实；如何让接诊人员和患者快速建立亲密度，以及如何建立医院品牌与患者的亲密度，也有一套方法（这里不深入探讨）；如何降低自私度，核心抓手就是利他企业文化，以及由利他企业文化驱动的员工行为。

具体落地方法在此不再赘述，与第4章中“商业信任”提及的某连锁医疗机构案例的一整套做法非常接近。

从这个简单的例子中，不难看出运用商业共性规律和行业属性模型解决企业问题的脉络：

①套用行业属性模型，分析出医疗行业的重要特征：高风险、高试错成本、高价值购买。

②根据这个突出的行业属性，确定信任是企业战略与经营管理的核心要素之一。

③在商业共性规律中找到“商业信任”，并套用麦肯锡·唐信任公式。

④根据公式中的专业度与可靠度套用有形证据体系来落地，用一套操作方法把快速建立亲密度落地，而减小自私度（利他）的落地则主要通过企业文化方式。以上四个信任指标在经营管理中的具体落地办法，就是**以顾客全流程和全接触点系统分析**，找到这些指标的具体落地环节，将它们植入企业的流程、制度与SOP中。这就是经营管理的优化与提升。

⑤鉴于信任和利他对于医疗行业如此重要，首先确定将信任与利他作为企业文化中的核心价值观的主要组成部分之一。然后，用前文列举的企业文化具体故事，进行企业文化的落地。这属于企业顶层设计（战略与文化）。

⑥非常幸运的是，董事长是一个非常在乎诚信的企业家，公司已有很多经营管理行为体现了信任（属于自觉使用“信任”这一共性规律），但没有把

信任上升到战略与价值观的层面并加以宣扬，也没有把这一理念植入企业经营管理的各个环节和员工的所有行为（当然也是因为缺乏相应的落地工具和方法）。这就是商业共性（信任）结合企业个性（创始人诚信）的例子，并非所有企业都会采用信任公式，即使找到了高风险购买的行业属性和信任的商业共性规律，也会因为有的企业很难接受利他理念而难以落地。

通过以上步骤，仅分析一个突出的行业属性“高风险购买”及其对应的商业共性规律“商业信任”，就能得到与之相关的战略、企业文化、经营管理落地、组织制度流程等一系列成果（当然，并不是每一个要素都能上升到战略与文化的高度，本案例中只是因为“商业信任”刚好重要到应上升到战略与文化高度，其他要素可能只是在经营管理、组织制度流程层面）。

因为前文只分析了“高风险购买”这一个行业属性，只涉及“商业信任”这个商业共性规律，也因为它恰好足够重要，所以把它上升到战略与价值观的高度。当我们进行全面检视分析时，会涉及很多商业共性规律与行业属性，有的能够上升到战略与企业文化层面，有的却不能，这时就需要全局分析，抽丝剥茧，制定出企业的整体战略与经营管理策略。

以上用某一个商业共性规律、某一个行业属性来举例，展示商业三性理论如何解决战略与文化、经营与管理、组织制度流程问题，如果以商业共性规律和行业属性对企业进行全面体检，并在此基础上制定战略与文化，落实到具体的经营与管理中，可想而知收获会有多大。

做生意、办企业最难的，就是决策前的系统思考：做到内部逻辑一致，抓大放小，集中资源聚焦于关键业务，而不是目标之间冲突，“头疼医头，脚疼医脚”“按下葫芦浮起瓢”“胡子眉毛一把抓”。

还是以这家眼科医院为例，分析另外一个突出的行业属性“范围经济生意”对企业经营管理的重大影响。

正如前文所述，范围经济生意是基于物理范围的生意（几乎所有实体店都属于范围经济生意），范围经济生意公式（商业模型）是：

范围经济生意=辐射力×渗透率×客单价×重购率+口碑推荐收入

在这五个指标中，最重要的就是重购率和口碑推荐收入，如果没有它们，这门生意就很难维持，顾客很快就会流失。而对患者重购率与口碑影响最大的是医生，意识到这点，眼科医院该如何做呢？

医生的关键考核指标应该是点诊率（患者指定医生的比例），而不是企业之前用的医生服务收入提成，因为患者的重购率与口碑核心体现在对医生的点诊率上，而医生的服务质量、患者的体验感、医生与患者的关系，直接关系到患者的满意度、重购率、口碑与推荐率。如果以医生提供的医疗服务营业收入来给某个医生提成，势必导致医生会通过减少每个患者的必要服务时间，来增加自己的排班次数，以提高自己的提成收入，这样会导致医生服务质量差，患者体验差，从而流失患者并形成不好的口碑，最终影响医院的整体利益。

通过这个例子，我们不难看出“行业属性分析（范围经济生意）→经营策略（高度重视重购与口碑）→管理制度（医生考核核心指标）”这一解决问题的逻辑链条。

方法二：问题法

所谓问题法，就是当有一个具体的企业问题需要解决时，先找到与要解决的问题匹配的商业共性规律或行业属性，及其配套的商业模型，然后在商业模型中“输入”企业相关的信息（即企业个性），得到解决问题的方案（决策）。

例如，一家经营了十多年的企业，发现一直在赚辛苦钱，而且还很不稳定，也没有什么行业话语权，希望能够通过制定战略，用3～5年培育自身的核心竞争力，这时企业就可以使用五级竞争力模型或“5+2”竞争力扩展模型。

事实上，本书所列举的所有案例，都是在检验企业是否按商业三性（其中某些）理论办事，如何按照商业三性理论办事，并验证由此形成的结果。

03　关于商业咨询

虽然专职从事商业咨询的时间并不长，但从兼职开始算起，我从事商业咨询已经十多年。关于商业咨询，我有如下一些总结与感悟：

（1）商业顾问必须掌握结构化的商业知识体系

本书一再强调，零散的、杂乱的、非结构化的商业知识是没有多大用处的，而且常常是有害的。真正掌握商业规律的商业顾问，看任何生意都应该很通透，能咨询任何行业的任何生意，也不只是局限于解决某一类商业问题，这就像埃隆·马斯克用第一性原理能够同时把那么多不同行业的企业做得如此成功一样。只能咨询某一行业的商业顾问，解决问题基本在“术”的层面。

（2）优秀的商业顾问掌握了大量的主流商业模型

真正优秀的商业顾问，在掌握商业规律的基础上，掌握了主流商业模型，更高级的商业顾问能够开发属于自己的商业模型，有自己一套独特的商业知识体系和解决问题的方法论。商业顾问之所以能够帮助身价比自身高得多的企业家，是因为其长期研究通用的商业共性规律，不断学习总结、持续累积优秀商业模型，而这些商业模型是人类在各个细分领域的知识天花板，是快速、准确解决商业问题的最好工具，就像象棋的“棋谱”一样。

（3）商业顾问首先要会诊断

商业顾问就像医生一样，首先得会诊断，能够准确判断企业的问题究竟出在哪里，问题的根源在哪里，这是商业顾问给企业“开对药方”的前提。很多时候，企业并不真正知道自己的问题，或者不知道问题的真正根源在哪里，正确定义问题是商业咨询的第一步。而商业三性理论首先是一个发现问题的工具，诊断企业是否在按商业规律、行业规律办事，采用的策略是否符合企业个性，然后才是一个解决问题的工具。那些显而易见的问题，往往不是真正的问题；那些显而易见的答案，往往也不是解决问题的真正答案。

（4）对于优秀的商业顾问来说，行业经验并不重要

如果一个商业顾问的主要优势是行业经验，那么他掌握的就是只会做某类事情的“术”，而非一通百通的“道”。在一个行业里，有丰富行业经验的人多如牛毛（客户本身往往就是行业专家），这不是什么稀缺能力。这些拥有丰富行业经验的从业者很难帮助企业破局，行业经验反而往往是商业顾问突破行业惯例、定式的障碍。如果一个企业主聘请商业顾问，要求商业顾问有行业经验，并总强调企业所在行业的特殊性，说明他还处在“术”的阶段。绝大部分情况下，客户团队的行业经验远比商业顾问丰富得多，客户为什么还要求商业顾问有丰富的行业经验呢？

商业顾问有一个核心能力，是提问能力。把客户掌握的行业经验、知识、信息，通过提问“挖到”自己的脑袋中来（只有在客户回答不上某些问题，或者对某些问题没有把握的情况下，商业顾问才需要进行实地调研、专家访谈）。在给企业提供商业咨询时，我在行业研究上花的时间，比一般商业顾问公司要少得多，主要原因就在于我开发了行业特性模型，只要根据客户需要解决的商业问题进行正确提问即可。

只要套用行业特性模型，无论多复杂的行业，都能很快地梳理出行业特性，制定出符合行业规律、企业个性的企业战略与经营管理策略。

（5）商业顾问必须系统性地解决商业问题

目前大多数商业顾问，只懂解决企业的某一方面问题，然而企业是一个紧密关联、相互影响的有机系统，分专业领域的单一咨询会存在三大弊端：

一是因为只懂一个领域，无法在全面诊断的基础上，定义企业面临的真正问题，而企业声称的问题又往往不是真正的问题，这就会导致解决的问题很可能根本就不是企业最重大、最需要解决的问题。

二是因为只做某一类咨询，也就是说只有一种“药”，不管企业得了什么“病”，都给企业吃同一种“药”。这就是查理·芒格所说的，手上只有锤子，看什么都像钉子。

三是在通常情况下，企业要解决一个问题，需要不同专业、不同部门，群策群力，协调一致，单一咨询在这方面会显得特别无力。

因此，如果不用商业共性规律和行业属性全面梳理企业，给企业做系统的诊断，要么解决的是一个错误问题（不是最重要或最紧急的问题），要么是“头疼医头，脚疼医脚”，不能从根本上解决问题，要么是“按下葫芦浮起瓢”，解决一个问题的同时产生另一个新的问题。这就是企业需要全局咨询的原因，只有能够清晰界定自身真正存在的问题，自身又有很强的全局观、系统观，企业才适合请单一咨询，然而这样的企业少之又少，尤其是中小微创企业。

（6）优秀的商业顾问会做经营分析

很多商业顾问并不看或不懂得看财务与经营数据，就给企业做商业咨询，这是很不合适的。在全面、深刻分析企业主要财务与经营数据基础上做经营分析，是一个商业顾问的基本功。

（7）商业顾问需要实战经验

虽然商业顾问的核心能力不是经验，而是扎实的商业知识，高效获取高质量信息、进行严谨的逻辑分析和高效解决问题的能力，但是要成为一名优秀的商业顾问，丰富的实战经验必不可少。

相比没有实战经验或实战经验很少的商业顾问，拥有丰富实战经验的商业顾问有很多优势：更能感同身受地理解企业的问题，提出的方案更具有操作性，对策略落地执行的把握也更大。

附录

Appendix

永明商业语录

1. 对认知的认知，是一种高维智慧。

2. 一切个性都是共性的积木，人们往往夸大了个性，而忽视了共性。

3. 世界的本质只不过是基本粒子的相互连接、排列组合、分类分层，无论是物质世界，还是意识世界。

4. 没有“道”的指引，“术”就是一只“无头苍蝇”。

5. 语言与文字、专业与学科、概念与术语，在方便人类交流的同时，也极大地限制了人类的思维，它们把原本普遍关联的连续世界，人为地割裂开来、设置边界，只有突破语言局限，还原事物的本质，我们才能更好地认知这个世界。

6. 知识的进步，就是不断地把“术”变为“器”，把不确定性变为确定性，把个体的差异认知变成群体的普遍共识。

7. 我们每个人都是瞎子，只是瞎的程度不同而已，而我们总是用仅有的知识与经验，去试图解释和解决所有的问题，这与瞎子摸象没有什么区别，因为我们要解决问题的正确方法，很难刚好落在我们有限的知识与经验象限里，只有经验和“术”，远不足以应对这个复杂的世界。

8. 当我们在判断一个事物时，我们总以为是在判断这个事物本身，实际上由这个事物衍生的其他因素往往对我们的判断影响更大，而我们却毫无察觉，这就是普遍存在的衍生误判。

9. 准确理解每一个概念，是思维力的基础，它反映了一个人思考的锐度、深度、广度、高度，进而影响解决问题的能力。

10. 对于个体乃至整个人类而言，未知象限远大于已知象限，永远保持对未知的敬畏，不绝对化任何事物，不做“拿锤子的那个人”。这个世界没有绝对的真理，你之所以认为有，是因为认知的局限。

11. 一切流变的都是“术”，一切不变的才是“道”。

12. 一个事物如果不能将其理解到哲学层次，就很难真正理解它。

13. 欲望和利益，可以解释99%的人类或人类组织的行为，用它们去看世界，通透无比。

14. 你所看到的、听到的，都是别人想让你看到的、听到的；你所看不到的、听不到的，才更接近真实。

15. 人类社会发展到今天，几乎在每个细分领域都有顶级的知识与智慧，只是你不知道而已。学会站在巨人的肩膀上，而不是去造一个别人已经造得很好的轮子。

16. 万物都是“物自体”，生意一定程度上是一场认知的游戏，“消费者认为你是什么”远比“事实是什么”重要得多，因为人类是根据认知而非事实决策的。

17. 常识、共识、惯例这条道路太拥挤，而反常识、反共识、反成规这条道路却人烟稀少，踏上这条路往往会有巨大的意外收获。

18. 那些显而易见的答案，通常都不是好答案，不然别人早就解答了。好答案通常在更深、更广或意想不到的交叉处。就像爱因斯坦所说，解决一个问题的答案往往并不在问题的同一维度。

19. 营销的最高境界，就是不像营销。

20. 流量为王是一种中国特色的“商业近视症”，不在前端战略、产品、成本、核心竞争力上下功夫，完全寄希望于后端流量这根“救命稻草”，拥有这种急功近利的心态，不可能做好企业。

21. 竞争的最好方法是避开竞争，竞争的最高境界不是以自己的优势去攻击对手的弱势，而是直接攻击对手的强势硬币的另一面弱势，让对手无法反击。

22. 我们只看到少数的成功者，却看不见更多的失败者，这就是“成功者陷阱”，因为失败者已默默无闻，而成功者却名满天下。

23. 人就是一种解释性动物，先有观点或行为，然后再寻找证据来支持它。

24. 理性世界是被深度挖掘的红海，感性世界才是大部分企业的星辰大海。

25. 对于一个生意是否有吸引力，人们往往关注的只是需求，而忽视了供给，所以那些有普遍共识的所谓好生意、好行业，失败者反而最多、最惨。

26. 所有企业都应以“场”为中心构建营销体系，而“场”就是企业与潜在顾客的所有接触点。

27. 商业的最高境界一定是垄断，垄断不是不让别人干，而是别人怎么干也干不过你。

28. 势能之于商业，就像能量之于世界。一切商业成功，都可以用商业势能和商业动能来解释。

29. 任何生意，都脱离不了商业的三种基本性质：底层的商业共性、中层的行业特性、上层的企业个性，这就是商业三性。

30. 商业三性，是商业的第一性原理。

31. 所谓懂行，就是按行业规律办事。

32. 研究消费者，既要换位思考，但又不能盲目推己及人。

33. 商业模型法，是高效、准确解决商业问题的最佳路径。

34. 人性决定需求，而需求反映人性。人性是商业最底层的逻辑，而需求是商业的原点。

35. 消费者需要的并不是产品，而是满足其需求、帮助其完成待办任务的解决方案，产品只不过是众多可选的工具之一。

36. 商业的本质：创造价值，提升效率。它能解释一切商业现象，也是检验一切商业行为的终极标准。

37. 一切长期高额利润，都来自企业的核心竞争力（“护城河”）。

38. 一切购买皆因性价比，它包含绝对性价比和相对性价比。

39. 企业的本质是打造利益共生体，通过组织内外部利益相关方，去高效创造并合理分配价值。

40. 做不到第一，那就缩小范围，直到成为第一。如果小范围内都不能成为第一，那么扩张往往就是一种灾难。

41. 六向思维是顶级思维集大成者：向上的思维、向下的思维、向前的思维、向后的思维、多视角思维、系统思维。

42. 成功的最大智慧，往往不在于你有多厉害，而在于你避开了多少坑，你选的对手有多弱。

43. 企业至少有1/3的行为，背离了商业的本质。

44. 企业所做的一切，都不如客户信你这一点。

45. 企业最大的浪费，就是没有战略的勤奋。

46. 没有“护城河”的企业是没有未来的，不值钱的，即便当下它赚钱。

47. 做企业最难的，是系统性思考。

48. 让企业平庸的最好方法：什么都想要，什么都想做到最好。

49. 极致专注，必将成就非凡。

50. 按规律办事，企业才能立于不败之地。